THÈSE

POUR LE DOCTORAT

DROIT ROMAIN

DU PRÉCAIRE

DROIT FRANÇAIS

DE LA CONVERSION

DE LA

SÉPARATION DE CORPS

EN DIVORCE

THÈSE POUR LE DOCTORAT

PAR

Édouard MOLLET

AVOCAT A LA COUR D'APPEL

PARIS

LIBRAIRIE NOUVELLE DE DROIT ET DE JURISPRUDENCE

ARTHUR ROUSSEAU

ÉDITEUR

14, RUE SOUFFLOT ET RUE TOULLIER, 13

1892

DROIT ROMAIN

DU PRÉCAIRE

DROIT FRANÇAIS

DE LA CONVERSION

DE LA

SÉPARATION DE CORPS

EN DIVORCE

THÈSE POUR LE DOCTORAT

L'ACTE PUBLIC SUR LES MATIÈRES CI-APRÈS

Sera soutenu le Samedi 25 juin 1892, à 1 heure 1/2 du soir.

PAR

ÉDOUARD MOLLET

AVOCAT A LA COUR D'APPEL

Président :   M. Léon MICHEL

Suffragants : { MM. BOISTEL, *Professeur.*
LE POITTEVIN }
SAUZET } *Agrégés.*

PARIS

LIBRAIRIE NOUVELLE DE DROIT ET DE JURISPRUDENCE

ARTHUR ROUSSEAU

ÉDITEUR

14, RUE SOUFFLOT ET RUE TOULLIER, 13

1892

A MON PÈRE

A LA MÉMOIRE DE MA MÈRE

A MA FAMILLE

A MES AMIS

DROIT ROMAIN

DU PRÉCAIRE

PREMIÈRE PARTIE

CHAPITRE PREMIER

DÉFINITION. — NOTIONS GÉNÉRALES.

Ulpien, au Digeste, définit ainsi le précaire : « *Precarium est quod precibus petendi utendum conceditur, tamdiu quamdiu is qui concessit patitur.* » (D. L. XLIII, 26, 1).

Il y a donc précaire lorsque une chose est concédée à la prière d'un solliciteur, pour qu'il en use aussi longtemps que le permettra celui de qui émane la concession.

De cette définition ressortent les deux traits caractéristiques du précaire : tout d'abord, et comme élément essentiel, *preces*, une prière adressée par une personne à une autre afin d'en obtenir une concession bénévole.

Ensuite, droit que conserve le concédant de reprendre sa chose quand bon lui semblera, droit d'en exercer le retrait *ad nutum* qui place le précariste dans un état de dépendance permanente, sans aucune garantie contre le caprice ou la fantaisie du concédant.

De ces deux éléments du précaire, la *prière* est celui qui en forme la base. Ulpien insiste sur ce point et dit : *Ex hac solummodo quod preces adhibuit* (D. XLIII, 26, 2, § 3).

On a soutenu que la prière n'était pas nécessaire en s'appuyant sur ces mots d'Ulpien : « *Fieri potest ut quis non rogaverit, sed habeat precario* » (XLIII, 26, 4, § 2). Ce n'est là qu'une citation tronquée. Si on veut bien lire la phrase entière on voit qu'Ulpien ajoute : « *Ut puta servus meus rogavit mihi adquisivit precarium, vel quis alienus qui meo juri subjectus est* ».

Ce que veut exprimer Ulpien, c'est qu'il y a des cas où le concessionnaire à précaire n'a pas lui-même adressé la prière, il s'est servi de l'intermédiaire de son fermier, ou de son esclave. Si l'on parcourt tout le fragment d'Ulpien, on s'aperçoit qu'il contient neuf fois le mot *rogare*, il est donc bien visible qu'il ne saurait y avoir précaire là où il n'y a point eu *rogatio* (1).

Cette prière, il y est d'ailleurs sans cesse fait allusion par les jurisconsultes appelant l'acte de précaire : *Precarii rogatio* (2) ; ils se servent souvent des mots *rogare*

(1) Fustel de Coulanges, *Origines du système féodal*, p. 72, note 1.
(2) Paul, *Sentences*, V, 6, 12.
Isidore de Séville, *Origines*, V, 25. *Precarium est dum prece rogatus....*

et *concedere* sans préciser ceux de *vente, d'achat* ou de tout autre contrat dans lequel intervient une convention de précaire.

Et comment, en effet, eût-il pu en être autrement lorsque l'on remarque que les deux parties figurant dans une semblable opération étaient dans une situation absolument inégale, puisque presque toujours le précaire était conclu entre patriciens et plébéiens, entre les citoyens puissants et leur clientèle.

Les précaristes étaient nécessairement des solliciteurs, des gens qui suppliaient qu'on leur laissât prendre une part de jouissance dans les vastes propriétés que les patriciens s'étaient partagées d'une façon toute léonine.

Le second élément du précaire, qui ressort de la définition que nous en avons donnée plus haut, consiste dans la faculté laissée au concédant de reprendre à tout instant ce que le précariste tenait de sa générosité.

Ulpien (1) nous dit, en effet, que « celui qui concède à précaire ne donne qu'à condition de pouvoir reprendre sa chose le jour où il lui plaira de rompre le précaire ».

Le précaire est essentiellement un acte de pure libéralité ; et l'esprit romain ne saurait concevoir que l'homme pût être lié par sa seule générosité. Aucun *vin-*

---

permittit possessione fundi morari.... et dictum precarium quia prece aditur.

(1) D. XLIII, 261... *Utendum tamdiu quamdiu...*

Il dit également au même endroit : *Qui precario concedit sic dat quasi tunc recepturus cum sibi libuerit precarium solvere.*

culum juris entre le concédant et le concessionnaire ; partant, point d'obligation pour le premier de continuer sa faveur au second, au delà du moment où il jugera bon de la lui retirer.

Celsus, au Digeste (l. 17, 191) nous dit : *Quem modum esse beneficii sui vellet ipsius œstimationem esse.* L'auteur d'un bienfait est seul juge de sa durée (1).

Cette révocabilité permanente répondait d'ailleurs à merveille aux besoins primordiaux en vue desquels le précaire avait été créé. Elle s'explique par le lien qui rattache le plébéien à tel ou tel personnage plus puissant que lui, et auprès duquel il vient chercher aide et protection. Elle tient donc le précariste sous la menace continuelle d'une révocation, à la moindre défaillance de sa part : par là même elle présente pour le concédant, étant donnée la fin qu'il se propose, des avantages considérables sur une concession à titre définitif.

Remarquons, en terminant ces notions générales, que les jurisconsultes présentent le précaire comme étant en dehors du droit pur (2) et comme appartenant à cette sorte de droit vague et indéfini que les Romains appelaient *jus gentium* (3).

« Loin d'être l'expression d'un droit, dit Fustel de

____

(1) V. également : Ulpien, XLIII, 26. *Precarium revocare volenti competit.* Pomponius, XLIII, 26, 15 : *Et habet summam œquitatem ut quatenus quisque nostro utatur quatenus ei tribuere velimus.*

(2) *Origines du système féodal*, p. 69, note 1.

(3) Paul, Dig., XLIII, 26, 14 : *Quia eo nomine juris civilis actio esset.*

Coulanges, les mots *precario possidere* n'ont qu'une valeur négative ; ils marquent l'absence de droit et particulièrement l'impossibilité d'acquérir par prescription.

Si le précaire tenait peu de place dans le droit, il en tenait une grande dans la pratique. Aussi les jurisconsultes s'en sont-ils souvent et longuement occupés dans leurs décisions. C'est ainsi que nous trouvons au Digeste un titre qui lui est entièrement consacré, et auquel nous recourrons fréquemment dans le cours de cette étude. C'est ainsi également que nous trouvons sur ce même sujet de nombreux fragments de Gaïus, Paul, Scœvola : et avant eux, d'Ælius Gallus, contemporain de Cicéron, de Labeon, sous Auguste, et enfin de Sabinus qui fut le contemporain de Tibère (1).

(1) Fustel de Coulanges, *loc. cit.*, p. 41, et notes.

CHAPITRE II

L'idée que nous venons de donner du précaire suscite cette remarque qu'il ne peut être pratiqué et organisé que dans une société aristocratique. Il faut, en effet, pour concevoir une institution de ce genre, qu'il existe une inégalité profonde d'influences et de richesses. Or elle se manifesta non seulement aux origines de Rome, mais jusqu'à la fin de l'Empire, époque à laquelle nous retrouvons encore le précaire. Il reparaît, il est vrai, sous des formes différentes, mais son principe reste toujours identique : assujétissement du précariste au concédant. C'est ce lien de dépendance que l'on retrouve dans toute forme du précaire et qui, au début, reliait la clientèle aux patriciens. Il s'est toujours maintenu, comme étant l'élément immuable et persistant de cette institution dont les applications ont subi de multiples variations.

L'origine du précaire remonte aux premiers âges de Rome. Le défaut de textes de ces époques lointaines nous réduit aux hypothèses. Essayons cependant de nous représenter quelle était alors la situation faite aux terres romaines : la propriété du sol n'appartient d'abord qu'aux chefs des *gentes* patriciennes. Celles-ci les distribuèrent par lots à leur clientèle qui comprenait des affranchis et des cultivateurs libres, plébéiens attachés depuis longtemps à la famille patricienne et qui acceptaient de se placer sous sa dépendance pour obtenir sa protection. On voit donc que le précaire établissait entre le patron et le client un véritable lien de vassalité (1).

M. Garsonnet, dans son histoire des « Locations perpétuelles et des baux à longue durée » s'exprime ainsi : « De tous temps les grandes familles patriciennes donnaient à leurs clients des parcelles de l'*ager publicus* qu'elles possédaient. Ces concessions, essentiellement distinctes des *possessiones*, étaient révocables à volonté, comme le pécule dont le *paterfamilias* permettait la jouissance à ses enfants et impliquaient chez celui qui les recevait un état de dépendance et de vassalité » (2). (P. 48 et notes).

En dehors de l'utilité que présentait la concession à

(1) Sur cette origine. Voyez : Ihering, *Esprit du Droit Romain* (trad., Meulnaere), 1, p. 240; Ihering, *Du rôle de la volonté de la possession*, p. 333. Savigny, *Traité de la possession*, n° 42, traduction Beving, p. 408 : « Ces biens se donnaient toujours aux clients sous la clause d'une révocation à volonté; une obligation n'était pas nécessaire à cause des liens qui unissaient nécessairement le client au patron ».

Mommsen, Trad. Alexandre, t. 1, p. 557 : « Les *Patres* répartissent leurs champs entre leurs laboureurs; ils les divisent en parcelles à cultiver par des hommes de leur dépendance. Cette possession ressemblait essentiellement à l'état de droit appelé plus tard *precarium*. »

(2) De ces concessions de terres faites par les patriciens à leurs clients, on fait dériver le mot *Patres* : *Patres senatores*, dit Festus, *ideo appellati sunt, quia agrorum partes attribuebant tenuoribus perindeac liberis propriis.*

précaire, il faut remarquer que la constitution des *gentes* et le genre de propriété qu'elle comportait, exigeaient qu'il en fût ainsi : la *gens*, en effet, étant propriétaire de vastes domaines, la culture par des mains esclaves était chose impossible, au début surtout en raison du petit nombre des esclaves. Ils suffisaient à peine à l'exploitation d'une partie des terres *gentiles* pour le profit immédiat de la famille patricienne. C'est ainsi que le reste était concédé à précaire aux clients qui trouvaient aide et protection en retour des services qu'ils rendaient à la *gens* patricienne (1).

Jusqu'à présent nous n'avons vu l'origine du précaire que dans la concession des patriciens à leur clientèle. Elle est due aux nécessités engendrées par la constitution aristocratique de la société romaine.

Certains interprètes ont cependant soutenu que les premiers précaires avaient été consentis par l'État sur les terres qui lui appartenaient. Et les familles patriciennes en concédant les biens à leur clientèle n'auraient fait en cela qu'imiter l'exemple de l'État.

D'autres ont voulu voir la coexistence des deux pratiques en partant de cette idée qu'au début de Rome le territoire était divisé en deux grandes parties : l'*ager publicus*, et l'*ager privatus*.

L'*ager publicus* était le territoire conquis. C'était la *res publica*, la terre commune. Ne pouvant cultiver par

(1) V. Fustel de Coulanges, *Origines du système féodal*. Des effets produits par le précaire dans l'histoire romaine.

lui-même l'*ager publicus*, l'État était obligé de le concéder aux citoyens ; mais il retenait un véritable domaine éminent dont il pouvait exercer le droit, en retirant à son gré la concession par lui faite (1).

Nous verrons lorsque nous étudierons la nature juridique du précaire quels étaient les caractères de cette concession. Nous verrons qu'en fait, les précaristes restaient les véritables maîtres du sol qui leur avait été confié.

Quels étaient les concessionnaires de l'*ager publicus* ? Évidemment les patriciens. Et rien d'étonnant à cela si l'on considère que la Société romaine telle qu'elle était constituée à l'époque à laquelle nous nous plaçons, leur accordait la prépondérance dans les assemblées publiques et l'exercice exclusif ou à peu près des hautes magistratures. Or, par la nature même de leurs fonctions, les patriciens étaient, comme on l'a fort justement dit, « les distributeurs légaux de l'*ager publicus*. » Et d'ailleurs la meilleure preuve de ce partage léonin fait par les patriciens ne ressort-elle point de l'histoire des luttes agraires ? Il suffira de rappeler ces revendications éner-

---

(1) Les patriciens détenteurs de *l'ager publicus* furent désignés sous le nom de « *possessores* » et les terres qu'ils occupaient reçurent le nom de « *possessiones* ». « *Possessiones appellantur agri late patentes, quia non mancipatione sed usu tenebantur.* » (Festus, V° *Possessiones.*)

Et la loi 115, Dig., *De verb. signif.*, L. 1. XVI.

Le Patricien *possessor* ne pouvait être qu'un détenteur à précaire. Niebhur prétend que les *possessores* n'avaient que *l'usus*, la République gardait le « *fructus* » et la propriété. Nous pensons, pour notre part, que c'est trop restreindre la portée du mot « *utendum* » contenu dans la définition d'Ulpien (XLIII, 26, 1). Et qu'ici la concession implique la pleine jouissance de la chose : Outre le *jus utendi*, elle comporte le *jus fruendi*.

giques des plébéiens et la loi Licinia et la mort des Gracques (1). Il y avait là, en effet, un véritable accaparement des terres publiques par les grands propriétaires. Aussi voyons-nous que d'après Appien, des lois du VIIe siècle de Rome vinrent battre en brèche les concessions à précaire de l'*ager publicus* soit en convertissant les *possessiones* en possessions héréditaires moyennant le paiement d'un vectigal, soit en permettant même aux possesseurs de les aliéner. C'était restreindre dans une grande mesure le domaine éminent de l'État pour ériger en droit, et en droit efficace, le domaine utile du précariste réduit jusque-là au simple fait d'une possession ou plutôt d'une détention fragile et révocable qui le laissait sans armes vis-à-vis du concédant.

Cette source de la concession à précaire nous paraît sinon certaine, au moins très vraisemblable. Et si nous ne pouvons l'établir par des textes précis, nous sommes en droit de l'expliquer par l'état de la société romaine que nous avons décrit.

Nous retrouvons le précaire au VIe siècle de Rome, mais régnant dans la société romaine sous une autre forme : « Par l'effet du droit de conquête les terres des vaincus étaient devenues la propriété de l'État romain. Il en gardait la partie la plus considérable. Il en avait la propriété, mais ne l'affermait pas. Il faisait savoir qu'il

____

(1) Souchon, *Du préc.*, p. 5, et note. Declareuil, *Lex agraria*, p. 5 (du précaire).

permettait à qui voulait de la cultiver (1). Cette pratique du précaire s'étendit avec la conquête romaine au point que la plus grande partie du sol d'Italie et des provinces était la propriété de l'État romain et la possession d'occupants sans titre » (2).

Ce n'est donc que peu à peu et au fur et à mesure des conquêtes romaines, que l'État s'est servi pour l'*ager publicus* des concessions à précaire. Nous en concluons que l'État n'a été que l'imitateur de ce qui se passait d'abord entre les patriciens et leurs clients.

Quoi qu'il en soit sur cette question d'antériorité, nous voyons qu'au VI⁰ siècle de Rome, le précaire fonctionnait entre l'État et les patriciens aussi bien qu'entre les patriciens et leurs clients. Ils détenaient donc le sol en face de la plèbe absolument déshéritée ; car s'ils étaient concessionnaires de l'*ager publicus*, ils étaient propriétaires de l'*ager privatus* qu'ils concédaient à leur tour.

De ce que le précaire ne revêt pendant longtemps aucun caractère juridique et ne constitue qu'une pure tolérance de la part du concédant, il résulte que la possession de l'occupant ne pouvait être protégée ni par le droit civil, ni par le juge. C'était le plus puissant qui pouvait seul occuper, et garder ses positions (3). « Les

(1) Appien, *Guerres civiles*, I, 7 : « τὴν δὲ ἀργὸν οὖσαν ἐκ τοῦ πολεμου επεκηρυττον τοις εθελουσιν εκπονειν ».

(2) Fustel de Coulanges, *Origines du système féodal. Du précaire romain*, p. 85.

(3) Tite-Live, IV, 48 prétend que la plus grande partie de ces terres étaient possédées par les *nobiles* de Rome. — Ailleurs il dit que les *patres* possé-

faibles, les plébéiens ne purent donc avoir aucune part dans l'*ager publicus*. Le riche régnait en maître ; il disposait de nombreux esclaves. Le Sénat surtout était tout puissant, car il disposait des magistratures, de l'*Imperium* proconsulaire, des tribunaux et des lois. Les familles sénatoriales s'emparèrent d'immenses domaines. Le précaire menait ainsi fatalement aux *Latifundia* (1) ».

Les conséquences de cette organisation furent remarquables au sein de la société romaine. La majorité des hommes libres, dépouillés de leurs biens par les conquêtes de Rome, n'avaient d'autres moyens d'existence que la culture de la terre. Ils furent alors utilisés par les grands propriétaires qui ne possédaient point assez d'esclaves pour subvenir aux travaux considérables que nécessitaient leurs vastes domaines. Ces hommes gardaient la liberté. Ils n'étaient pas fermiers puisque leurs maîtres n'avaient qu'une possession révocable. Ils avaient sur la terre qu'ils cultivaient une situation spéciale, celle de *précaristes*. Et ils devenaient ainsi vis-à-vis du patricien ce que ce dernier était vis-à-vis de l'État romain.

Ce n'est pas à dire qu'il n'y eût que des « *possessiones* » qui pussent faire l'objet d'une concession à précaire de la part des patriciens. Les terres dont ces derniers avaient la pleine propriété et qui constituaient l'*heredium* pouvaient être également concédées. Et ce

daient *l'ager publicus*, IV, 51. — Il ajoute que la *nobilitas* s'efforçait de rester dans cette possession. Cf. Salluste, Jugurtha, 41. — Appien, *Guerres civiles*, 1, 79.

(1) Fustel de Coulanges, *loc. cit.*

furent celles-là surtout qui, au début, furent concédées à la clientèle plébéienne (1).

Nous voyons donc que l'organisation foncière à Rome présentait une hiérarchie analogue à celle que nous retrouvons chez nous à l'époque de la féodalité. « La république romaine a vu se développer et s'enraciner le précaire et la clientèle, comme la Royauté du moyen-âge a vu se pratiquer le bénéfice et la vassalité. C'était en effet une échelle de tenanciers et d'arrières-tenanciers qui relevaient les uns des autres, et qui directement ou indirectement relevaient tous de l'État (2) ».

Le régime du sol est lié à l'organisation de la société. Il est impossible de toucher à l'un sans modifier l'autre. Là où est la *dépendance* d'un homme à raison de la terre qu'il détient et qui appartient à un autre, là nous trouvons l'inégalité sociale engendrée par un régime aristocratique qui creuse un abîme entre la classe riche et la classe pauvre. Or, cette organisation, elle fut le rouage essentiel du régime de la terre à Rome. Cette dépendance, cette sujétion du tenancier, elles formaient la condition sociale de plusieurs millions d'hommes libres, italiens ou provinciaux qui détenaient les terres en sous ordres. Et ce lien qui unissait ces différents échelons de l'échelle des concédants et des concessionnaires, c'était

____

(1) Il faut également remarquer que l'affranchissement a joué un rôle important dans toute cette matière, car la concession de la terre n'était le plus souvent que l'accessoire du don de liberté fait à l'esclave.

(2) *Origines du moyen-âge.* Fustel de Coulanges, *Analogie entre la République romaine et le régime féodal*.

le *précaire*. Toutefois il est bon de remarquer que s'il y a une analogie entre cette organisation foncière à Rome, et celle que nous retrouvons en France, à l'époque féodale, la cause n'en est point la même. Car à notre avis c'est la hiérarchie des personnes qui engendra à Rome la hiérarchie de la terre. Nous verrons en étudiant la nature juridique du précaire et ses fonctions à l'époque classique le genre de services qu'il pouvait rendre entre particuliers ; mais ce qu'il importe de mettre en ce moment en relief, c'est le rôle politique qu'il a joué à travers les différentes évolutions qu'a subies à Rome le régime de la terre.

La pratique du précaire sur une grande étendue des propriétés a été l'une des principales causes qui ont concouru à maintenir l'autocratie romaine, et à assurer la continuation de l'ancien régime politique. Lorsque l'Italie fut admise au privilège de la cité, il semblait que cet accroissement considérable du nombre des citoyens dût amener un bouleversement total dans la société romaine. Tel n'a pas été le résultat : car si les italiens devinrent des citoyens, ils restèrent des clients et des sujets en demeurant détenteurs à précaire.

Il ne faudrait cependant point croire que cette autocratie s'est maintenue sans attaque et sans lutte. Les lois agraires n'avaient point pour but de ruiner la propriété. Elles voulaient au contraire constituer la propriété privée là où elle n'existait pas ; et leurs coups étaient dirigés contre l'aristocratie. Elles partaient en effet de ce principe que pour changer le gouvernement, il fallait changer l'état du sol. — Si nous examinons rapidement ce qu'est devenu l'institution du précaire au temps de l'Empire romain, nous sommes frappés de deux choses : l'immense fortune foncière des familles sénatoriales a disparu, et le précaire a sombré. — Les *agri publici* ont été ou vendus ou assignés à des colonies, ou enfin donnés aux possesseurs provinciaux, le reste a été donné régulièrement à bail. Les terres qui étaient autrefois l'objet des tenures en précaires sont devenues des propriétés privées.

À la fin de l'Empire cet état de choses subit certaines modifications. Le précaire réapparaît et recouvre une partie de ses applications primitives (1).

Avant d'aborder le chapitre suivant, il nous reste, pour en avoir fini avec l'histoire du précaire, à citer quelques théories qui ont été émises sur ses origines, et qui, après avoir eu leur heure de succès, sont aujourd'hui à peu près abandonnées.

M. Franke (*Beiträge*, etc... p. 23 et 24) semble vouloir rattacher aux mœurs et aux habitudes des anciens Romains l'explication des singularités du précaire. Il cite, comme étant le trait principal du caractère romain :

---

(1) Salvien, qui écrivait en Gaule lors des invasions, nous l'atteste, dit Fustel de Coulanges (*loc. cit.*). Le Prêtre de Marseille, voulant faire naître chez ses auditeurs la conviction qu'ils doivent à leur mort léguer leurs biens aux Eglises, compare la propriété à la concession en précaire faite par Dieu aux hommes, et qui doit faire retour au bienfaiteur à la mort du bénéficiaire.

la *parcimonia*, l'économie. C'est à cette *parcimonia* que
l'on doit certaines lois telles que la Loi *Cincia*, et quelques usages comme les *codices accepti et expensi*. C'est
elle aussi qui contribua à donner au précaire sa physio-
nomie particulière et qui en fit une des créations les plus
originales de la législation romaine.

Cette explication de M. Franke est loin de nous convaincre ; car nous ne voyons pas comment il veut faire
dériver le précaire, acte de pure libéralité, de l'esprit
parcimonieux des Romains.

Le patricien trouvait son avantage dans la concession,
c'est vrai ; il s'assurait ainsi la culture de sa terre et la
dépendance de sa clientèle. Mais c'était surtout un avantage social qu'il y trouvait. Ce n'était guère le désir du
gain qui le faisait agir, encore moins le produit qu'il
comptait en retirer puisque la concession à précaire était
gratuite. Peu importait donc, dans cet ordre d'idées,
cette *parcimonia* à laquelle M. Franke veut rattacher le
précaire.

Un auteur Italien, Vittorio Scialoja, prétend que pour
déterminer l'origine du précaire, il faut s'en tenir aux
termes de la Loi 1re, § 1 à notre titre : *Quod genus liberalitatis ex jure gentium descendit*. Cette origine du précaire est plutôt générique et rationnelle que positive et
historique. On peut dire, ajoute Scialoja, qu'en outre
des vrais motifs « de libéralité et de bons offices, d'autres circonstances pouvaient favoriser l'extension du
précaire, comme par exemple, le besoin social d'être

utile, et dans un certain temps de tenir comme sujettes certaines classes de personnes : la nécessité d'éviter des troubles politiques, l'urgence de tempérer d'une manière équitable des rapports juridiques trop rigoureux. C'est dans un but politique et social que l'on vit l'État concéder quelquefois des biens publics en précaire ».

Évidemment il y avait lieu de tempérer équitablement des rapports juridiques trop violents. Et c'est plutôt là la véritable origine de l'idée du précaire, que la série de circonstances historiques auxquelles s'est référé l'auteur italien dans la suite de sa savante monographie. Cette façon de voir se concilie du reste parfaitement avec la loi 1, § 1, *De prec.*, c'est-à-dire que le précaire dérive du droit des gens « de ce droit qui se manifeste avec honneur par la voie de la droite raison (1) ».

Enfin on a voulu assigner comme origine au précaire la nécessité qu'il y avait d'atténuer les inconvénients que présentait le contrat de fiducie. Grâce au précaire, on laissait au débiteur la jouissance et l'usage de la chose engagée, mais on donnait au créancier le droit de la lui reprendre à son gré.

Que ce procédé ait été un cas d'application fréquente du précaire, rien n'est plus vrai. L'utilité qu'il présentait a pu contribuer dans une large mesure à son développement. Le nombre des précaristes s'est trouvé par ce moyen singulièrement augmenté. Et beaucoup de gran-

---

(1) V. sur cette question d'origine, Dareste, *Journal des savants*, sept. 1866, Mommsen, *Clientèle romaine*, 8, 361.

des familles ont vu des terres ainsi détenues par des
précaristes, venir un jour grossir leur fortune foncière.
(Nous reviendrons plus tard sur cette application du
précaire au contrat de gage). Mais il est évident que ce
n'est point cette pratique, qui suppose une institution
admise et développée, qui a pu être la cause originaire
des concessions à précaire.

Nous nous arrêterons donc à la source que nous avons
proposée comme étant la plus rationnelle, et la plus justifiée par l'histoire de la terre à Rome, à savoir les concessions faites par les patriciens à leur clientèle, et dont
l'exemple a été suivi par l'État qui à son tour concédait
aux patriciens la plus grande partie de l'*ager publicus* (1).

(1) Des concessions analogues au précaire romain existent encore de nos
jours en Grèce, en Allemagne, en Angleterre. Nous y trouvons des concessions révocables. (V. Hermann, *Cours d'antiquités grecques*, I, § 19. Gun-
dermann, *Droit privé anglais*, I, p. 286).

DEUXIÈME PARTIE

CHAPITRE PREMIER

NATURE JURIDIQUE DU PRÉCAIRE. — SES CARACTÈRES.
— SON DÉVELOPPEMENT JUSQU'A LA PÉRIODE CLASSIQUE.

Nous avons vu au début de cette étude, que dans la
définition du précaire donnée par Ulpien (XLIII, 26, 1),
on relevait les deux idées essentielles de concession bénévole, et de révocabilité *ad nutum*. Elles conduisent à
cette conclusion que le précaire est un acte de pure bienveillance. Ce n'est pas un contrat puisque nous ne le
voyons pas muni d'une action. Le précariste est bien
tenu de restituer la chose dès que le concédant en manifeste la volonté : ce qui constitue une obligation pour
le premier et un droit pour le second. Mais ce droit et
cette obligation ne sont point engendrés par un *vinculum juris* établi par un contrat et dont la rupture serait
nécessairement sanctionnée. Ils sont simplement le résultat d'un état de fait toléré par le concédant et auquel

il peut mettre fin à sa guise. Il n'y a donc point là convention réglée. — Il n'y a point *negotium contractum*. Et l'on ne concevait la promesse ainsi faite par le précariste de restituer *ad nutum rogati* sanctionnée par le droit civil qu'autant qu'elle avait été déduite dans une *stipulatio* (L. 15, § 3, *De precario*). Mais cette stipulation n'est qu'un moyen d'emprunt étranger à la convention de précaire en elle-même qui, réduite à ses propres forces et dégagée de cette enveloppe juridique, est impuissante à se faire protéger. — Avec le développement que prit rapidement le précaire, il était impossible d'en rester à cet état incomplet. Aussi verrons-nous que le préteur créa bientôt un interdit spécial : l'interdit *de precario*, interdit restitutoire qui fût donné contre le précariste soit qu'il refusât de restituer, soit qu'il ne pût le faire parce qu'il avait perdu la possession par dol (L. 14, 2 princ. 8, § 3, h. t.).

Cette première mesure était un acheminement vers une sanction complète à savoir, l'action *præscriptis verbis* (Ulpien, 2, § 1, h. t.).

Au droit classique, à l'époque où écrivait Ulpien, le précaire a perdu de son caractère primitif. Il est considéré comme un véritable contrat, et rangé au nombre des contrats innommés.

C'e⁻ cette époque que nous nous placerons pour en étudie⁻ les règles et le fonctionnement. Mais auparavant, il nous semble nécessaire d'insister un peu sur son développement avant la période classique.

Tous les interprètes sont d'accord sur ce point que le précaire est d'origine étrangère au droit civil *quod genus liberalitatis ex jure gentium descendit*. Il est donc accessible aussi bien aux pérégrins qu'aux citoyens.

Sur la nature même du précaire et sur les transformations qu'elle a subies plusieurs opinions ont été émises :

Mackeldey (3ᵉ éd., p. 468) prétend que le précaire est un pacte prétorien, c'est-à-dire un pacte que le préteur a muni d'une action. Ceci est vrai pour le pacte d'hypothèque et le pacte de constitut, mais il est impossible d'en dire autant du précaire qui, au droit classique, a reçu la sanction de l'action *præscriptis verbis*. Il n'est pas d'origine prétorienne, mais il est la résultante des progrès faits dans la doctrine vers la conception des contrats innommés.

D'après Savigny (*Théorie de la possession*, nᵒˢ 523 et suiv.) le précaire n'était pas un contrat, *et il ne l'a jamais été*, un pur état de fait ne pouvant produire d'effets juridiques. Le précariste a vis-à-vis de la chose qu'il détient une *possessio justa* tant qu'il plaît au concédant de ne point la lui reprendre ; mais à dater du jour où ce dernier manifeste sa volonté d'exercer son retrait, cette possession devient *vitiosa*. Et c'est ainsi seulement qu'elle peut être la cause d'une obligation. D'après cet auteur, la nature du précaire ne fut point modifiée par la création de l'interdit *de precario*. Il n'en fut point pour cela transformé en contrat, et conserva son caractère d'état de fait impuissant à faire naître un *negotium juris* (Paul, pr. 14, *eod. t.*). Savigny cite à l'appui de son opinion plusieurs textes. Il signale d'abord un texte tiré d'un ouvrage de Paul sur Sabinus : « *Interdictum de precario merito introductum est, quia nulla eo nomine actio esset, magis enim ad donationes et beneficii causam quam ad negotii contracti spectat precarii conditio...* » Ici le jurisconsulte constate que le préteur a eu raison de créer un interdit car le droit civil n'accorde aucune action (1).

Savigny cite également un texte plus important qui est de Venuleius (fr. 22, *eod.*). « *Si pupillus, sine tutoris auctoritate, precario rogaverit, Labeo ait habere eum precariam possessionem et hoc interdicto teneri. Nam quo magis naturaliter possideretur, nullum locum esse tutoris auctoritate...* »

Le jurisconsulte se demande si un pupille peut *sine tutoris auctoritate* demander une concession à précaire. Il invoque Labéon pour qui l'acquisition de la possession d'une chose ne nécessite pas l'*auctoritas tutoris*.

Le texte ajoute : « *Recte dici quod precario habes quia quod possideat ex ea causa possideat ex qua rogaverit. Nihilque novi per prætorem constituendum quoniam sive*

____

(1) Dans ses sentences, il paraît se mettre en contradiction avec cette opinion (V, 6, § 10). La contradiction n'est qu'apparente, car ces mots *actio esset* indiquent que Paul parle du passé, et à cette époque le précaire : *spectabat magis ad donationem quam ad negotium contractum.*

Cette interprétation était proposée par Cujas (t. X, C. CCCXLVIII et CCCXLIX : *Hodie est simile commodato*, etc.)

habeat rem, officio judicis teneretur, sive non habeat non teneatur.

Venuleius adopte l'avis de Labéon. Et Savigny en conclut que puisque le pupille, alors qu'il ne peut *s'obliger sine tutoris auctoritate* a pu cependant obtenir une concession à précaire, c'est que cette concession ne crée aucune obligation.

On peut répondre à Savigny que les arguments qu'il fournit émanent d'un texte qui se place à une époque où le précaire n'avait pas encore la prétention d'être considéré comme un contrat, et par conséquent n'engendrait pas encore d'obligation. Il ne parle que de l'interdit et non de l'action. Il cite Labéon qui écrivait au temps où la théorie des contrats innommés n'était encore qu'à l'état embryonnaire. Admettons même que ce texte envisage l'époque où le précaire a revêtu le caractère d'un contrat. Est-ce que le pupille ne peut pas acquérir *seul* la possession sans pour cela être *obligé* comme précariste à la restitution de la chose? Evidemment si : *Ofilius quidem et Nerva filius etiam sine tutoris auctoritate possidere incipere posse pupillum aiunt. Eam enim rem facti non juris esse.* Et Paul continue : *Quæ sententia recipi potest si jus ætatis sit ut intellectum capiat* (D. fr. 1, § 3, *in fine : de acq. vel amitt. poss.*, 41, 2). L'obligation de restituer ne naîtra pas à la charge du pupille puisque par hypothèse il n'est point nanti de l'*auctoritas tutoris* ; mais il a pu acquérir seul la *precaria possessio*. Aussi le texte de Venuleius ne parle-t-il pas de l'action *prescriptis ver-*

bis pour sanctionner une obligation qui n'existe pas. Mais si le pupille refuse de restituer, le préteur délivrera contre lui la formule de l'interdit : *quod precario ab illo habes..* Et la décision de Venuleius ainsi entendue ne concorde-t-elle pas avec les principes que nous avons exposés plus haut (1)?

Si Savigny, après avoir exposé que le précaire ne fut à l'origine qu'un état de fait dépourvu d'effets juridiques, avait admis qu'à un moment donné il y eut quelque chose de plus, et que l'on se trouva en présence d'un véritable contrat au jour où fut introduite l'action *præscriptis verbis*, nous partagerions pleinement sa manière de voir. Mais ce que nous ne saurions admettre, c'est cette opinion de l'illustre auteur qui, en dépit des textes les plus formels persiste à ne jamais vouloir ériger en contrat la concession à précaire.

Arrêtons-nous un instant à l'examen de ces textes qui achèveront d'établir les opinions que nous avons jusqu'à présent émises.

Tout d'abord, nous en rencontrons un qui met le précaire sur le même pied que le contrat de dépôt en ce qui concerne les fautes : *Contractus quidam dolum malum dumtaxat recipiunt ; quidam et dolum et culpam, dolum tantum depositum et precarium* (fr. 23, II, *de reg. juris*, 50, 17).

Savigny objecte à cela que le mot *contractus* ne signi-

---

(1) Savigny cite encore la loi 4, § 11, *de furtis*. Nous y donnerons les mêmes réponses *mutatis mutandis*.

fie pas ici *contrat stricto sensu*, mais toute cause possible
d'obligation. Et il invoque la suite du texte... *dolum et
culpam mandatum... item dotis datio, tutelæ, negotia
gesta...* (*eod. frag.*) et soutient que la dénomination de
contractus embrasse également ici la *tutelle* et la *nego-
tiorum gestio*, qui ne sont point des contrats. Le mot *contractus* n'a donc point le sens exact que nous lui attri-
buons.

Nous ferons remarquer que même si l'on donne au
mot *contractus* l'interprétation que Savigny lui applique,
on est obligé cependant d'y voir toute cause d'obligation
sanctionnée par une action ; que ce soit un contrat ou
un quasi-contrat, et non point seulement un simple état
de fait dépourvu de sanction. Jamais personne ne con-
testera que la tutelle et la gestion d'affaires aient été
sanctionnées par les actions *tutelæ directa et contraria*,
ainsi que les actions de gestion d'affaire.

Allons plus loin et voyons le fr. 2, § 2 au titre de *precario* : « *Itaque cum quid precario rogatum est non solum
hoc interdicto uti possumus, sed etiam præscriptis verbis
actione que ex bona fide oritur.* » La même idée est reproduite au pr. 19, § 2, eod. tit. « *Cum quid precario rogatum est non solum interdicto uti possumus sed incerti condictione idest præscriptis verbis* » (1).

Et enfin Paul (V, 6, § 10) accorde également au concédant une action civile : *Reddito incerti, actio quan-*

____

(1) Nous expliquons plus loin ces derniers mots : *Sed incerti condictione
id est præscript. verb.*

*quam proponatur ex eo ut quis quod precario habet resti-
tuat tamen et civilis actio hujus rei sicut commodati competit ; eo vel maxime, quod ex beneficio suo unusquisque
injuriam pati non debet.*

De ces textes il ressort de la façon la plus nette qu'il
est accordé au concédant pour reprendre sa chose non
seulement un interdit mais une action. C'est bien dire
que le précaire a établi entre les deux parties, du jour
de la conclusion de la convention, une obligation de
restituer à la charge du précariste, et ce, par conséquent,
avant toute demande en restitution (1).

Pour préciser la nature juridique du précaire, et nous
rendre compte des différentes modifications qui y ont
été apportées, il est indispensable de distinguer plusieurs
phases dans son histoire.

Nous les résumerons donc brièvement :

A l'origine, le précaire, pur état de fait, n'engendre
aucun droit. Et cela s'explique par cette circonstance
qu'il est difficile, à l'origine, de concevoir qu'un lien
juridique unit le patricien à sa clientèle. Les relations de
patron à client n'engendraient en effet que des *devoirs*,
officia, et non des obligations. La concession à précaire
n'était pas envisagée comme un acte de droit :

« Conclure un *precarium* entre citoyens romains, dit

---

(1) Savigny répond à cela que le demandeur a tout simplement une option
entre deux espèces de procédure, mais que cela ne peut changer l'institution
en elle-même. — Il nous semble qu'une institution se trouve profondément
changée par cette circonstance qu'elle constitue ou non une obligation sanctionnée par une action.

Ihering (*Esprit du Droit romain*, t. I, p. 241 et suiv.),
n'était autre chose que se mettre dans la position d'un
patron et d'un client. Attribuer aux conventions des
parties sur le mode et l'époque de la restitution un effet
obligatoire eut été en même temps conclure et ne pas
conclure un précaire. Le *precarium* et la possibilité d'un
rapport juridique entre les deux parties étaient en principe absolument contradictoires, et il fallait bien des
siècles pour altérer le caractère du *precarium* au point
de ne plus trouver de difficultés à lui appliquer la théorie des contrats innommés » (1).

La seconde phase voit la création prétorienne de l'interdit *de precario* donné au *rogatus* pour obliger le *rogans* à la restitution de la chose (2).

Cette création d'un interdit était nécessitée par les
besoins de la pratique et les jurisconsultes sont una-
nimes à en reconnaître le bienfait (3). Mais elle ne laissait encore au précaire que le caractère d'un fait qui,
en raison de l'équité, devait recevoir une solution déterminée et prévue.

Pour qu'apparaisse la notion de contrat, il faut arriver à la troisième période qui, sous l'influence des décisions des prudents et des besoins toujours croissants de
la pratique, vit entrer peu à peu le précaire dans la classe

(1) V. également en ce sens : Accarias, *Précis de Droit Rom.*, t. II, p. 431.
Et les fr. 24 *eod tit.*, 2, § 1, *eod.*

(2) *Quod precario ab illo habes aut dolo malo fecisti ut desineres habere*
qua de re agitur id illi restituas (fr. 2, princ. *eod*).

(3) Fr. 2 §2. et fr. 14 *eod.* Paul, V. 6. § 18 *in fine.*

des contrats innommés. L'interdit subsista, mais la concession à précaire donna désormais naissance à une action *civilis* : l'action *præscriptis verbis*.

D'ailleurs les Sabiniens eux-mêmes en étaient arrivés à accorder une garantie civile au *rogatus*. Lisons sur ce point un fragment de Julien que nous connaissons déjà : *Cum quid precario rogatum est non solum interdicto uti possumus sed et incerti condictione id est præscriptis verbis* (1).

Nous ne pouvons passer sous silence une remarque qui a été faite à l'occasion des derniers mots de ce texte : *incerti condictione id est præscriptis verbis*. Ils indiquent une confusion entre une action *stricti juris* : *la condictio*, et une action de bonne foi l'action *præscriptis verbis*. Nous ne saurions admettre que cette erreur émane de Julien. La responsabilité incombe certainement aux compilateurs de Justinien. Quel était donc le texte primitif? Sur ce point plusieurs opinions se sont produites.

Savigny prétend qu'il faut lire à la place *de condictione incerti* les mots *actione incerti*. Par cette explication la confusion cesse, car le caractère de l'action *incerti bonæ fidei*, est parfois attribué à l'action *præscriptis verbis*. Ce système a le tort de faire recommander par Julien (l'un des chefs de l'École Sabinienne) l'emploi d'une action contestée encore après lui par Gaius. De plus, il met le jurisconsulte en contradiction avec lui-même, puisque

____
(1) L. 19, § 2, *eod.*

d'après Ulpien (1), dans l'hypothèse d'un contrat innommé, Julien accorde une action prétorienne *in factum*, et non l'action *præscriptis verbis*.

Nous préférons l'opinion de Vernet et Machelard qui proposent de supprimer purement et simplement ces mots *id est præscriptis verbis* qui ne seraient plus à leur sens qu'une interpolation due à une erreur des compilateurs de Justinien. (V. en ce sens Accarias, *Précis*, II, p. 419, note 1). Quoi qu'il en soit sur ce point, nous reconnaissons que les deux Écoles Sabinienne et Proculienne s'accordaient à donner au précaire une puissance juridique, un *vinculum juris*. Leur manière de voir différait en ce que pour les premiers il y avait une situation engendrant une obligation *quasi ex contractu* dont il n'était pas possible de saisir juridiquement *la convention*; le *negotium juris* résultant de l'état dans lequel elles se trouvaient à un moment vis-à-vis l'une de l'autre (2). Tandis que pour les autres il y avait un contrat innommé sanctionné par l'action *præscriptis verbis*.

Une fois le précaire admis au nombre des contrats, il

______

(1) L. 27, § 2, Dig., Liv. II, t. XIV.

(2) Cette obligation *quasi ex contractu* était aux yeux des Sabiniens basée sur *l'enrichissement* du précariste. Elle était sanctionnée par une *condictio sine causa*. (Les Sabiniens se refusaient à admettre l'action *præscriptis verbis*. Ils ne voulaient point voir dans la convention un *novum contractum*. Ils en examinaient les caractères et l'assimilaient à un des contrats reconnus par le Droit civil, et duquel elle se rapprochait le plus. Ils étendaient à la copie l'action admise pour l'original. En plusieurs cas ils donnaient l'action de dol). — Nous verrons au cours de cette étude que ce fut à l'opinion proculienne que l'avenir donna raison.

reste à savoir dans quelle catégorie il convient de le placer.

L'action *præscriptis verbis* qui le sanctionnait nous indique que c'était un contrat innommé : il a donc suivi cette marche des *negotia nova* auxquels l'équité accorda une action. En ce qui le concerne l'action *præscriptis verbis* a consacré le rapport juridique résultant de la convention : *facio ut facias* qui fût la dernière à recevoir une garantie en conquérant une place au rang des contrats innommés. La remise de la chose constitue un *factum*, de même que la restitution au concédant (1).

Savigny (2) range le *precarium* dans la classe des *negotia « do ut des »*. Il est vrai qu'il se rapproche de la donation, mais il en diffère sensiblement en ce que *qui donat sic dat quasi tunc recepturus cum sibi libuerit precarium solvere* (3).

Dans le *precarium* en effet, le *rogans* s'est obligé à restituer la chose concédée. Il n'y a pas eu transfert de propriété.

On fait valoir à l'appui de la doctrine de Savigny que

---

(1) Accarias (*Préc. D. R.*, tom. II) dit : Cette théorie de la pratique et de la jurisprudence ne naquit pas formée de toutes pièces. — On sanctionna d'abord les pactes adjoints à une *datio* parce que la *datio* est essentiellement un acte juridique dont la loi détermine les formes, les conditions et les effets. — Il n'en était pas de même pour les faits : *Quod si faciam ut des et posteaquam feci cessus dare, nulla erit civilis actio, sed ideo de dolo dabitur.* (Paul, L. 5, § 5. — *De præscript. verb.* D. XIX, V). Plus tard dans le dernier état du droit, tous les contrats innommés sans exception sont sanctionnés par l'action *præscriptis verbis*.

(2) *Théorie de la possession*, p. 527.

(8) *De precario*, L. XLIII, 26.

le mot *dare* en droit romain ne désigne pas seulement une translation de propriété ; il s'entend également de tout démembrement de propriété. Or le concédant ne démembre-t-il pas sa propriété en en conférant la jouissance et l'usage au précariste ? Et n'est-ce point là la réalisation d'une convention *do ut des* ?

Nous sommes opposés à cette idée que le mot *dare* ne signifie pas toujours translation de propriété. C'est au contraire là son acception spéciale à laquelle on oppose pour les cas où le transfert n'a pas lieu le mot *præstare*. De plus, quand le précaire fût le plus en usage, quand on l'appliqua à certains contrats et notamment à la vente et que le vendeur consentait à livrer la chose *precario*, peut-on voir dans la convention qui intervenait alors entre son acquéreur et lui autre chose qu'un *negotium facio ut facias* ?

Voyons maintenant si nous allons considérer le précaire comme un contrat unilatéral ou synallagmatique?

Au premier abord on serait tenté de lui appliquer le premier caractère, car il semble bien que le concédant n'est tenu à rien, et que le concessionnaire a seul l'obligation de restituer. Et cependant c'est le second qu'il faut lui donner. Cette solution ne fait plus guère de doute pour les interprètes (1).

Elle se base sur cette notion que dans tout contrat

(1) V. en ce sens Accarias, *P. D. R.*, t. II, p. 55.
May, *Elém. D. R.*, t. II.
Ortolan, *D. R.*

innommé le pacte qui précède la réalisation exécutée par l'une des parties a un caractère synallagmatique. C'est l'efficacité reconnue aux pactes bilatéraux et l'injustice du refus de l'une des parties à s'exécuter qui ont conduit à la consécration du rapport de droit existant, et à la nécessité d'en sanctionner les effets.

Nous voyons en effet que le précaire a été dans une certaine mesure assimilé à une donation, et que les jurisconsultes considèrent la *donatio sub modo*, comme un contrat synallagmatique. Or ici le *modus* de cette sorte de donation n'est autre que la révocabilité *ad nutum*.

Le caractère gratuit du précaire est-il également de son essence comme celui de révocabilité (1) ? Nous ne le pensons pas. Nous croyons qu'il est seulement de sa nature et qu'une clause contraire y dérogerait parfaitement. — Toutefois les textes qui font du précaire un *genus liberalitatis* et qui le rapprochent du commodat semblent bien exclure toute idée de rémunération pécuniaire. Au début les *officia* fournis par les clients au patron constituent sa seule rémunération. Mais, à l'époque où la pratique a fait de lui un moyen de conclure un autre contrat comme la vente et le gage, le précariste paiera le plus souvent une redevance, notamment à titre de louage. Mais alors il est vrai de dire que le précaire a

---

(1) De ce principe qu'il est essentiellement révocable, il faut conclure que le concédant ne serait pas obligé d'attendre le terme qu'il aurait lui-même fixé d'avance pour reprendre sa chose. (Loi 12, *princ. h. t.*). V. Accarias, *P. de D. R.*, t. II, p. 419.

perdu son individualité, absorbé qu'il est dans l'enveloppe d'un autre contrat dont il s'approprie les effets.

En tous cas, s'il y eût une redevance, elle ne fut sans doute jamais considérable. Le précaire avait pour but de marquer la dépendance et la reconnaissance du client et non point de procurer un gain au patron : « Il n'y avait pas de crime pire que de rançonner son client » (1).

C'était considéré comme une infamie que de s'enrichir par ses présents (Denis d'Halic., 11-10). Et lorsque l'oubli de l'antique morale rendit nécessaire l'intervention du législateur, cette idée fut une de celles qui inspirèrent la loi Cincia (2).

Le contrat de précaire était-il un contrat *réel*? on est tenté de le croire. Ariston a assimilé les conventions exécutées par l'une des parties aux contrats réels. Ainsi en est-il du *mutuum*, du *dépôt* et du *gage*. Il faut cependant répondre non, car en assignant au précaire le caractère d'un contrat réel, c'est par là même lui retirer celui de contrat synallagmatique que nous lui avons formellement reconnu. En effet c'est dans l'exécution du pacte bilatéral que réside la cause du contrat synallagmatique. C'est donc dans la convention réciproque des parties que réside la cause de l'obligation et non point

(1) *Neque pejus ullum facinus existimatum est, quam si cui probaretur clientem divisui habuisse* (Aulu-Gel., XXI, § 40).

(2) Tite-Live, XXXIV, 4. *Quid legem Cinciam de donis et muneribus (excitavit) nisi quia vectigalis jam et stipendiaria plebs esse senatui cœperat.*

dans la *res*. Elle n'est ici que la manifestation de la cause, et non la cause elle-même.

Pour nous résumer, nous considèrerons donc le précaire, à la période classique, comme étant un contrat innommé synallagmatique, gratuit et révocable *ad nutum*.

CHAPITRE II

FORMATION DU CONTRAT DE PRÉCAIRE. — SA FORME. —
CHOSES SUR LESQUELLES IL PEUT PORTER. —
PERSONNES ENTRE LESQUELLES IL PEUT INTERVENIR.

§ I. — *Forme*

Après comme avant son élévation au rang des contrats, le précaire ne requiert aucune solennité. Il suffit du consentement des deux parties, donné soit verbalement *inter præsentes* soit par écrit ou par l'intermédiaire d'un tiers : *Precaria possessio constitui potest vel inter præsentes, vel inter absentes ; veluti per epistolam, vel per nuncium* (Gaius, D. XLIII, *eod. t.*).

Des prières formelles adressées au *rogatus* ne sont même pas indispensables, il suffit que le *rogans* ait sollicité sous une forme quelconque la concession ; ou même que le premier ait prévenu son désir en lui concédant spontanément sa chose (1). Elles constituent cependant la forme la plus usitée, à en croire ce que nous dit le jurisconsulte Paul (*Sent.*, liv. V, t. 6, § II) : « *Precario*

(1) Il est très possible cependant qu'à l'origine on dût se servir d'une formule solennelle ; mais, qu'avec le temps, ce formalisme rigoureux se soit, comme pour beaucoup d'autres institutions, atténué de plus en plus au point d'avoir disparu complètement à la période classique. Cette remarque est faite par MM. Vangerow et Machelard.

*possidere videre videtur non tantum qui per epistolam vel
quacumque aliâ ratione hoc sibi concedi postulavit, sed
et is qui nullo voluntatis indicio, patiente tamen domino
possidet* ».

Il est évident qu'outre le concours des deux volontés,
il faut que la chose soit remise en la possession du précariste (1).

§ II. — *Choses sur lesquelles peut porter le précaire.*

Comme c'est l'objet *in specie* qui doit être rendu à la
fin de la concession, le précaire ne peut porter sur des
choses *quæ primo usu consumuntur*. Toutefois ici, comme
dans le commodat, si ces choses fongibles n'étaient concédées que pour servir *ad pompam et ostentationem*, et
être ensuite restituées *in specie*, rien ne s'opposerait à
ce qu'elles pussent faire l'objet d'un précaire. L'intention des parties sera donc ici le meilleur guide. Cujas dit
en effet : *Ergo nec commodatum nec precarium nisi forte
accipiatur quasi corpus, non quasi quantitas ut ea utamur,
non abutamur quo casu etiam in pecunia numerata commodatum precariumque consistit.*

Au début, le précaire ne portait que sur des immeubles, que sur des terres faisant partie de cet *ager publicus* que les patriciens concédaient à leurs clients. Mais
au fur et à mesure que s'étendit sa sphère d'application,

______

(1) Si le précariste a déjà la détention de la chose il n'y a plus besoin d'une
nouvelle tradition. Seule la convention d'en changer le titre suffit.

le précaire eut pour objet non seulement toutes sortes d'immeubles, mais aussi des meubles ; la meilleure preuve en est dans l'application si fréquente qu'on en faisait au gage, lequel ne portait que sur des meubles. Nous reconnaissons encore ici que le précaire était alors dégénéré de sa forme primitive qui, à son principe, avait réflété si purement le caractère de la société romaine ; qu'il n'avait plus cette existence personnelle, et cette individualité d'une originalité si significative ; il était servilement tombé aux rôles secondaires. On le coulait dans le moule d'autres contrats tels que la vente et le gage dans lesquels il se trouvait absorbé.

Il n'en est pas moins vrai que tel il était à l'époque classique, et tel nous devons en étudier la nature et le fonctionnement (1).

§ III. — *Quelles sont les personnes entre lesquelles le précaire peut intervenir ?*

A. — Qui peut faire une concession à précaire ?

Celui qui a la pleine propriété d'une chose peut en disposer à son gré et par conséquent la concéder à précaire. La question est plus délicate si le propriétaire n'a pas la possession de sa chose. Dessaisi de cette possession au profit d'un tiers, il ne peut plus en gratifier un autre.

---

(1) Il importait peu que la chose qui était donnée en précaire appartint ou non au concédant, qu'il en fût propriétaire prétorien ou quiritaire ou que lui-même tint la chose en précaire (Ulpien, L. 8, Dig., *eod. t.*) ; car il pouvait à son tour sous-concéder à précaire.

Il pourra seulement, si bon lui semble et s'il est en droit de le faire, convertir la possession de ce tiers en *possessio precaria*. « *Unusquisque potest rem suam, quamvis non possideat, precario dare ei qui possideat* » (L. 18, II, *eod. t.*). Celui qui a la possession sans avoir la propriété peut-il également concéder à précaire ? Sur ce point nous avons un texte qui nous dit : « *Sed et si eam rem cujus possessionem per interdictum uti possidetis retinere possim, quamvis, futurum esset, ut tenear de proprietate, precario tibi concesserim, teneberis hoc interdicto* » (pr. 7. D. *eod.*). Ce qui revient à dire que l'on peut céder à titre précaire ce que l'on détient soi-même au même titre. Et en effet que dit le texte : Pourra céder en précaire le possesseur qui est à même d'invoquer l'interdit *uti possidetis*. Cet interdit que nous étudierons plus loin, rentre dans la catégorie des *retinendæ possessionis*. Il concernait exclusivement la possession immobilière ; le demandeur avait à faire la preuve du trouble occasionné par le défendeur. L'interdit *utrubi*, au contraire réservé aux meubles, faisait triompher celui qui avait possédé le plus longtemps dans l'année.

Justinien confond les deux et n'assigne plus comme condition d'exercice commune que la preuve de la possession actuelle (1).

Donc, que le précaire porte sur un immeuble ou sur un meuble, du moment que le possesseur est en mesure d'invoquer l'interdit *uti possidetis* il a une possession qu'il

—————

(1) IV, 15, § 4, *Institutes.*

peut à son tour concéder en précaire (1). Or la *possessio precaria* donne-t-elle droit à l'interdit *uti possidetis*? Oui, car si la *possessio precaria* n'étant point *justa, ad usucapionem*, elle était au moins *ad interdicta*. Et ces *interdicta* étaient les *recuperandæ possessionis, uti possidetis et utrubi.*

Nous en concluons que pour concéder en précaire il faut, mais cela suffit, avoir la *possessio ad interdicta.*

Examinons brièvement si pareille faculté est donnée au *conductor*, à l'usager et à l'usufruitier?

Et d'abord, le *conductor* a droit, à moins de clause contraire, de sous-louer, de céder son droit au bail. Or n'a-t-il pas par là même celui de concéder à précaire. Qui peut le plus peut le moins ; et le fait de sous-louer, c'est-à-dire de *s'engager* vis-à-vis de son locataire à le faire jouir de la chose n'est-il pas plus grave, que de concéder en précaire, ce qui n'implique *aucune obligation* de la part du concédant et lui laisse la faculté de reprendre la chose *ad nutum* ?

Pour l'usager nous proposons une solution contraire, car nous voyons dans son droit un *intuitus personæ* qui en empêche la cessibilité. Il en serait de même en ce qui concerne le droit d'habitation.

Quant à l'usufruitier, il n'est plus question pour lui de droit incessible. L'*intuitus personæ* qu'il ne faut point

______

(1) A l'époque classique, nous devons raisonner de même pour l'interdit *utrubi*. Ce qui est vrai de l'interdit *uti possidetis* l'est également de l'interdit *utrubi*. Il y a donc même raison de décider. Le texte en ne parlant que du premier n'a raisonné que de *eo quod plerumque fit.*

méconnaître à son endroit ne l'empêche que de céder la jouissance de son droit mais non pas l'exercice. Il a donc la faculté de jouir par l'intermédiaire d'un tiers. Aucune raison alors pour lui refuser de concéder à précaire la chose sur laquelle porte son usufruit. Mais ce sera toujours en sa personne que s'apprécieront la durée de la jouissance et ses causes d'*extinction*. — Au jour où l'usufruit prendra fin, le précaire tombera avec lui (1).

Demandons-nous enfin, pour en avoir terminé avec cette question des personnes qui peuvent concéder en précaire, quelles solutions il convient de donner en ce qui regarde le pupille, le père de famille et l'esclave.

Nous ne pensons pas que les textes aient formellement prévu la question pour le premier. Nous avons bien vu plus haut qu'un texte de Venuleius (22, § 1, *eod. t.*) reconnaît au pupille le droit d'*acquérir la possession*, car par là il rendra sa condition meilleure (Gaius, c. II, 83). Il acquerra donc *sine tutoris auctoritate* la *possessio precaria* (2) ; et comme il ne peut s'obliger dans de pareilles conditions, il ne sera point tenu à restituer (3). Mais abandonner à un tiers la possession de sa chose, en abdiquer à son profit la jouissance et l'usage, c'est évidemment *rendre sa condition pire*. Et nous proposons au nom

(1) Fr. 12, § 3. *De usuf*. D. VII, 1. *Sed et si alii precario concedat vel donet, puto eum uti atque ideo retinere usufructum*; *et hac Pegasius et Cassius responderunt et Pomponius libro quinto ex Sabino probat* ».

(2) Fr. 22, § 1, *eod.* Inst. t. 21, princ. 1. — Fr. 9, princ. D. XXVI, 8.

(3) Inst. II, 8, § 2. — Et loi 11, D. *De acq. rerum dom.*, XLI, 1.

des principes généraux de refuser ce droit au pupille.

Quant aux fils de famille et à l'esclave, simples instruments juridiques entre les mains du *paterfamilias* ou du *dominus*, ils ne peuvent évidemment concéder à précaire que les biens sur lesquels ils ont des pouvoirs d'administration fort étendus, c'est-à-dire sur leur pécule seul.

B. — Qui peut bénéficier d'une concession à précaire ?

En principe toute personne capable de consentir. Les fous pourront donc recevoir une concession à précaire durant leurs intervalles lucides. Un muet le pourra également puisque le contrat peut se conclure tacitement. Pour le pupille, nous venons de voir la situation qui lui était faite dans les deux rôles (V. *Suprà*).

Quant à l'esclave et au fils de famille, il faudra pour déterminer les effets de leur *precatio* distinguer les cas où elle a été adressée ou non avec l'autorisation du *pater* (1). Au premier cas, il est certain que les effets de la concession n'iront pas jusqu'au *pater*. Il sera simplement passible de l'action *de peculio* ou *de in rem verso*. Au second cas, au contraire, le *Pater* sera tenu des obligations du précaire. L'interdit sera délivré contre lui. Il a en effet eu l'avantage d'acquérir immédiatement la possession ; il assume par là même les obligations du précariste.

---

(1) Ce que nous disons du *Pater* doit s'entendre également du *dominus*.

Nous arrivons maintenant à une question fort intéressante qui est celle de savoir si les ayants cause des parties intervenues au précaire succèdent aux droits et obligations de leurs auteurs. Pour les ayants cause à titre particulier, pour l'acquéreur, par exemple, point de doute qu'il ne soit tenu des mêmes obligations que son auteur. Il acquiert la chose grevée de la concession, *deducto precario*, il doit la respecter. Loi 8, § 2, *eod. t.* : « *Illud tamen videamus quale sit a me precario rogaveris, et ego eam rem alienavero, an precariem duret, re ad alium translata ? Et magis est ut si ille non revocet, posse interdicere quasi precario ab illo habeat non quasi a me. Et si passus est aliquo tempore a se precario habere recte interdicet, quasi a se precario habeas* ».

En ce qui concerne les successeurs à titre universel comme les héritiers (1) la question est plus délicate. Distinguons deux hypothèses. La première est celle où c'est le concédant qui est décédé : il est certain que la condition du concessionnaire n'est point modifiée. La volonté de l'héritier du concédant s'est absorbée dans celle de son auteur, et dès qu'il y a adition d'hérédité de sa part, le précariste est censé n'avoir jamais cessé de tenir sa concession du défunt. (*Heres personam defuncti sustinet*). — *Quod a Titio precario qui rogavit id etiam ab herede ejus precario habere videtur. Idem et Labeo probat ; et adjicit etiam si ignoret quis heredem, tamen vi-*

____

(1) Nous nous bornerons à ce cas de *successio in universam jus*.

deri eum ab herede precario habere (L. 8, § 1, *eod.*) (1).

D'après Ulpien, Sabinus, Labéon, Celsus, la concession survit à la mort du concédant. D'après une loi de Pomponius, au contraire (Dig., L. XIX, t. II, loi IV), il semblerait que le précaire cesse par la mort du concédant : *Locatio precarii ve..... quo ad is qui eam dedisset vellet.* Mais il n'en est rien car ces derniers mots indiquent une clause spéciale qui ne saurait faire échec à notre règle (2).

La deuxième hypothèse, qui est celle de la mort du concessionnaire, est beaucoup plus complexe, et les controverses auxquelles elle a donné lieu sont loin d'être définitivement tranchées.

Le précaire est-il transmissible aux héritiers du précariste ?

Si l'on ne considère que la nature du contrat, on est amené à dire que l'*intuitus personæ* qui est sa base s'oppose à ce qu'il passe sur une autre tête. Il doit s'arrêter à la personne bénéficiaire ; par conséquent la mort du précariste met fin à la concession du précaire.

(1) On ne saurait tirer un argument contraire de la loi 4, D. 19, 2, où Pomponius vise un cas particulier de mélange de bail et de précaire (Ulpien en parle également à la loi 10, *de acq. vel. amitt. poss.*). Les termes indiquent une concession subordonnée à la volonté personnelle du concédant, et de lui seul.

(2) Cette règle a été également soutenue par O. Hilliger, sur les commentaires de Hugo Donellus (L. XIV, cap. XXXIII). — Elle a du reste rallié la majorité des auteurs. — On peut encore citer à son appui une décrétale du Pape Grégoire IX rendue en l'an 1235 et qui dit : *Precarium utendum conceditur quamdiu patitur qui concessit solvitur quoque obitu ejus cui concessum est, non etiam concedentis.* (*Decretalium*, D. Gregorii Pap. IX, l. III, t. XIV. cap. III).

Telle est la solution que nous donne le jurisconsulte Paul (S. V. 6, § 13). « *Ad heredem autem ejus qui precario rogavit, non transit ; Quippe ipsi dumtaxat, non etiam heredi concessu possessio est ; nullæ enim preces ejus videntur adhibitæ* ».

Il ne faut pas, à notre avis, voir dans cette raison de Paul « que les prières n'émanent pas de l'héritier » autre chose qu'une façon de s'exprimer pour dire que la concession à précaire a un caractère strictement personnel au *rogans* (1). La même idée ressort du texte de Celsus : *Precarii rogatio et ad heredem ejus qui concessit, transit, ad heredem autem ejus qui precario rogavit, non transit.* Mais si l'héritier est resté quand même en possession, quelle est la situation du concédant vis-à-vis de lui ? La réponse comporte une distinction : ou l'héritier connaît l'existence du précaire, ou il l'ignore. Au premier cas, il aggrave le vice dont sa possession était déjà entachée en y ajoutant la clandestinité *clam possidere videtur* (2). Dès lors le concédant a la voie pétitoire à sa disposition, et aucune prescription n'est à craindre : *presentio ejus rei semper manebit (eod. t.).* N'a-t-il que ce moyen à sa disposition ? Si nous prenons à la lettre le texte de Paul, il faut dire oui : *nec interdicto locus est.* Donc point d'interdit possible. C'est là une erreur ; car il ne faut pas perdre de vue que le jurisconsulte Paul dans ce texte

_____

(1) Paul dit lui-même plus haut (nous l'avons cité) que le précaire se forme sans prière.

(2) *Eod. t.* — Liv. V. t. VI, § 12.

(L. V, VI, 12), vient de traiter de l'*interdit de precario*, et que c'est à son égard qu'il ajoute que pour le cas qui nous occupe, il n'y a point lieu à l'interdit. — Car celui qui s'impose en pareille circonstance est l'interdit *de clandestina possessione*.

C'est là du moins l'explication que l'on en a généralement donnée. Elle nous semble bien peu satisfaisante. Et d'abord pour que Paul parle de l'*interdictum* sans préciser, pourquoi admettre que c'est de l'interdit *de precario* qu'il a voulu parler? Dans le texte précédent où le jurisconsulte étudie cet interdit, il le qualifie *de precario*. De plus il nous semble bien difficile d'admettre que Paul cite un cas où l'interdit *de precario* ne pourra être employé sans au moins dire par lequel il sera remplacé. Il faut donc, croyons-nous, prendre le mot *interdicto* dans son sens général et décider que si dans le cas présent, on ne peut se servir de l'interdit c'est que l'on retombe dans la règle ordinaire, étrangère à l'idée de possession et à l'idée de précaire, c'est-à-dire que l'on se trouve ramené à la voie pétitoire : *Persecutio ejus rei semper manebit, nec interdicto locus est*. L'opposition de ces deux mots *Persecutio* et *Interdicto* indiquent bien qu'il y aura lieu d'employer le premier moyen à l'exclusion de l'autre. Il est donc logique d'admettre que le jurisconsulte Paul a fait ici allusion à cette mesure radicale et rapide qui était avant Justinien impunément employée, et consistait à expulser purement et simplement la possession clandestine.

Passons au cas où l'héritier ignore l'existence du précaire ; sa bonne foi ne saurait avoir pour effet de commencer une possession *ad usucapionem*, ni de faire revivre à son profit la concession éteinte par la mort de son auteur. Papinien (L. 11, *de div. temp. prœs.*) nous apprend en effet qu'il ne peut prétendre à l'usucapion à raison du vice initial de la possession. Mais ne doit-il pas être considéré comme un possesseur de bonne foi ? Certainement oui. Ce ne sont plus les règles du précariste que nous devons lui appliquer, mais celles du possesseur de bonne foi *qui rem quasi suam neglexit, nulli querelæ subjectus est*. Donc le concédant devra suivre la voie pétitoire pour arriver à se faire restituer sa chose. C'est la seule qui lui soit ouverte (1).

Jusqu'à présent donc, dans une hypothèse, comme dans l'autre, la situation est nette ; le précaire ne survit pas à la mort du concessionnaire.

Il n'y aurait pas d'hésitation possible si nous n'avions un texte d'Ulpien (L. 8, § 8, *eod. t.*) qui nous dit : *Hoc interdicto heres ejus qui precario rogaverit tenetur quemadmodum ipse ; ut sive habet, sive dolo fecit quominus ha-*

---

(1) Papinien dit en effet : *nec interdicto heredem ignorantem recte convenietur* (L. 11, *de div. temp. prœs.*).

L'héritier sera donc admis à conserver les fruits par lui perçus. — M. Machelard pense qu'il doit les restituer jusqu'à concurrence de son enrichissement. — Nous croyons, nous, pouvoir appliquer ici, à défaut de texte contraire, le droit commun à la possession de bonne foi. Jusqu'à la constitution de Dioclétien (22, Code, *de rei vind.*), le porteur gardait tous les fruits, même ceux *non extantes*.

beret, vel ad se perveniret teneatur; ex dolo autem defuncti hactenus quatenus ad eum pervenit (1).

C'est là une solution qui contredit celle que nous avons donnée. On a voulu concilier ces deux textes. (Cujas : ad tit. 9, L. VIII au Code. Voët, *Comment.*). On a dit qu'il fallait distinguer deux situations. Celle où l'héritier est tenu *proprio nomine*, et celle où il est tenu *hereditario nomine*, et qu'alors l'héritier n'est pas tenu de l'interdit *proprio nomine*, mais qu'il peut cependant être poursuivi du chef de son auteur. Il nous semble qu'Ulpien n'a nullement eu en vue cette distinction qui n'est que dans l'esprit trop inventif de ses partisans. Les expressions : *sive habet, sive dolo fecit quominus haberet* signifient bien que l'héritier est toujours tenu personnellement.

Rappelons pour mémoire une explication fournie par M. de Vangerow et qui est par trop ingénieuse : pour lui, Ulpien, dans le texte dont il s'agit fait allusion à une concession consentie au profit de l'héritier lui-même et directement. Où M. de Vangerow trouve-t-il la raison d'expliquer ainsi le texte ? Nous ne le devinons pas.

Ces essais de conciliation sont restés infructueux. Il vaut mieux ne point les tenter, avec d'autant plus de raison qu'il n'y a rien d'illogique à admettre que sur ce

---

(1) Ce texte se trouve lui-même corroboré par une décision de Dioclétien et de Maximien (Loi 2 au Code, *de precario,* VIII, 9), *habitantis precario heredes ad restituendum habitaculum teneri contra eos, interdicto proposito, manifeste declaratur.*

point comme sur beaucoup d'autres Ulpien a réalisé une innovation, en marquant l'opinion de la doctrine Proculienne opposée à celle de l'École Sabinienne à qui sont dus les textes de Celsus, de Paul et de Papinien.

Sous cet aspect particulier, le précaire a encore suivi un développement progressif : au début il n'est point transmissible passivement. L'obligation de restitution ne passe pas à l'héritier. Elle subit la loi générale : les obligations ne se transmettent point. Vieux souvenir de l'époque barbare où le créancier engage sa personne physique, et où lui seul par conséquent peut être obligé. Il faut la fiction du défunt se survivant à lui-même dans la personne de son héritier pour admettre la transmission des obligations. Comment en eût-il été autrement du précaire, où l'*intuitus personæ* joue un si grand rôle ?

Puis les idées se transforment ; des progrès s'accomplissent ; la notion de transmissibilité s'affirme à mesure que l'on se détache de plus en plus de l'idée de garantie sur la personne pour ne plus voir que celle portant sur le patrimoine. Et le jour où le précaire, sous l'influence des idées novatrices d'Ulpien, est érigé en contrat (23, *de reg. juris*), ce jurisconsulte n'hésite pas à lui en appliquer les règles, et à décider que la concession et les obligations qui en résultent se transmettront aux héritiers du précariste. Leur droit est le même que leur auteur, leurs charges doivent être les mêmes. Ils sont donc, comme lui, tenus de l'interdit de *precario*. Nous pensons que c'est là l'explication la plus rationnelle et la plus logique. Elle s'harmonise avec la nouvelle conception du précaire au droit classique. Elle a de plus l'avantage de rendre compte de l'évolution produite, en laissant à chacun des textes leur valeur et leur exactitude respectives.

CHAPITRE III

Le premier effet du précaire est de concéder au précariste la possession. *Meminisse nos oportet eum qui precario habet etiam possidere* (Ulpien, f. 4, *princ.*, *eod. t.*).
Il faudrait une clause contraire formellement exprimée
pour empêcher cette conséquence de se produire (VI,
§ 24, t. 10, *de acq. poss.*). A première vue, il semble
que ce ne soit que la *détention* de la chose qui puisse être
transférée au précariste ; car si nous rencontrons chez
lui l'élément matériel de la possession « le *corpus* », nous
ne saurions y trouver l'élément intentionnel : « l'*animus
rem sibi habendi* », c'est-à-dire l'intention de se conduire
vis-à-vis de la chose en propriétaire. Son titre implique,
en effet, reconnaissance du droit d'autrui. Il ne jouit que
par le bon vouloir du concédant. Et la menace perpétuelle de la révocation fait que la concession est censée
se renouveler à chaque instant. On devrait donc considérer le précariste comme un simple détenteur, et le
concédant garderait la possession sauf à l'exercer *corpore alieno*.

Nous devons cependant nous incliner devant l'autorité de textes contraires, et notamment de celui d'Ulpien que nous avons cité. Nous verrons également que le précariste a les interdits possessoires (*retinendæ et recuperandæ possessionis*). Il peut à l'aide de cette ressource défendre de son propre chef, sa position contre tous ceux qui tenteraient d'y porter atteinte ; excepté bien entendu contre le concédant dont le droit est au-dessus du sien. Il a la faculté comme le créancier gagiste, de joindre à sa possession, celle de son auteur, s'il veut exercer l'interdit *utrubi* (1).

En un mot, excepté à l'égard du concédant, il a vis-à-vis de tous, les attributs d'un possesseur. — Toutefois, comme il n'a pas l'*animus*, comme par conséquent il ne peut avoir une *possessio justa* qui mène à la propriété par l'usucapion ; comme il lui est impossible de se conduire en propriétaire puisque non seulement il n'a pas la disposition de la chose, mais que sa jouissance reste à la merci du *rogatus*, il faut reconnaître que s'il est plus qu'un simple détenteur, il est moins qu'un *justus possessor* (2).

Il nous faut préciser cette possession imparfaite, voir ce qu'elle confère à son titulaire et par conséquent ce qu'elle laisse au concédant. Il nous restera ensuite à examiner et à justifier ce dédoublement de la possession.

(1) Gaius, c. IV, § 151.

(2) Son titre reconnaît le droit d'autrui. Et il ne peut le changer car s il s'avisait un jour de revêtir l'*animus domini*, ce ne serait là qu'une pure fantaisie condamnée à l'impuissance par la règle. *Nemo potest sibi ipse mutare causam possessionis.*

— Les commentateurs sont loin d'être d'accord sur ce point. Beaucoup d'entre eux n'ont pas admis que la possession pût ainsi se partager entre deux têtes. Pour eux la possession est un fait indivisible dans son principe et dans ses effets.

On l'a tout entière, ou on ne l'a pas du tout. De ce principe que la possession est le fait d'avoir un objet à sa plus entière disposition et constitue par conséquent un pouvoir sans restriction, il résulte qu'il ne peut pas plus y avoir deux possessions qu'il n'y a deux propriétés. *Duorum in solidum dominium vel possessio esse non potest* (1).

Donc, si deux personnes ne peuvent posséder une chose en même temps, l'une ne peut acquérir la possession qu'au moment où l'autre s'en dessaisit. Par conséquent si le précariste obtient par la concession la possession, c'est que le concédant s'en est dépouillé à son profit.

On a donné à ce sujet plusieurs explications que nous ne croyons point devoir passer sous silence. M. de Savigny voit dans la possession du précariste une délégation de celle du concédant. Il profite par une sorte de dérivation, de l'*animus rem sibi habendi* résidant chez le concédant. Il est vrai que telle devait être au fond l'intention des parties si l'on tient compte de l'origine du précaire. Il était en effet plus commode pour le patron de confier définitivement au client le soin de se protéger

(1) L. 5, § 15, II. XIII, 6.

lui-même, et de s'épargner ainsi pour lui-même celui d'avoir à intervenir en personne dans chaque contestation. Mais cette explication a le tort de n'envisager le précaire qu'à son début et de ne point tenir compte de ce qu'il était à l'époque classique. De plus, cette délégation de l'*animus rem sibi habendi* n'a jamais eu pour effet de permettre au précariste de se considérer comme un propriétaire. Elle ne mènera donc jamais à l'usucapion. Pure consolation platonique, dénuée d'effets et qui ne signifie rien. C'est vouloir enlever en pure perte au concédant la *possessio justa* puisqu'on ne peut la donner au précariste. N'étant plus à l'un et ne pouvant être à l'autre elle restera en l'air (1).

Une doctrine importante donne au précariste un *animus* aussi complet que peut l'être celui d'un propriétaire. A cet égard, il ne serait point différent d'un possesseur violent ou clandestin. De ce fait que sa possession est due à un bienfait, qu'il sait combien cette situation est fragile, il ne faut pas conclure qu'il n'a point l'*animus rem sibi habendi, sibi possidendi*. Il a la volonté de jouir exclusivement des avantages attachés à la possession juridique. Et cette volonté ne suffit-elle pas pour réaliser l'élément moral essentiel à la possession, pour constituer l'*animus* ?

La situation est analogue à celle créée par la donation

____

(1) Voyez sur toute cette doctrine : Puchta, *Kleine civilische schriften gesammelt*, Von Rudorf, pp. 47 et suiv. Dukwardt et Randa dans *Windscheid*, 11, § 154, note 4.

à cause de mort où le donateur se réserve le *jus pœnitendi*. Il est tout aussi impossible par conséquent de refuser l'*animus* au précariste que de ne point le reconnaître au donataire.

Si puissante que soit l'intensité que l'on veuille donner à l'*animus* du précariste il nous semble impossible de l'élever au niveau de celui du *justus possessor*. L'*animus*, en effet, consiste dans l'intention de traiter la chose comme sienne ; il implique donc avant tout la volonté de ne point reconnaître le droit de propriété d'un autre. La possession du précariste diffère donc essentiellement de celle du donataire à cause de mort: celui-ci possède la chose en vertu d'un titre qui lui permet l'*animus domini*, celui-là en vertu d'un titre qui l'exclut doublement; puisque le précariste reconnaît le droit du concédant, et qu'il y a contradiction flagrante entre la volonté de traiter la chose comme sienne, et l'obligation de la rendre à première réquisition (2).

On a objecté il est vrai, que les interdits possessoires présupposaient l'*animus* chez celui à qui ils étaient donnés, et qu'il nous était impossible de les refuser au précariste.

C'est une affirmation qui ne repose sur aucun texte. Il s'agirait justement de démontrer qu'ils ne peuvent pas se rencontrer là où l'*animus* fait défaut.

---

(1) Les jurisconsultes qui accordent les actions noxales contre le *possessor* de bonne ou de mauvaise foi la refusent contre le précaire pour cette raison qu'il ne possède pas *opinione domini* (L. 22, II. *De noxal.*, act. IX, 4).

Nous croyons utile de nous arrêter un instant à cette lutte des jurisconsultes romains qui, pendant deux siècles, discutèrent cette question de savoir si oui ou non le concédant gardait l'*animus*, et si par conséquent il conservait sa possession. C'est là un point très important à préciser, car de lui dépend le caractère à donner au précaire, et par conséquent les droits à accorder aux parties et les obligations à leur imposer.

Une loi célèbre de Paul (l. 3, § 5, D., *De acq. vel adm. poss.*, XLI, 2) nous révèle les détails de cette controverse. Ayant posé en principe que la possession est un pouvoir absolu, le jurisconsulte poursuit : *Sabinus tamen scribit eum qui precario dederit et ipsum possidere et eum qui precario acceperit. Idem Trebatius probabat existimans, posse alium juste ; duos injuste vel duos juste non posse.*

Il continue : *Quem Labeo reprehendit : Quoniam in summa possessionis non multum interest juste quis an injuste possideat ; quod ut verius ; non magis enim eadem possessio apud duos esse potest quam ut tu stare videaris in eo loco in quo ego sto ; vel in quo ego sedeo tu sedere videaris* (L. 3, § 5, D. *De acq. vel am. pos.*, XLI, 2).

Rapprochons de ce texte celui de Julien qui s'exprime ainsi : *Duo in solidum precario habere non magis possunt quam duo in solidum vi possidere aut clam ; nam neque justa, neque injustæ possessiones duæ concurrere possunt* (L. 19, prin. D, *eod. t.*)..

Sabinus, Trebatuis et Julien admettaient donc la si-

multanéité des deux possessions, Labéon et Paul la reje-
taient.

Les premiers, à moins d'admettre deux possessions
justæ, ce qui serait un non-sens, sont amenés à dire avec
nous : deux possessions sont possibles simultanément :
l'une parfaite *justa*, l'autre imparfaite *injusta*, résidant
chez le concessionnaire. Quel sens faut-il donner à ces
mots *justa et injusta*? Remarquons que ces expressions
varient de sens assez facilement. Ainsi on appelle *injusta*, une possession illégitime. Celle du précariste n'aurait donc ce caractère que s'il s'était refusé à restituer (1),
ce n'est certainement pas dans ce sens que Trebatius et
Sabinus ont employé ces mots, car ils ne font aucune
distinction.

Injusta signifie encore que la possession est entachée
à l'égard d'une personne de violence, de clandestinité ou
de *précarité,* ou qu'elle ne permet pas d'user contre elle
des interdits *retinendæ possessionis*. C'est donc un sens
relatif. Et cette relation est celle qui unit le concédant au
précariste. C'est donc seulement vis-à-vis du concédant
seul que la *possessio* du précariste est *injusta* ; car aux
yeux des tiers c'est le précariste qui possède, et c'est sa
possession actuelle qui a la valeur d'une possession *justa*.
Cette façon d'envisager les choses permet à la doctrine
Sabinienne de respecter la règle : *Duorum in solidum, non*
etc... Elle ne concerne que la situation respective de l'ancien ou du nouveau possesseur. A l'égard du concédant, il

____

(1) L. 13, § 1, D., VI, 2. — L. 7, D., § 4, X, 3.

n'y a qu'une possession, l'ancienne, la possession actuelle n'existe pas. A l'égard des tiers, au contraire, il n'y a qu'une possession, la possession actuelle ; on ne tient aucun compte de la possession antérieure.

Pour combattre l'opinion Sabinienne on conteste la fiction sur laquelle elle repose tout entière. Les fictions peuvent avoir leur raison d'être dans le domaine des idées et des droits ; mais elles restent sans portée dans celui des faits. Et la possession qui n'est qu'un fait résiste à toute fiction (1). Il n'y a qu'une possession, et c'est la possession actuelle, celle du précariste.

A l'époque de Pomponius, la doctrine Sabinienne avait prévalu : « On discutait autrefois, dit-il, la dualité des possessions, mais on l'admet aujourd'hui ».

Après lui Paul combattit ce système. Ulpien, au contraire, son contemporain, se rangea du côté de la théorie Sabinienne : *si quis ea mente possessionem tradidit ut postea ei restituatur desierit possidere* (L. 17, § 1, D. XVI, 2, *De acq. vel amitt. poss.*). Ainsi la jurisprudence dans le dernier état du droit romain s'était encore partagée sur cette question du dédoublement de la possession. Quel parti Justinien a-t-il entendu prendre ? Ce qui rend la solution difficile, c'est que les deux doctrines sont insérées au Digeste. Cependant le passage de Paul qui contient avec l'exposé de la discussion la condamnation formelle de la doctrine Sabinienne semble attester l'in-

(1) Loi XII, § 2, D. *De capt. et postlim.* XLIX, 15.

tention qu'avait Justinien de repousser les opinions de cette école.

Quelque valeur que puissent avoir les arguments produits contre la théorie du dédoublement de la possession, nous nous proposons, cependant de l'admettre. C'est elle qui rend le mieux compte des effets produits par le précaire. Et nous ne pensons pas que la possession complexe dans ses effets résiste à l'idée de décomposer ses éléments et d'en transporter certains sur la tête du précariste. Si la possession est *unique et indivisible* c'est en tant qu'elle implique *animus rem sibi habendi*. Or cet élément nous le laissons au concédant. A lui seul il peut appartenir. Mais quant aux autres, quant au fait matériel du *corpus*, et quant à la protection qu'il faut lui accorder, nous ne voyons rien qui s'oppose à ce qu'ils se détachent de la possession *justa* du concédant et qu'ils accompagnent chez le précariste la *possessio precaria* qu'ils vont constituer. Et nous insistons sur cette expression : *Possessio precaria*. Elle a toujours eu en droit romain un sens déterminé et spécial. Elle caractérise la possession du précariste, et elle seule. Nous la distinguons donc de la possession pleine et entière, de la possession *justa* qui mène à l'usucapion, et aussi de la *possessio naturalis*, simple détention à qui les interdits ne furent jamais accordés.

Voyons maintenant après avoir établi le principe, quelles sont les conséquences qui en découlent. Et déterminons quels sont les droits et les obligations de chacune des parties intervenues au contrat de précaire.

§ I. — *Droits et obligations du précariste.*

I. — Le principal effet du précaire est, nous l'avons vu, le transfert de la possession au précariste. Il peut donc affecter la chose concédée à tous les usages que bon lui semble, et dont elle est susceptible. Il ne doit cependant pas perdre de vue qu'il est tenu de la restituer au concédant à première réquisition de sa part. Il ne doit donc ni modifier la nature de la chose ni s'exposer à apporter un retard à sa remise.

II. — Il acquiert les fruits jusqu'au jour de la demande de restitution (L. 8, § 4, D. *eod. t.*), sa situation ressemble donc à celle de l'usufruitier. Comme lui, en effet, il ne saurait bénéficier des produits extraordinaires qui ne rentrent point dans la classe des fruits tels que la part de l'esclave ou le trésor. Il devra donc les restituer · avec la chose, objet même de la concession.

A quel moment acquiert-il ces fruits ? Il y a, croyons-nous, lieu d'appliquer ici les règles de l'usufruit, et de décider que les fruits *naturels* seront acquis par la *perception* (1) et les fruits civils jour par jour.

(1) Sera-ce cependant par la séparation, comme le possesseur de bonne foi, l'emphytéote ou le possesseur d'un *ager vectigalis* ? ou, *au moment* de la perception comme l'usufruitier ou le fermier ? Le possesseur d'un *ager vectigalis* acquérait les fruits par la séparation. Or la possession *vectigalis* fut vraisemblablement l'une des formes du précaire. Nous pensons donc que le précariste acquérait les fruits par *la séparation*. (L. 61, § 8. D. *De furt.*,

Cette jouissance accordée au précariste donne lieu à certains frais qui font l'objet d'un règlement entre le concédant et le concessionnaire. Les dépenses d'entretien, étant la charge de la jouissance, s'imputent sur les fruits. Les dépenses voluptuaires ne donnent lieu à aucun remboursement. Restent les dépenses d'amélioration et de conservation de la chose. Ici, nous ne voyons point d'action contraire comme pour le dépôt, le commodat et les autres, qui soit signalée par les textes. Mais nous ne voyons aucune raison qui empêche le précariste, sommé d'avoir à restituer la chose et se trouvant créancier du concédant, d'opposer *l'exceptio doli* à l'interdit mis en jeu par le concédant. S'il s'agit de l'action *præscriptis verbis*, point de difficulté puisqu'une pareille exception s'y trouve sous-entendue. Irons-nous jusqu'à donner au précariste un droit de rétention tel qu'on l'accorde au simple détenteur (15, § 2, *de furtis*)? Non, car le droit de rétention est incompatible avec le droit absolu du concédant qui peut reprendre sa chose à tout instant. Il dut en être ainsi au moins jusqu'à l'époque où le juge (*arbiter*) de l'action *præscriptis verbis* dut statuer *ex æquo et bono, quantum æquius melius oportet* (1).

La responsabilité du précariste paraît devoir être la

XLVII — et Loi 3, t. VI, *eod. lib.*). — Et *De donat.*, XXXIX. Loi 5, princ. Comparez pour l'usufruitier, L. 25, § 1. D. *Re cesur.*, XXII, t. 1ᵉʳ. L. 13, Dig. t. VIII, princ., *Quib. mod. usuf.*

(1) Faudrait-il également lui accorder une *condictio indebiti*, s'il a payé sans déduire ce qui lui était dû ? Nous ne le croyons pas, attendu que ce serait apporter une grave restriction au droit de retrait du concédant que nous considérons comme absolu.

même que celle du commodataire. Il semble que l'on aurait dû le rendre responsable de sa *culpa levis in abstracto* et lui imposer une diligence des plus rigoureuses dans les soins à apporter à la conservation et à la garde de l'objet de la concession. Et cependant, nous voyons que sa responsabilité est moindre que celle du commodataire. La loi 8, § 3, *eod. tit.*, s'exprime ainsi : *Illud adnotatur, quod culpam non præstat, is qui precario rogavit, sed solum dolum præstat quanquam is qui commodatum suscepit, non solum dolum sed culpam præstat.*

Il doit simplement s'abstenir de tout dol et de *culpa lata* qui est *proxima doli*. Il n'est donc point tenu de ses simples fautes (L. 23, D., *de reg. juris*, 1. 8, § 3) (1).

Cette responsabilité particulièrement douce s'explique et se justifie par le caractère de gratuité du précaire et la nature des rapports spéciaux qu'il présuppose. Ulpien dit : *totum hoc ex liberalitate descendit ejus qui precario concessit.*

Il faut en donner aussi, comme raison que le concédant doit bien une compensation au précariste dont la situation est sans cesse menacée de révocation.

M. Machelard insiste sur l'idée de relations de bienveillance, et propose d'admettre que l'on dut abandonner cet esprit de faveur et ce régime de douceur, dès que disparut leur raison d'être ; c'est-à-dire lorsque le précaire dégénéré de son but primitif ne constitua plus

____

(1) Il doit user de la chose selon l'intention du concédant et ne pas laisser prescrire les servitudes.

une pure libéralité, mais ne fût plus qu'un moyen de réaliser un contrat à titre onéreux. « Comment croire, dit cet auteur, que le débiteur gagiste auquel le créancier a consenti à laisser la *possessio precaria* de la *res pignerata*, ne fut tenu que de son dol ou de sa faute lourde? Ne doit-on pas en dire autant de l'acheteur qui, ne pouvant payer son prix était obligé de restituer la chose vendue et qu'il n'avait détenue que *precario*. Il conclut donc que c'est d'après la nature du contrat auquel s'adapte la concession ou plus exactement la rétrocession que permet la clause de précaire qu'il faudra doser la responsabilité du précariste, car le précariste se trouve alors absorbé dans la personnalité juridique du contractant à titre onéreux.

Nous croyons que l'opinion de M. Machelard, si vraisemblable qu'elle puisse paraître, perd de vue deux choses :

1° Que les textes qui édictent cette responsabilité légère du précariste sont précisément d'une époque où le précaire était très souvent incorporé à un contrat à titre onéreux tel que la vente ou le gage.

2° Que le précaire n'est point par le fait de son incorporation à un autre contrat onéreux annihilé quant à ses effets ; et que c'est dans ce cas la qualité de précariste qui prédomine. Il ne peut être tenu que comme précariste, puisque cette qualité lui a été donnée à dessein dans le contrat.

Il nous faut conclure de ces observations, que si la

responsabilité atténuée du précariste a subsisté malgré la disparition d'une cause de libéralité qui au début lui donnait seule naissance, c'est que cette responsabilité trouve sa raison d'être dans une autre idée. Et cette autre idée c'est la compensation à donner équitablement au précariste, menacé à tout instant de révocation et ne pouvant la prévoir. Il était juste d'atténuer les conséquences que cette révocation pouvait avoir pour lui, en ne lui imposant que le minimum de la responsabilité.

Nous avons déterminé, en signalant les effets du précaire, ce qu'était la possession précaire et comment il fallait l'entendre. Nous avons vu et admis qu'il y avait séparation de la *possessio ad usucapionem* impliquant l'*animus* et résidant chez le concédant, et de la *possessio ad interdicta* passant chez le précariste. De cette dernière idée, il résulte que le précariste a droit de défendre sa possession au moyen des interdits *retinendæ, vel recuperandæ possessionis* que le préteur met directement à sa disposition. Armé de ces interdits le précariste est tout puissant contre les tiers. Mais à l'égard du concédant il se trouve désarmé, le droit de ce dernier restant à l'abri de toute contestation.

Donc vis-à-vis des tiers le précariste peut prétendre à tous les avantages de la possession, mais de la *possessio ad interdicta*. — Car il n'a aucun des avantages de la *possessio ad usucapionem*. Il n'arrivera donc jamais à acquérir la propriété par ce moyen ; il ne pourra non plus intenter l'action publicienne, car elle est basée sur l'ac-

quisition de propriété par une *usucapion fictivement* ac-
complie. — Il ne pourra davantage intenter l'action *com-
muni dividundo* à l'effet de faire partager une chose qui
a été concédée à plusieurs indivisément (7, §4, *com. divid.*).
Enfin, il ne peut prétendre à l'action *furti*, car elle n'est
donnée qu'à celui qui est lésé par la perte de la chose
volée. Or cet intérêt fait défaut pour le précariste (14,
§ 11, *De furt.*).

§ II. — Situation du concédant.

On ne peut parler d'obligation en ce qui concerne le
concédant, car lui, n'est jamais obligé par le précaire.
Quant à ses droits ils sont illimités par cela même que
nous ne relevons aucune obligation à sa charge. Toutefois, tant que dure le précaire il y a un dédoublement
de la personne du possesseur dont nous avons constaté
les effets chez le précariste, et d'où il résulte que le concédant, tant que *sa volonté est de laisser le précariste en
possession* n'a plus l'exercice de certains droits conférés
à ce dernier, tels que le droit d'intenter les interdits *retinendæ vel recuperandæ possessionis*, le droit de jouir de
la chose et d'en percevoir les fruits. Mais comme il reste
dominus, ou au moins *justus possessor*, il garde l'*animus
domini*, et lui seul peut arriver à la propriété s'il ne l'a
point déjà. Il peut seul intenter la revendication ou la
publicienne, comme il peut seul exercer l'action *furti*.
Dès que le précaire est rompu par la manifestation de

la volonté du concédant, celui-ci reprend sa chose. Supposons que lors de la concession il avait commencé à prescrire, il pourra joindre à sa possession celle du précariste afin de triompher dans l'exercice de l'interdit *utrubi* (XII, VIII, *de acq. pros.*). On nous objecterait en vain que l'*accession de possession* ne peut se faire quand il y a un vice comme celui de la précarité ; car ici ce vice n'est que relatif, il ne se conçoit que vis-à-vis du concédant, par conséquent il est purgé par cela même que la chose a fait retour entre ses mains.

Nous verrons, en étudiant les moyens de restitution accordés au concédant, comment il mettait en exercice ce droit de révocation *ad nutum* ; et comment l'interdit *de precario* et après lui, l'action *præscriptis verbis* sont venus le sanctionner.

Pour compléter les notions que nous venons de donner, et mettre en relief les caractères et les effets du précaire, nous croyons utile de le rapprocher d'autres contrats analogues, et de déterminer les points de contact qu'il a avec eux et les différences qui l'en séparent.

CHAPITRE IV

COMPARAISON DU PRÉCAIRE AVEC CERTAINS
CONTRATS ANALOGUES.

§ I. — *Comparaison avec le commodat.*

Nous lisons au début de notre titre *de precario* (p. 1,
§ 3) : *Precarium est simile commodato.* Et en effet, comme
lui, le précaire est *gratuit*, il implique transmission temporaire de la jouissance d'une chose, et sa restitution
in specie. Mais s'il y a analogie entre les deux institutions, elles se trouvent séparées par d'importantes différences.

Le *commodat* a toujours été considéré comme un contrat par le droit civil et rangé au nombre de ceux qui
se forment *re*.

Le précaire, au contraire, nous l'avons vu, ne parvint
à se faire admettre que fort tard parmi les contrats innommés.

Cette différence est fertile en conséquences :

C'est ainsi que le commodant a toujours eu à sa disposition l'action *commodati directa*, tandis que le concédant à précaire dut longtemps se contenter de l'interdit
jusqu'au moment où l'action *præscriptis verbis* lui fut enfin

donnée. Et, à cette époque même, c'est-à-dire dans le dernier état du droit classique, le précariste n'eût jamais d'*actio contraria* lui permettant d'agir à son tour contre le concédant. Le commodataire eut de plus, à la différence du précariste, un droit de *rétention,* en vertu duquel il retenait la chose *quasi-pignoris loco* (fr. 15, § 2, 59, *de furtis)* jusqu'à temps que le *commodans* ait exécuté les obligations mises à sa charge.

Le *commandans* ne peut exiger la restitution de la chose qu'au terme convenu et non point *ad nutum* comme le *rogatus,* encore que celui-ci eût renoncé à cette faculté par une clause spéciale.

Le précariste a la *possession ad interdicta* ; le commodataire n'a que la simple *détention* : « *Rem tenet, non possidet* ». La possession n'est point déplacée même partiellement. Elle reste entière chez le *commandans* (fr. 3, § 20, D. XLI, 2) qui possède *animo ipsius sed corpore commodatarii.* Lui seul, a par conséquent le droit d'exercer les interdits *retinendæ possessionis.*

Le commodataire ne s'approprie point les fruits. Il use de la chose mais n'en jouit point. A l'expiration du commodat, il doit la restituer *cum omni causa,* c'est-à-dire avec tous les fruits et les produits que cette chose a pu donner pendant le temps qu'il l'a détenue (fr. 38, § 1. *De usu. et fruct.,* t. XXII, 1). Le précariste au contraire la rend telle qu'elle se trouve entre ses mains au jour de la révocation. Le commodat ne peut porter que sur des choses corporelles. Et même, au début, il est

très probable qu'il ne portait que sur des meubles (fr. 1,
§ 1, *de Comm.* et fr. 17, princ. *De præscr. verb.*). Or le
précaire s'appliqua d'abord aux immeubles et put ensuite s'appliquer à des droits tels que les servitudes,
conférant ainsi au précariste une *quasi-possessio*, une
possessio juris.

La responsabilité du précariste n'est point la même
que celle du commodataire. Ce dernier, en effet, est tenu
de sa *culpa levis* considérée *in abstracto* (Inst., L. III, t. XIV,
2 et fr. 5, § 2, *commod.*). Le précariste, lui, ne répond
que de son *dol*, et de sa *culpa lata*, au moins jusqu'à la
mise en demeure d'avoir à restituer.

Le commodataire a le droit de poursuivre contre le
commodant le recouvrement des dépenses extraordinaires par lui faites pour la conservation de la chose et de
réclamer des dommages et intérêts pour le préjudice que
lui cause le dol du *commodans* (L. XIII, titre VI, L. 18,
§ 2 et D. XIII, VI, L. 18, § 3).

Ces règles sont différentes dans le précaire. Le précariste doit en effet supporter les dépenses d'entretien et
de conservation de la chose. Ce sont là les charges d'une
jouissance que n'a point le commodataire. Il n'a point
le droit, non plus, de réclamer des dommages et intérêts, du moins au début, à l'époque où le précaire n'o-
bligeait point le concédant. Nous croyons cependant
qu'en changeant de caractère, en devenant un véritable
contrat, le précaire s'est, sur ce point, rapproché du
commodat, et que le précariste a pu, *par l'exception de*

dol, sous-entendue dans l'action *præscriptis verbis*, se faire rembourser ce qui pouvait lui être dû, lors de la restitution.

Une dernière différence que l'on a voulu relever entre le commodat et le précaire a trait à la *transmissibilité passive* de l'obligation du concessionnaire :

Pour le commodataire, nul doute a-t-on dit, que son obligation passe à ses héritiers ; aucun texte ne venant contredire sur ce point la doctrine générale.

Pour le précariste, au contraire, il y a eu sur ce point de grosses difficultés provenant de l'opposition de deux textes, l'un d'Ulpien accordant la transmissibilité passive aux héritiers, l'autre de Pomponius la leur refusant. — Nous pensons, quant à nous, que s'il a existé des difficultés pour le précariste il y en a également eu pour le commodataire. Si nous lisons l'article 1879 du Code civil, nous voyons que se ralliant à la doctrine de Pothier, il dispose que : Si l'on n'*a prêté qu'en considération de l'emprunteur*, et à lui personnellement, alors ses héritiers ne peuvent continuer de jouir de la chose prêtée. — Il y a là l'expression d'un *intuitus personæ*, d'une couleur bien romaine, et qui semble indiquer nettement la source de cette disposition de notre Code. S'il en était ainsi, il faudrait penser que la transmissibilité de l'obligation du commodataire n'est pas aussi certaine qu'on veut bien le dire. On n'a point de textes, c'est vrai, dans le sens négatif, mais en a-t-on dans le sens affirmatif ? Non. Et les commentateurs appliquent le droit commun,

en professant que le commodat ne peut finir naturellement par la mort du commodataire. Mais, est-ce bien là
le droit commun ? On peut croire, au contraire, qu'étant
donnée la difficulté avec laquelle les Romains ont admis
la transmissibilité passive des obligations, le droit commun fut longtemps de tenir rigoureusement compte de
l'*intuitus personæ* dans les contrats où il se manifestait
nettement. Nous pensons malgré tout, qu'il faut décider
qu'en règle générale (1) l'obligation du précariste et du
commodataire passent à leurs héritiers.

Il est vrai que nous avons des textes formels pour le
précaire, et que nous n'en avons pas pour le commodat ;
mais, puisque les jurisconsultes romains ont jugé bon
dans le précaire de ne tenir compte de l'*intuitus personæ, que dans une certaine mesure,* et que cependant cet
intuitus y est plus puissant que dans le commodat, il nous
semble juste par *a fortiori* de décider que le commodat
ne doit point dépasser cette mesure, et que l'obligation
du commodataire, comme celle du précariste, se transmet à leurs héritiers (2).

(1) V. *suprà,* les explications données à l'occasion des droits et obligations
des héritiers du précariste.

(2) La plupart des caractères du précaire se retrouvent dans *le pécule.* Nous
reconnaissons que le fils de famille ne possède pas son pécule, que les fruits
qu'il en retire vont au *Paterfamilias,* entre les mains duquel il n'est qu'un
instrument d'acquisition. Il n'est soumis à aucune action ni à aucun interdit.
Son dol même reste sans réparation. Mais ces résultats sont la conséquence
de sa situation d'*alieni juris.* Elle le rend incapable d'avoir aucun droit et le
dérobe aux poursuites du *Paterfamilias.*

Si par conséquent la concession à précaire produit quelques effets de plus
que celle du pécule, c'est seulement parce que le précariste n'est pas sous la
puissance du concédant. Il n'y a donc qu'à détacher cette relation spéciale

§ II. — *Comparaison avec la donation.*

Examinons rapidement, avant de passer au chapitre suivant, deux textes qui rapprochent la *donation* du *précaire*. Leur lien est mis en relief par Paul qui s'exprime ainsi : *Magis enim ad donationes et beneficii causam quam ad negotii contracti spectat precarii conditio* (Loi 14, *eod. tit.*).

La différence qui sépare ces deux institutions est marquée par ces paroles d'Ulpien : *Qui donat sic dat ne recipiat quasi tunc recepturus cum sibi libuerit precarium solvere* (Loi 1, § 2, *eod. tit.*).

Il n'y a donc pas *aliénation* proprement dite. Telle est la grande différence qui sépare le précaire de la donation. Quant au caractère commun il réside dans la gratuité et dans l'esprit de libéralité des deux institutions.

pour retrouver chez le précariste la même situation que chez le fils de famille gratifié d'un pécule. Accarias, *Préc. D. R.*, t. II, n° 596, *in fine*.

CHAPITRE V

Le précaire, comme plusieurs autres institutions romaines a survécu aux causes qui l'avaient engendré. Nous le voyons sortir de plus en plus de son domaine primitif et se mouvoir dans un cadre d'applications tout différent de celui pour lequel il avait été créé. Les textes nous le signalent comme étant utilisé dans la pratique pour combler certaines lacunes qui existaient en matière de *gage*, de *vente*, de *louage* et de *servitudes*. C'est dans ces différentes hypothèses que nous allons étudier le fonctionnement du précaire et les progrès qu'il a réalisés.

§ 1. — *Application au gage.*

Dans l'ancien droit, le seul moyen pour le débiteur qui veut constituer une garantie réelle est l'*aliénation fiduciaire*. C'était un acte de translation de propriété, une *mancipatio* ou une *in jure cessio* qui était accompagnée de la *clause de fiducie* par laquelle l'acheteur s'engageait à rétrocéder la chose au vendeur dès que ce dernier aurait acquitté sa dette : *Fiduciam vero accipit*

cuicumque res aliqua mancipatur ut eam mancipanti re-
mancipet… Hæc mancipatio fiduciaria ; id circo quod
restituendi fides interponitur (Bœthius, *ad Ciceronis Top.*,
IV). — On voit immédiatement les graves inconvénients
qui résultaient d'une pareille convention. Le débiteur
était ainsi privé de l'usage et de la jouissance de sa chose ;
et il avait de plus la responsabilité qu'entraîne l'obligation de restituer. Enfin ce moyen de crédit rudimen-
taire portait atteinte à ce principe économique qui veut
que pour qu'une sûreté réelle soit vraiment efficace, le
débiteur soit privé le plus tard possible de *la possession*
et surtout de *la propriété* de la chose, objet de la garantie. *L'aliénation fiduciaire* compromettait donc le crédit
au lieu de le sauvegarder.

C'est pour obvier à ces multiples inconvénients que
l'on songea à utiliser la convention de précaire par laquelle le créancier laissait à *titre précaire* à son débiteur
la *possession* et par conséquent l'*usage* et la *jouissance* de
sa chose. Ce procédé était encore imparfait. Mais il présentait au moins ce double avantage sur l'état de choses
antérieur, que le débiteur trouvait un moyen de crédit sans se dessaisir de sa chose, et que le créancier,
n'avait du reste pas à craindre une *usureceptio* de la part
du débiteur ; et ce à raison même de la *concession à pré-*
caire qu'il avait consentie. Car Gaius nous dit bien (C. II,
§ 59 et 60) que lorsque le débiteur rentre en possession
de la chose qu'il avait aliénée avec un pacte *de remanci-*
pando, il peut usucaper sans juste titre ni bonne foi, et

recouvrèr ainsi la propriété au bout d'un an et un jour, mais il a soin d'ajouter « à condition *que cette possession ne soit point issue d'une convention de précaire* ». (*Si non precario rogaverit ut eam rem possidere liceret*). Et sans ce texte que nous donne Gaius, nous eussions été amenés à une solution identique par la règle *Nemo possessionis causam sibi ipse mutare potest.* Ce fut très vraisemblablement là la première application du précaire en cette matière. Elle fut aussi la plus importante, car Isidore de Séville dit en parlant d'elle que le précaire est une convention par laquelle le créancier accorde au débiteur la permission de demeurer sur le fonds engagé et d'en percevoir les fruits : *Precarium est dum prece creditor rogatus permittit debitorem in possessione fundi sibi obligati demorari, et ex eo fructus capere* (1). Plus tard, lorsque le *gage* remplaça la fiducie nous constatons un nouveau progrès réalisé dans la théorie de la sûreté réelle, car le débiteur ne se dessaisit plus de la *propriété* de la chose ; il en conserve même la *possession ad usucapionem.* A vrai dire ce n'est là qu'une fiction, car le bénéfice réel de la possession reste au *créancier* qui seul a les *interdits* (fr. 36, *de acq. poss.* — fr. 35, *de pign. act.* — fr. 16, *de usurp.*). La réalisation du contrat de *pignus* n'exige plus, ni formalités solennelles, ni paroles sacramentelles. Mais le véritable inconvénient que nous relevions tout à l'heure à propos de la fiducie, reparaît encore ici : le débiteur, par cela même qu'il abandonnait la détention de sa

(1) Isid. Séville, *Origines*, V, 25.

chose à son créancier, était privé de la jouissance et de l'usage (1). Ici encore le précaire vint en aide, mais non plus pour conférer au débiteur la possession *ad interdicta* (2), c'est-à-dire, rétablir sur sa tête la plénitude du *droit de propriété* et *de possession* ; si non que serait-il resté au créancier ? Ce dernier gardait le *droit aux interdits*, avantages attachés à la détention et dont il n'était plus nanti que *virtuellement* puisque, de par le fait de la convention à précaire, cette possession retournait au débiteur qui, à l'aide de ce moyen ne se trouvait privé ni de l'usage ni de la jouissance de sa chose jusqu'à son entière libération (15, § 2, *qui satisdare cog.*, 33, § 6, *De usurp.*).

Cette pratique ne se fit pas sans soulever de grosses difficultés. Il s'agissait encore de mettre en harmonie sur un point l'éternel désaccord de la théorie et de la pratique. En effet, on aboutissait ainsi à donner au propriétaire sa propre chose *à titre précaire* ! Et il est bien impossible d'être tout à la fois *propriétaire et précariste*. Les deux titres s'excluent et ne peuvent résider chez le même individu. Si on a dit à juste titre : *nemini*

(1) Un autre inconvénient résultait encore du *pignus*, c'est qu'il nuisait au crédit du débiteur en forçant ce dernier à livrer une chose d'une valeur supérieure à sa dette et qu'il épuisait ainsi d'un seul coup toute la mesure du crédit qu'elle était susceptible de lui procurer.

(2) *Contrà* : Loi 33, § 6. *De usurp. et usuc.* — V. Molitor, *De la possession*, n° 22). On ne peut, se dépouiller d'un droit et en conserver les avantages, dit Julien ; si la possession *ad interdicta* se déplace, les interdits se déplaceront avec elle. Comme on ne sait pas si le créancier a voulu ou non s'en dépouiller, dans le doute il faut les lui laisser. Donc il conserve la *possessio ab interdicta*. L'argument de Julien n'a qu'une valeur très faible car il raisonne sur une espèce où le précaire et le gage sont combinés ensemble.

res sua servit, à propos des *servitudes*, il est encore plus vrai de dire : *precarium rei suæ non est.*

Ulpien nous dit cependant : *Quæsitum est si quis rem suam mihi pignori dederit et precario rogaverit, an hoc interdicto locum habeat ? Quæstio in eo est ut precarium consistere rei suæ possit : mihi videtur verius precarium consistere in pignore, cum possessionis rogatur, non proprietatis. Et est hæc sententia utilissima ; quotidie enim precario rogantur creditores ab iis qui pignori dederunt et debet consistere precarium* (Loi 6, § 4, *eod. tit.*). Pour Ulpien donc le créancier transfère par *le gage* au débiteur la possession *de sa chose.* Que sort-il de son patrimoine ? la *possession.* Or, qu'est-ce qu'il acquiert par le précaire ? la *possession.* Il n'y a donc point de contradiction entre sa situation de *propriétaire* et celle de *précariste.* Il faut qu'Ulpien ait été poussé par les besoins de la pratique, et n'ait pas craint, pour soutenir son explication, de l'échafauder sur une base bien tremblante. Car si nous poursuivons le raisonnement nous dirons : que manque-t-il au propriétaire, débiteur gagiste, pour être plein propriétaire et rompre par conséquent tout lien de dépendance vis-à-vis du créancier gagiste ? la possession. Que lui rend la convention *de précaire*? la *possession.* Il a donc maintenant sa *propriété complète* et nous ne voyons pas par quoi il reste lié vis-à-vis de son créancier? Et Ulpien arrive à faire produire au précaire cet effet bizarre *qu'il dissout le lien de dépendance* qui unissait auparavant le débiteur au créancier. Et cependant la pratique l'a admis, et cette *décision très utile* « donna satisfaction à tout le monde » (Ulpien, texte précité).

Il eut mieux valu à notre avis ne point chercher à maintenir ici l'application du précaire, étant donnés la nature et les caractères que nous lui avons reconnus ; et déclarer que le créancier gagiste laissait au débiteur *la détention et la possession,* ainsi que la propriété de la garantie réelle ; mais qu'il conservait un droit né du contrat de gage, *analogue* au droit du concédant à pré-caire, et lui permettant de se faire attribuer cette pos-session dès qu'il le voudrait, et sans que le débiteur pût s'y opposer. Autrement dit, il était plus simple de dé-clarer qu'à dater de ce jour l'hypothèque était née. Car le droit que peut exercer ici le créancier qui n'est point payé, et qui peut l'exercer dans de pareilles conditions, n'est autre que le droit d'un créancier hypothécaire.

Quoi qu'il en soit, Ulpien nous dit qu'il y a dans ce cas un transfert de possession, laquelle est sortie du pa-trimoine du précariste. C'est *elle* qui est l'objet du pré-caire et *non la propriété.* Par conséquent la règle *Pre-carium rei non est,* est respectée. On rend bien en ef-fet, la possession de la chose à son propriétaire, mais on ne la lui rend *qu'à titre précaire,* le concédant con-servant par devers lui sinon la *possessio ad interdicta* du moins le *droit* aux *interdits retinendæ possessionis* et de plus le droit à l'interdit *de precario* qui lui est conféré par sa situation de *rogatus* ; l'exercice de ce dernier manifestant nettement la relation qui unit le débiteur au créancier.

Bref, à la propriété du précariste, débiteur gagiste, il manque le *droit aux interdits*, droit qu'a le concédant et qui lui permettra d'user de *l'interdit de precario*. Celui-là, il l'aura toujours, quand même on admettrait avec Molitor que le droit aux interdits *retinendæ possessionis doit suivre la possessio ad interdicta* et que cette possession s'attache au fait matériel de la détention (V. cette opinion rapportée *suprà*). Ce droit à *l'interdit de precario*, est donc incontestable chez lui.

L'habitude d'accompagner le contrat de *pignus* d'une convention de précaire fit que le *pignus* se formait sans déplacement. Il y avait simplement une double tradition feinte. Et le préteur, déclarant que la convention suffisait à l'affectation d'une garantie réelle ne fit que mettre la théorie en harmonie avec la pratique. C'était donc en réalité, arriver, par l'application du précaire en de pareilles circonstances, à la notion de l'hypothèque, en partant de cette idée qu'un débiteur pouvait affecter une garantie réelle à sa dette sans être obligé de se dessaisir de la chose qu'il y affectait.

§ II. — *Application à la vente.*

A Rome la protection donnée au vendeur était à la fois exagérée et insuffisante. Dans la vente pure et simple, non seulement la convention n'était pas translative

de propriété (1), si elle n'était accompagnée de la tradition, et de plus cette tradition ne suffisait même pas à
rendre l'acheteur propriétaire. Il fallait de plus que ce
dernier eût payé son prix : *Venditæ vero res et traditæ non
aliter emptori adquiruntur quam si is venditori pretium
solverit* (Inst., § 41, *De div. rer.*). Et à ce principe il n'y
avait que deux exceptions ; lorsque l'acheteur avait
fourni un *expromissor* ou *une sûreté réelle* ; ou bien
lorsqu'il avait consenti à suivre la foi de l'acheteur, en
lui accordant un crédit. Mais dans la vente à crédit,
suivie de tradition, le vendeur était, en vertu de ce principe, immédiatement dessaisi de la propriété. La loi
présumait, en effet, que le vendeur considérait la sol-
vabilité de l'acheteur comme une garantie suffisante
pour le paiement du prix.

Nous voyons donc que dans le cas de vente pure et
simple le vendeur reste propriétaire de sa chose encore
qu'elle eût été livrée à l'acheteur. — Il peut donc la revendiquer. Mais ce moyen si puissant qu'il pût être dans
ses résultats exigeait une preuve très lourde, non seulement de la qualité de propriétaire chez le demandeur,
mais de l'origine de propriété de tous ses auteurs. Nous
reconnaissons que l'usucapion venait au besoin l'alléger
singulièrement. Mais il n'en est pas moins exact que ce
fut le précaire qui, à un moment donné, vint fournir un
procédé plus prompt et plus pratique. Le vendeur con-

______

(1) *Ut rem emptori habere liceat, non etiam ut ejus fiat* (L. 30, § 1, *De act.
exist. empt. et vend.* Dig., 19, 1).

cédait à précaire la chose aliénée à son acquéreur. Celui-ci entrait donc immédiatement en possession et en jouissance. Et cependant le vendeur gardait le droit de reprendre sa chose *ad nutum*. Il exerçait, au cas de non paiement, l'interdit de *precario* qui lui faisait atteindre son but, sans qu'il eût besoin d'établir autre chose que sa simple possession (f. 8, § 4, 4-1) (1).

Dans l'hypothèse d'une vente à *terme*, dans laquelle le vendeur, suivant la foi de son acheteur, lui a accordé un crédit pour le paiement de son prix, l'utilité du précaire se manifeste tout aussi nettement. En effet, la propriété se trouve immédiatement transférée (V. *suprà* ce que nous avons dit à cet égard). Le vendeur reste donc dépouillé de toute garantie. Aussi que fait-il ? Il concède la chose *à précaire*, et par ce moyen, il *retient* la propriété. Il est en effet impossible de dire qu'il a suivi la foi de l'acheteur ; au contraire sa qualité de concédant à précaire manifeste qu'il n'a pas entendu se dessaisir de la propriété, lors même qu'il accorde à son débiteur un délai pour s'acquitter. La concession de précaire a, en effet, affirmé son titre de *dominus*. Cet emploi fréquent du précaire est attesté par un rescrit d'Adrien dans lequel nous lisons : *Qui ex lege prædium vendidit, ut, nisi, reliquium pretium intra certum tempus restitutum esset ad se reverteretur, si non*

---

(1) Et c'est là la première raison qui a fait préférer le pacte de précaire au pacte *reservati dominii,* par lequel la *propriété* était réservée purement et simplement, mais qui obligeait le vendeur à intenter la revendication ou la publicienne avec leur difficulté de preuve.

precariam possessionem tradidit, rei vindicationem non habet, sed actionem ex vendito. (Const. 3. De pact. inter venditorem et emptorem, au Code, IV, 44).

Ne ressort-il point de ce texte que là où il y a eu précaire, il y a lieu à revendication ? et n'est-ce point dire par là même que le vendeur, dans ce cas, est resté propriétaire (1) ?

Par cette convention de précaire la situation de l'acheteur est certainement amoindrie. Et cependant, si l'on admettait la théorie de M. Machelard il faudrait reconnaître qu'elle est plutôt améliorée.

M. Machelard (2) prétend, en effet, que lorsque le vendeur non payé remet la chose à l'acheteur, il n'est point dépouillé *de la possession*. « Il n'y a là, dit-il, qu'une *tradition* faite sous une condition tacite. Or, tant que la condition qui affecte un acte du droit est en suspens, les effets ordinaires de cet acte ne peuvent pas se produire. La tradition étant conditionnelle, la possession elle-même (car la tradition n'est que la remise de la possession), reste en suspens au regard de l'acheteur qui ne l'a que *sub conditione* : d'où il suit que, jusqu'à ac-

---

(1) La vente à terme était très importante à Rome. C'était la seule vraiment pratique, en tout cas la plus usitée quand la vie économique eût atteint un certain développement. Or, dans la conception romaine, l'octroi d'un terme prive le vendeur de sa propriété c'est-à-dire de sa principale garantie. Le précaire remédiait à cet inconvénient dans une large mesure, et conciliait les intérêts en présence, en ce sens que l'acheteur entrait immédiatement en possession et en jouissance, tandis que le vendeur restait armé de son droit de revendication.

(2) *Théorie des interdits*, p. 266.

complissement de la condition, la possession en réalité, continue de résider en la personne du vendeur ».

Le précaire aurait donc ici pour effet de conférer à l'acheteur une possession que, sans lui, il n'aurait pu avoir ; de lui en attribuer les interdits, et d'éviter enfin au vendeur d'intervenir dans les débats possessoires.

Ce raisonnement nous semble reposer sur un principe absolument faux, et ne tenir aucun compte des textes les plus précis.

On peut opérer la tradition sous condition (Loi 38, § 1, *De acquir. possess.*, et Loi 34, *in fine, pr. eod.*). Mais pour cela il faut que cette modalité soit nettement exprimée. Or, dans notre hypothèse, s'il est exact de penser que le vendeur a entendu rester propriétaire, rien n'indique qu'il ait également voulu demeurer possesseur. Le paragraphe 41 (*loc. cit., de div. rerum*) considère la tradition faite à l'acheteur, débiteur de son prix, non point comme une simple remise du *corpus*, comme une *nuda traditio*, mais bien comme une *véritable tradition*. Ce qui est retenu c'est la tradition *de la propriété* et non point celle de la possession. M. Machelard semble confondre les deux choses, alors que ce n'est que le transfert de propriété qui est *seul* subordonné au paiement du prix.

Si le vendeur, dit M. Demangeat, n'a pas exprimé qu'il livrait la chose *quasi conductori vel depositario*, l'acheteur devra être considéré comme un véritable possesseur, ayant la faculté d'exercer *les interdits*. Ulpien remarque que l'on doit considérer la possession comme transmise quand même la tradition n'a été faite *qu'à titre précaire*. « *Possessionem traditam accipere debemus et si precaria sit possessio* ».

Nous pouvons enfin tirer un dernier argument contre la théorie de Machelard, de la loi 11, § 12, *Quod vi aut clam* : Le texte suppose que le vendeur intente l'interdit *quod vi aut clam*, contre celui qui lui nuit, et ce jurisconsulte fait remarquer que l'interdit n'appartient au vendeur que pour cette raison que la tradition n'a pas été faite. *quia nundum traditio facta est* ; ce qui revient à dire, qu'une fois la tradition faite, le même droit n'appartient plus au vendeur. Il est donc passé à l'acheteur (1).

Quoi qu'il en soit, qu'il nous suffise de remarquer que pour la *vente*, comme pour le *gage*, le précaire avait pour but de procurer au débiteur, la jouissance et l'usage de la chose, et au créancier un moyen rapide et simple de rentrer en possession. Il convient cependant de signaler entre les deux applications une certaine différence. Elle consiste en ce que dans le *pignus* le créancier pouvait reprendre son gage, quand bon lui semblait, tandis qu'en cas de vente ce droit n'était accordé au vendeur qu'après qu'il avait mis l'acheteur en demeure de payer son prix (2). Il y aurait eu un véritable *dol* en réclamant par l'interdit *de precario*, ce que l'on

(1) Nous ne pourrions être aussi affirmatifs pour le pacte *reservati dominii*, et c'est là encore une des raisons qui lui ont fait préférer *le précaire*.

(2) Le précaire perdait donc ici son caractère essentiel de révocabilité *ad nutum*.

aurait été forcé de restituer par l'*action empti*. Remarquons enfin que dans le gage, le débiteur concessionnaire à précaire reçoit la possession *ad interdicta* d'une chose dont il n'a cessé d'être propriétaire. Dans la vente au contraire la concession à précaire affirme que la propriété est demeurée chez le concédant.

Cette clause de précaire est passée dans notre ancienne jurisprudence française. Son but n'était plus de faire garder au vendeur la propriété, elle lui donnait simplement la qualité de *créancier privilégié*. On la suppléait dans le silence des parties. Et le vendeur acquérait par elle une *hypothèque privilégiée*. Là, est certainement l'origine de notre privilège du vendeur d'immeubles. Dans quelques anciennes provinces de droit écrit, notamment à Toulon, on dit : *un placement à précaire*, pour désigner un placement avec *subrogation au privilège du vendeur* (Demante, *Études critiques sur les origines romaines du droit français. — Revue critique*, tom. IV, 1854).

§ III. — *Application au louage.*

Il est surprenant au premier abord de trouver associés le précaire et le louage dont les caractères sont si différents. Cependant les Romains ont été amenés à le faire pour éviter de laisser improductive la chose qu'ils concédaient en précaire (1). Le précaire ne se prêtant pas

(1) Ulpien en témoigne ainsi : *Idem Pomponius bellissime tentat dicere numquid qui conduxerit quidem prædium precario, autem rogavit non ut*

à la stipulation d'une redevance, il fallait l'absorber dans un autre acte juridique qui fût susceptible de leur donner satisfaction sur ce point. Si nous prenons la combinaison inverse et que nous considérions la transformation du louage en précaire, nous voyons qu'elle avait cet avantage de procurer aux propriétaires des moyens de contrainte plus rigoureux. Le précariste expulsé par la procédure expéditive de l'*interdit de precario* était bien obligé de s'incliner sans pouvoir opposer aucune clause émanant du contrat de louage (1). En revanche, la détention qu'il n'aurait eue qu'à *titre de locataire* se doublait de la *possession ad interdicta*. Enfin, le concédant qui n'était tenu à *rien*, comme *rogatus*, devient obligé en vertu du louage, et doit faire jouir son concessionnaire.

On a dit enfin, que grâce à la transformation en précaire, le locataire n'avait plus à se préoccuper du terme imposé par le contrat de louage, et qu'il avait ainsi le moyen de prolonger sa possession au-delà de l'expiration du bail (2) (Demante, *loc. cit.*). Comme on le voit, le louage se trouve profondément distinct du précaire, et cependant tous deux ont la prétention de se corroborer

---

possideret, sed ut in possessione esset. Est autem longe diversum, aliud est enim possidere longe aliud in possessione esse (L. 10, 1, D. L. XLI, t. 2).

Voyez aussi Bulling, *Das precarium.*

(1) La responsabilité du locataire étant plus lourde que celle du précariste, le concédant y trouvait son avantage.

(2) Nous en doutons beaucoup, car rien ne nous prouve que le terme du louage ne mettait pas également fin au précaire. De plus n'y avait-il point pour le locataire la ressource de la tacite reconduction ?

et de s'appuyer mutuellement en donnant à l'un ce qui manque à l'autre. Mais avant d'harmoniser les éléments d'une semblable combinaison, il faut songer à résoudre le conflit de principes qui devait nécessairement en résulter. Laquelle des deux institutions va céder le pas à l'autre ? A notre avis, il y a trois façons d'envisager cette combinaison.

1° La convention primitive était le *précaire*. C'est à lui qu'on a ajouté la clause de bail. Ce sont donc les règles du louage qui vont prévaloir. Car cette adjonction implique dans l'esprit des contractants l'intention de combler les lacunes du précaire par les règles du bail. Là où les éléments du précaire et du gage pourront coexister, pas de difficulté ; on en tiendra respectivement compte. Là où ils se contrediront, le précaire fléchira devant le louage.

2° La convention primitive était le louage, le précaire est venu s'y adjoindre : c'est lui qui imposera les règles.

3° Il n'y a aucun droit de priorité à considérer, et il n'y a pas de raison de donner le pas à un contrat sur l'autre : ils émanent tous deux d'une convention unique. Ils se sont mélangés et fusionnés ; leurs règles respectives sont limitées et modifiées les unes par les autres comme leurs natures elles-mêmes. Et de ce mélange bizarre est né une convention *sui generis*, sorte d'anomalie juridique qui cependant se tenait debout puisque les Romains l'ont fréquemment employée. Il nous restera donc à résoudre le problème de son équilibre.

Pour les deux premières manières de voir nous avons

un texte d'Ulpien (L. 10, *de acq. vel amitt. poss.* Dig., 41, 2): *Si quis ante conduxit postea precario rogavit videbitur discessisse a conductione, quod si autem rogavit postea conduxit, conduxisse videbitur : potius enim hoc procedere videtur quod novisse factum.* Le texte continue : *Idem Pomponius.....* (V. *Suprà,* p. 84, note 1).

Dans la première partie du texte, Ulpien nous dit qu'on appliquera selon Pomponius le *quod novisse factum* (2).

Dans la seconde partie il nous dit que le concessionnaire n'aura pas la possession, il n'aura que la détention. Et Julien décide également que le précaire joint au louage ne donne pas la possession (L. 33, § 6, D. *De us. vel. us.* 41, 3).

Ulpien est très affirmatif lorsqu'il propose de combiner les deux choses (3). Mais il nous semble nécessaire de tenir compte des restrictions qui s'imposent lorsque l'on veut faire cohabiter en bonne harmonie, des éléments qui par certains côtés sont diamétralement opposés. Et nous pensons qu'il y aura lieu de faire prévaloir les règles qui sont de *l'essence* de l'une des conventions sur celles qui ne sont que de *la nature* de l'autre.

C'est bien dans notre voie que Julien est entré à la suite d'Ulpien quand il vient dire : « Le précaire joint au louage ne donne pas la *possession* ». La raison en est

---

(1) C'est la doctrine de Pomponius.

(2) C'est envisager les choses comme nous proposons de le faire dans notre troisième combinaison (V. *suprà*).

(3) D. L. XLI, t. II. L. 10, § 1.

qu'il est de la nature du précaire que le précariste soit possesseur, et de l'essence du louage que le locataire ne le soit point (1).

Partout donc où nous trouverons un conflit nous le trancherons à l'aide de ce critérium. Quoi qu'il en soit sur la question de droit pur, il est certain que cette combinaison du louage et du précaire fût souvent utilisée à Rome. A tel point que deux constitutions des IVe et Ve siècles, emploient comme synonymes les mots *fermier* et détenteur précaire (2). Le but de la clause de précaire était d'affermir la situation du concédant. Il tenait ainsi son fermier dans la main. Et il ne faut pas trop s'étonner que les propriétaires aient trouvé des fermiers disposés à se soumettre à des conditions aussi rigoureuses, quand on songe à la marche croissante de la misère et de l'asservissement des classes rurales ; et que l'on remarque enfin que l'on s'acheminait à grands pas vers le colonat.

§ IV. — *Application du précaire aux servitudes.*

Cette nouvelle application du précaire dont nous rendent compte les fragments 15, § 2, et 2, § 3 (*eod. t.*), avait pour but principal d'empêcher l'acquisition de la servitude, par la prescription *longi temporis* (3). Car celui qui

(1) Pareil raisonnement serait à faire pour décider que la responsabilité du locataire sera limitée au *dol* et à la *culpa lata*.

De même encore pour la transmissibilité qui était un gros avantage (au moins dans une théorie), du louage sur le précaire.

(2) L. 2 au Code, *De præser. vel.* XL. VII, 39. Loi 34, *eod. loc.*, IV, 65.

(3) On admettait en effet en matière de servitudes une *quasi-possessio* qui

se prévalait de l'exercice de la servitude pendant le temps requis pour la prescrire à son profit devait exciper d'une quasi-possession exempte de tout vice de *précarité*, de *clandestinité*, ou *de violence*.

Le précaire se trouvait donc à merveille pour permettre au concédant de consacrer de bons rapports de voisinage, en restant cependant à l'abri de tout empiétement de propriété (1). Celui qui voulait procurer des avantages équivalents à ceux qu'eût engendrés la constitution d'une servitude, en faisait l'objet d'une concession à précaire. De là des avantages pour le concédant et le concessionnaire. Le concédant en effet peut mettre fin à la servitude le jour où bon lui semblera. Et de plus il n'aura point à se préoccuper des moyens que le préteur met à la disposition du quasi-possesseur d'une servitude. En effet l'interdit de *itinere actuque privato*, ainsi que l'action confessoire seront tenus en échec par l'exception de précarité. Le propriétaire n'aura donc point à intenter l'action négatoire avec sa preuve difficile à faire. Le précaire procurait ainsi au concédant, cet avantage de faire échouer toute voie de droit ordinaire dirigée contre le concédant. A un autre point de vue encore le *precarium* était utile en ce qu'il permettait au titulaire de la servitude d'en suspendre l'exercice pour

était protégée par des interdits quasi-possessoires (L. 20, D., Liv. 1er). Ce mode d'acquisition de la servitude *per longum tempus*, donnait au possesseur une action *confessoria utilis*, qui dispensait celui-ci d'exciper d'une *justa causa*.

(1) Il était donc tout à la fois un acte de bienveillance et une sage mesure de précaution.

un motif quelconque, sans craindre que cette servitude puisse être considérée un jour comme étant éteinte par le non-usage ou prescrite par l'*usucapio libertatis* (1). Nous n'avons parlé jusqu'ici que des servitudes prédiales *réelles*. En ce qui concerne les servitudes personnelles, il n'y a que l'usufruit qui soit susceptible d'un *precarium*. Et ici, bien entendu, l'objet de la convention n'est autre que la *quasi-possessio juris* c'est-à-dire l'*exercice du droit d'usufruit*. Ulpien fait remarquer que c'est une manière d'user de ce droit que d'en conférer l'*exercice* à titre précaire : *Usufructuarius vel ipse frui ea re ; vel alii fruendam concedere… potest. Sed, et si alii precario concedat… puto eum uti atque ideo retineri usum fructum. Et hoc Cassius et Pegasius responderunt ; et Pomponius libro quinto ex Sabino probat* (Fr. 12, *De usuf. et quemad.*). Cette concession ne portait aucune atteinte à l'idée générale de l'incessibilité des servitudes. Les causes d'extinction de l'usufruit continuaient de s'apprécier *dans la personne du concédant*, de même que l'action *confessoria* ne cessait point de lui appartenir.

(1) Dig., L. VIII, 4, L. 17).

CHAPITRE VI

MODES D'EXTINCTION DU PRÉCAIRE.

Le précaire étant essentiellement révocable au gré du concédant, son existence a pour mesure la volonté de celui-ci (1). Le jour où il manifestera expressément, dans une forme quelconque, qu'il entend mettre un terme à sa libéralité, la concession à précaire se trouvera éteinte (2) (Fr. 1, pr. *eod.*). Voilà donc un premier mode d'extinction. Il peut se faire que le concédant ait, par avance, indiqué un terme. Son arrivée aura pour effet de suppléer à la manifestation de sa volonté, et d'éteindre d'elle-même le précaire.

Si le précariste, nonobstant l'arrivée du terme, continue sa possession, on présume qu'une nouvelle concession lui a été accordée. *Item qui precario ad tempus rogavit finito tempore, etiamsi ad hoc tempus non rogavit tamen precario possidere videtur : intelligitur enim dominus, cum patitur eum, qui precario rogaverit possidere, rursus precario concedere* (L. 4, § 4, *De prec.*). Et, comme

<hr>

(1) *Et habet summam æquitatem ut quatenus quisque nostro utatur quatenus ei tribuere velimus.* Pomponius (L. 15, pr. D. *eod. t.*).

(2) Toute clause contraire serait nulle et de nul effet (L. 12, pr. D.). Il n'y a donc, de sa part, dit M. Accarias, qu'une libéralité faite en quelque sorte au jour le jour et dont il peut à chaque instant arrêter l'effet (*Préc. D. R.*, t. II, 419).

l'indique le texte, ce n'est pas l'ancien précaire qui se perpétue par cette sorte de *tacite reconduction*, c'est un nouveau qui commence le jour où le précédent a pris fin. Cette remarque est importante à plusieurs points de vue. Il faut en effet que le concédant soit encore capable, au jour du terme, de concéder un nouveau précaire. Or, s'il est fou, ou s'il était décédé, évidemment la formation d'un nouveau précaire devient impossible (Fr. 6, *eod.*). Et la continuation de la possession du précariste, dans ces conditions-là, prendrait le caractère de mauvaise foi. De plus, selon que l'on se place à l'un ou l'autre de ces deux points de vue, on fait varier le point de départ de la prescription extinctive (1).

Si l'on admet la continuation de l'ancien précaire, le point de départ doit être reporté à la constitution primitive ; dans le cas contraire, il doit l'être au jour de la nouvelle concession tacite.

Nous contestons ce point de départ admis par Machelard et Vangerow. Et quoi qu'ils puissent dire que « l'action en restitution était née pour le *dominus* au moment de la concession et que rien n'empêche la prescription d'avoir aussitôt son cours », nous persistons à croire qu'un pareil raisonnement se heurte à la règle *actioni non natæ non præscribitur* (L. 1, 7, 39) (L. 3, *De præscr.*, XXX). Car s'il est vrai que le droit pour le concédant dérive du fait même de la concession, il n'existe pas

---

(1) Il s'agit ici, bien entendu, de la prescription trentenaire libératoire de Théodose le Jeune.

réellement dès que cette dernière est réalisée ; il n'existe qu'en puissance et ne devient efficace qu'au jour où le précariste *refuse* la restitution. Donc ce n'est qu'au jour de la naissance de l'interdit, basé sur le refus, que la prescription de celui-ci peut commencer.

On oppose le fr. 8, § 7 (*eod. tit.*) d'après lequel il semble bien que l'interdit naît en même temps que la concession, et avant tout refus de restituer ; car le droit de révocation arbitraire est né avec la concession. Nous répondons à cela que sa *cause* est née, mais non point lui-même qui n'est *qu'en puissance*, puisqu'il ne saurait être exercé tant que la possession du précariste est conforme au gré du concédant. Il ne devient possible qu'au jour où cette possession a revêtu un caractère vicieux, c'est-à-dire au jour où le précariste refuse de restituer. (V. Savigny, en notre sens, *Traité de la possession*, 527).

Il semble que nos adversaires n'aient point songé aux conséquences où les mène leur système. Car, admettre que la prescription de l'interdit commence au jour de la concession, c'est reconnaître que le précariste, après avoir joui pendant trente ans de la chose, au vu et au su du propriétaire et sans que celui-ci ait jamais manifesté l'intention de se dessaisir de la propriété, deviendrait ni plus ni moins propriétaire, puisque le droit de révocation se trouve prescrit en sa faveur. Nous croyons ce dernier argument suffisant à lui seul pour nous affermir dans l'opinion contraire que nous proposons (1). A côté

(1) Si le précariste avait formulé une nouvelle demande dès avant l'expira-

du terme, nous rencontrons comme autre mode d'extinction l'arrivée de la *condition*. Qu'elle soit expresse ou tacite, cette modalité produit les mêmes effets.

Pariter, quam ad certam conditionem constitutum est precarium conditione adveniente, solvitur (Pothier, *Pand.*, § 4). Il était bien rare que l'adjonction d'une condition affectât le précaire fonctionnant dans son application initiale et autonome. Nous ne prétendons point que la chose ne pût se produire. Certainement, le concédant était libre de subordonner sa libéralité à telle condition qu'il voulait ; mais nous pensons qu'une pareille modalité devait se produire beaucoup plus fréquemment dans les applications multiples du précaire qui furent faites dans le *gage*, ou dans la *vente*. Dans de tels contrats l'insertion d'une modalité est chose normale, tandis qu'on la conçoit moins dans un acte de pure libéralité. Quoi qu'il en soit, le précaire se prêtait à l'adjonction d'une condition dont la réalisation engendrait son extinction. Le précaire cessera donc de plein droit par le paiement du prix de vente, ou par l'acquittement de la dette, lorsqu'il aura été consenti au profit de l'acheteur ou du débiteur gagiste (fr. 20 et 11, *h. t.*). *Quippe id actum est ut usque eo precarium teneat.* Chose bizarre dans ces hypothèses spéciales du précaire, c'est que, à l'inverse

tion du délai, il y aurait bien là continuation du précaire primitif, prolongation de l'ancienne concession. *Non constituitur eo modo precarium, sed in longius tempus profertur* (fr. 5, *h. t.*).

Un des intérêts de distinguer s'il y a nouveau précaire ou continuation consiste en ce que les sûretés qui sont venues garantir l'exécution du premier ne garantissent plus celle du second.

du résultat produit dans un cas d'application initiale, la réalisation de la condition a pour but d'affermir les droits du concessionnaire, de consolider non seulement sa possession, mais sa propriété. Idée diamétralement opposée du retour au propriétaire de la chose donnée en précaire, après l'avènement de la condition qui y met fin.

Le précaire prend-t-il fin par le fait que le concécant a cédé la chose à titre particulier ?

La raison de douter provient de ce que l'élément qui domine dans toute concession à précaire, c'est la relation qui unit le *rogatus* au *rogans* et qui s'explique par l'*intuitus personæ*. Si le *rogatus* a des raisons spéciales pour gratifier le *rogans*, il est très possible que son acquéreur ne les ait plus. Et où alors puiser le droit de l'obliger à respecter la concession consentie par son auteur ?

Pourtant Ulpien estime que le précaire persiste malgré l'aliénation, si le précariste a été laissé en possession. Il y a là, en effet, confirmation tacite de la libéralité antérieurement faite (L. 8, § 2, *De prec.*).

De l'interversion.

Elle comprend tout évènement à la suite duquel le concessionnaire ne possède plus en vertu de la cause originaire, mais en vertu d'un titre nouveau. *Solvitur etiam precarium si is, qui precario possidebat, ex alia causa rem possidere aut in ejus possessione esse cœperit* (*Pand.*, § 4, 2°, *eod. t.*). Ainsi : le précariste acquiert la chose du concédant lui-même, ou bien il a un titre contenant une *justa causa*, émanant d'un tiers. Il pourra donc commencer une possession nouvelle et usucaper s'il est de bonne foi, et s'il ne l'est pas, repousser la revendication du propriétaire après 30 ans (Const. de Théodose le jeune, L. 3, *eod. de præser.*, XXX).

On objecte que *nemo sibi ipse causam possessionis mutare potest* (fr. 3, § 19, *De acq. poss.*). Nous croyons que l'hypothèse de l'interversion est en dehors de l'application de cette règle. Car ce n'est pas *proprio motu* que le précariste a changé son titre, c'est le *tiers* duquel il tient la *justa causa* qui a interverti la cause de sa possession. Et à l'appui de cette opinion nous pouvons invoquer le texte suivant. *Quod scriptum est apud veteres nemini sibi causam possessionis posse mutare, credibile est de eo cogitatum qui et corpore et animo possessionis incumbens, hoc solum statuit, ut alia ex causa id possideret ; nam si quis dimissa possessione prima ejusdem rei denuo ex alia causa possessionem nancisci velit* (fr. 19, § 1, *de adq. vel anitt. poss.*, XLI, 2).

Il peut également se produire l'opération inverse. Supposons que le précariste ait vendu la chose concédée. Son acquéreur la possède *pro emptore*. S'il a traité de bonne foi et que sa possession ne soit pas équivoque, il pourra usucaper (fr. 32, XLI, 2). Car s'il est vrai qu'il ne peut bénéficier de la possession de son auteur, son dol en revanche ne lui est pas opposable ; et ici c'est seulement son temps de possession personnelle qu'il invoque (fr. 37, § 13, *De act. empt.* — fr. 5, *De div. temp. præser.*) (1).

Indiquons enfin pour en avoir fini avec les modes d'extinction, le cas de succession à titre universel. Et d'abord débarrassons-nous des hypothèses d'*adrogation* et d'*adoption*. Nous ne parlerons pas de l'adoption qui s'appliquait aux *alieni juris* lesquels ne pouvaient rien acquérir par eux-mêmes. Quant à l'adrogation, elle avait pour but de faire passer un *sui juris* dans une autre famille *à titre d'alieni juris*. L'adrogé subissait donc une *capitis deminutio* qui avait-pour effet de faire acquérir tous ses droits à l'adrogeant.

De ce principe, conclurons-nous à l'extinction du précaire ou à sa continuation sur la tête de l'adrogeant ? On a soutenu, en effet, que l'adrogeant devait acquérir *precario* ce qui avait été concédé au même titre à l'adrogé (fr. 16, *eod.*).

Nous pensons qu'il est plus raisonnable d'admettre que l'adrogation mettait fin au précaire. Ce ne fut, en effet, qu'assez tard que la notion de transmissibilité passive s'est développée chez les Romains. Au début, elle ne se concevait guère (nous en avons donné les raisons à propos de l'hypothèse du décès du précariste). Et à l'époque où elle fut admise, l'adrogation était tombée en désuétude. Pour ce qui la concerne donc, il nous

(1) Sous Justinien une aliénation de mauvaise-foi ne met plus l'acquéreur *in causa usucapiendi*. Le vice de l'aliénation ne peut être purgé que par la prescription de 30 ans (Nov. 119, cap. VII).

M. 7

faut appliquer les vieux principes, et nous les croyons tels qu'ils ne permettaient point au précaire de passer à l'adrogeant.

Quant aux effets de la mort du *rogans* et de celle du *rogatus*, nous les avons exposés plus haut à propos des personnes qui peuvent intervenir au contrat de précaire. Les explications fournies à cet endroit nous dispenseront d'y revenir ici (1).

Nous allons examiner maintenant quels sont les moyens de restitution accordés au concédant.

(1) On peut encore citer comme causes d'extinction : 1° *la perte* de la chose (sans dol du précariste, qui, dans ce cas, en serait tenu) ; 2° *la confusion* sur la même tête des qualités de propriétaire et de précariste.

CHAPITRE VII

MOYENS DE RESTITUTION ACCORDÉS AU CONCÉDANT

A l'époque classique le précaire est un *contrat innommé* donnant lieu à l'action *præscriptis verbis* et protégé par
un interdit spécial : l'*interdit de precario* (Paul, sect. V,
6, 10. L. 2, § 2. L. 19, § 2. *De precario*, XLIII, 26) (1).

Deux progrès ont donc été réalisés depuis l'époque
originaire où le précaire ne créait aucun droit et restait
dépourvu de toute sanction. Le préteur est venu consacrer l'équité du rapport, qui naissait de la convention à
précaire, en accordant au concédant la ressource d'un
interdit : *Interdictum de precariis merito concessum est*
(L. 14, *eod.*). Ulpien dit également : *ait pretor quod precario ab illo habes aut dolo malefecisti, ut desineres habere
quâ de re agitur id illi restituas* (2).

(1) Voyez les notions que nous avons données à l'occasion du développement juridique du précaire.

(2) Il n'y avait donc que la force qui pût triompher de la résistance du précariste. Ce régime barbare dura d'ailleurs peu de temps. Il s'adoucit de plus
en plus grâce aux moyens légaux mis à la disposition du concédant. A une
époque très avancée, en l'an 389 de notre ère, les empereurs Valentinien,
Théodose et Arcadius, par une célèbre constitution, qui forme au Code la loi 7
unde vi, s'opposer de la façon la plus formelle et la plus rigoureuse à l'emploi
de la violence. Les peines les plus sévères étaient édictées contre les propriétaires qui ne tenaient pas compte de cette prohibition. Ils étaient exposés à
l'interdit *unde vi* qui les obligeaient à la restitution ou au paiement entre les
mains du *dejectus* de la valeur de l'objet de la concession.

Si le concessionnaire refuse de restituer la chose, objet du précaire, le concédant s'adressera au magistrat qui délivrera un ordre de restitution ; la violation de cet ordre devient la base d'une action, comme dans tous les cas où il y a violation de l'interdit par le refus d'obtempérer à l'ordre du magistrat. Il y a lieu à l'organisation d'une instance ordinaire.

Pourquoi ce procédé de l'interdit? Pourquoi ce détour? Pourquoi ne point donner immédiatement au concédant une action contre le précariste? Nous sommes ici en présence d'un de ces nombreux exemples où le droit romain manifeste sa répugnance à donner une action en dehors des hypothèses prévues par le droit. Le précaire n'est pas un contrat au sens que lui donnaient les Romains ; c'est une simple convention. Il résulte d'un accord de volontés ; et en principe, on n'en tient pas compte. Il faut que cette volonté se manifeste dans des formes solennelles, en dehors desquelles elle reste dépourvue d'effets. Le préteur n'ose pas aller à l'encontre des règles posées par l'*ipsum jus*. Il accorde seulement l'*interdit* ; par ce moyen, il sanctionne dans une certaine mesure la volonté des parties sans lui accorder la protection parfaite d'une action.

Quand le fait de la possession fût protégé par le préteur, le concédant put d'abord se servir des interdits *retinendæ possessionis*. Ce point a soulevé plusieurs objections.

On s'est demandé comment les interdits *retinendæ*

possessionis pouvaient servir *à recouvrer* une possession perdue. On a objecté également que c'est le *rogans* et non le *rogatus* qui a les interdits *retinendæ possessionis*, puisque c'est lui qui a la *possessio ad interdicta*. A cette double objection nous répondrons : qu'elle perd de vue que, dans *les rapports du concédant et du concessionnaire*, la possession ne s'est point déplacée et qu'elle est demeurée chez le concédant. Ce n'est donc *que vis-à-vis des tiers* que le précariste peut se prévaloir de la *possessio ad interdicta* ; mais non pas vis-à-vis du concédant à qui il est bien obligé de laisser l'exercice des interdits *retinendæ possessionis*.

On s'est alors demandé quelle était l'utilité d'introduire l'interdit *de precario*, puisque le concédant pouvait se servir si efficacement des interdits *retinendæ possessionis* ? C'est que ces interdits laissaient sans ressource le concédant lorsqu'il avait à faire valoir ses droits contre un autre que son *rogans*. Ce dernier pouvait en effet avoir aliéné la chose au profit d'un tiers. De plus l'interdit *de precario* avait sur les précédents cet avantage de rendre responsable le concessionnaire de la perte ou des détériorations dues à sa mauvaise foi.

A ces raisons qui nous paraissent très suffisantes, on a essayé d'en ajouter une autre qui semble au moins contestable. Elle a été proposée par Puchta et Vanjerow. D'après eux, l'exercice des interdits *retinendæ possessionis*, devenant impossible après l'année qui suivait la perte de la possession, la prescription se trouvait sou-

vent consommée avant le jour de la révocation du précaire. Pour obvier à cet inconvénient on a donné à l'interdit *de precario* le caractère perpétuel.

Quant à nous, nous sommes d'avis, avec M. Machelard, que ce délai d'une année dont il était question
dans l'édit du préteur, à l'occasion de l'interdit *uti possidetis*, n'était relatif qu'à l'appréciation des dommages-
intérêts, dont la cause ne devait pas remonter à plus
d'une année (Machelard, *Théorie des interdits*, p. 286).

Quoi qu'il en soit, cette mesure prétorienne des interdits était encore une sanction incomplète. C'est alors
que le droit civil lui-même réalisa ce que le préteur n'a-
vait pu faire. Les *prudents* accordèrent une action au
contrat de précaire. Cette importante innovation est
constatée par Ulpien dans la l. 2, § 2, *in fine* (*eod.*). *Itaque cum quid precario rogatum, non solum hoc interdicto
uti possumus sed etiam præscriptis verbis actione quæ ex
bona fide oritur.* Désormais un moyen direct d'arriver
au but est accordé à celui qui a concédé à précaire, ce
moyen c'est l'action *præscriptis verbis*. Il ne faut pas oublier, en effet, qu'alors même qu'ils n'étaient plus donnés nécessairement *cognita causa*, les interdits restent
toujours des moyens exceptionnels, on pourrait presque
dire extra-juridiques. Il n'est donc pas étonnant qu'à
mesure que le précaire pénétrait plus avant dans le
droit, on fut amené à considérer l'interdit comme de
plus en plus insuffisant. On en arriva ainsi non pas à

le remplacer par une action, car il ne disparut pas, mais plutôt à le corroborer d'une action.

Quelle allait être cette action sanctionnant le précaire, qu'on élevait ainsi au rang de contrat? Ici nous retrouvons un épisode d'une des grandes controverses sur lesquelles se sont séparés les Sabiniens et les Proculiens, lois de l'introduction des contrats innommés. Les Sabiniens voulaient donner aux contrats nouveaux une action servant à sanctionner un contrat nommé, présentant des caractères analogues. C'est ainsi qu'ils voulaient donner à *l'échange* les actions de la *vente*. Les Proculiens au contraire réclamaient une action spéciale pour ces *negotia nova* ; ils penchaient pour l'admission de l'action *præscriptis verbis*.

Le contrat le plus voisin, auquel les Sabiniens voulaient en quelque sorte assimiler le précaire, était le *commodat*. Nous avons vu, en rapprochant ces deux contrats que s'ils avaient certains points de contact ils constituaient cependant deux opérations différentes qui s'opposaient à leur confusion.

Aussi, conçoit-on fort bien que l'action *commodati* n'ait pas pu être donnée pour sanctionner le précaire, et que l'action *præscriptis verbis*, suivant d'ailleurs en cela la règle générale, se soit imposée (L. 19, § 2. L. 2, § 2, *eod.*).

Remarquons que l'interdit *de precario* ne perdit point cependant son utilité et qu'il continua d'être usité dans la pratique. C'est du reste la règle que l'on retrouve

dans nombre de cas semblables ; c'est ce qui passe dans
l'histoire de l'interdit *Salvien* et des *actions serviennes*,
dans celle de l'interdit *quorum bonorum* et de la *petitio
hereditatis possessoria*. Ce phénomène s'explique par les
avantages de simplicité qu'offrait l'interdit surtout au
point de la preuve à fournir pour triompher dans son
exercice.

Nous avons vu à propos des développements que nous
avons donnés sur l'évolution du précaire jusqu'au droit
classique, qu'à côté de l'action *præscriptis*, qui avait
les suffrages de l'École Proculienne, les Sabiniens, par
l'organe de Julien (L. 19, § 2, *eod.*) proposaient une *condictio incerti*. Une certaine interprétation du texte porte
à croire qu'il faut lire *actione incerti* et ne pas y voir une
condictio sine causa ; car Julien admettait une action
in factum prétorienne (ainsi que cela ressort de la Loi 7,
§ 5, *de pactis*) et rejetait l'action *præscriptis verbis*. On
s'explique dès lors fort bien que les commissaires de Justinien aient pu confondre l'action *in factum prétorienne*
avec l'action *in factum civile*.

Dans ce rapprochement, cette confusion même d'une
condictio avec l'action *præscriptis verbis* est certainement,
quoiqu'on en ait pu dire, le résultat d'une interpolation.

Qu'il nous suffise de retenir de tout ceci que les Sabiniens comme les Proculiens, ont, avec des raisonnements différents, accordé les uns et les autres une action
au contrat de précaire.

Examinons maintenant chacun des moyens qui furent

mis à la disposition du concédant pour arriver à la restitution de l'objet du précaire. Et voyons quels avantages pratiques présentait l'action *præscriptis verbis* sur l'interdit *de precario*.

§ I. — *De l'interdit de precario.*

Cet interdit est classé par la grande majorité des commentateurs français au nombre des interdits *recuperandæ possessionis*, notamment par Savigny, Machelard, Accarias (*Préc. D. R.*, t. II, n° 959). Gaius nous parle seulement de l'interdit *de vi*, mais c'est parce que c'est lui qui est par excellence l'interdit *recuperandæ possessionis*. Certains commentateurs allemands ont cependant pris texte de ce silence pour combattre l'opinion générale. Bruns, Ihering, Meischeider refusent à l'interdit *de precario* le caractère *purement possessoire*. Au contraire Windscheid (*Lehrbuch des Pandekteurechts*, 4ᵉ édition. Dusseldorf, 1875, tom. 1ᵉʳ, p. 491) n'a point pris part à cette réaction qui s'est produite chez les Romanistes allemands ; et il a repris la théorie de Savigny. M. Labbé, dans un appendice à la dissertation de Machelard, cherche à la justifier en lui fournissant un appoint d'arguments nouveaux. Il reconnaît qu'à la période classique, il est impossible de refuser à la convention de précaire les caractères constitutifs d'un contrat. Mais il se sépare de cette idée que lors de la création de l'interdit le préteur n'avait point en vue d'assurer l'exécution d'un contrat.

La situation des parties n'était qu'un état de fait ; et l'interdit n'avait pour but que d'arriver à la restitution d'une *possession injustement retenue*. M. Labbé s'exprime ainsi : « Ne regardez point le passé, appréciez le présent et vous reconnaîtrez que l'interdit *de precario* mérite aussi bien dans un cas que dans l'autre, à la suite d'une concession précaire de la *possession*, comme à la suite d'une concession précaire de la *détention*, d'être rangé parmi les *Interdicta recuperandæ possessionis causa comparata* (§ 6, p. 97-103).

De ce que nous avons dit dans le cours de cette étude, il ressort que le précaire confère au précariste la possession (1).

Le précariste a donc droit aux interdits sans que pour cela le *rogatus* voie s'interrompre sa *possessio ad usucapionem* (L. 13, *De adq. poss.*, 41, 2). Ce point étant établi, d'après Savigny, l'interdit *de precario* est non seulement restitutoire, mais il est *recuperandæ possessionis* (L. 2, *princ. eod. t.*). Il a donc deux points de ressemblance avec l'interdit *unde vi*. Qu'est-ce en effet qu'un interdit possessoire ? dit Savigny. C'est l'action qui a pour fondement la seule possession : « Toutefois le droit de les invoquer ne dépend pas de toute violation quelconque de la possession, il faut que cette violation pré-

---

L. 4, § 1, *eod. tit.* L. 21, § 3, *De adq. poss.*, 41, 2. Loi 33, § 6, *De usurp.*, 41, 3.

sente certains caractères déterminés. Et ce sont ces caractères qui permettent de distinguer les interdits entre eux. En effet, tout interdit repose soit sur la violence, soit sur la clandestinité, soit enfin sur l'abus du *precarium* » (§ 36, *Traité de la possession*).

La violation de la possession voilà la cause de tout interdit en général. Ici, en particulier, dans le précaire, cette violation consiste dans l'abus de confiance, de même que l'emploi de la violence, dans la *violenta possessio*.

Cette opinion fut suivie par un grand nombre d'auteurs, notamment par Machelard et Molitor. Elle a d'ailleurs été très nettement présentée par Windscheid (*loc. cit.*, tome II, § 376, n° 1). « Le concessionnaire n'était à l'origine tenu que comme infracteur de la possession d'autrui (*als verletzter des freden Besitzes*, et tome I, § 260).

Si le *rogans* vient à refuser la restitution, le *rogatus* est en droit de l'y forcer sur le seul fondement de la possession antérieure et de l'atteinte qui lui a été portée, sans qu'il ait besoin d'invoquer le rapport contractuel qui existe entre lui et le concessionnaire. Cette matière d'expliquer les choses est obligatoire pour Savigny qui n'a jamais voulue élever le précaire à la hauteur d'un contrat. Il fallait donc bien qu'il insistât sur *l'état de fait* de la possession comme ayant été la cause unique de la sanction de plus en plus efficace qui lui fût donnée.

Mais nous croyons avoir suffisamment démontré, à propos de l'évolution qu'a suivie dans cette voie la con-

vention à précaire, qu'elle a atteint la place d'un véritable contrat ; et qu'alors est venue s'ajouter à l'interdit
l'action præscriptis sanctionnant non plus l'équité du *fait*
de la possession, mais *le rapport juridique* que le contrat de précaire avait fait naître entre les parties.

Nous avons dit qu'une réaction marquée s'était produite en Allemagne contre l'idée généralement admise
d'accorder un caractère *purement possessoire à l'interdit
de precario*, et que Bruns, Ihering, Meischeider refusent
de le considérer comme un interdit *recuperandæ possessionis*.

Exposons très brièvement les arguments que ces auteurs ont fourni à l'appui de leur thèse et que nous
avons réfutés par avance dans les explications que nous
avons données au cours de notre étude.

Et d'abord, disent-ils, il est inexact de déclarer que
l'interdit *de precario* a pour but exprès de *rendre la
possession* au *rogatus* ; car un texte formel donne une solution opposée, c'est la loi 18 (*eod. t.* « *Unusquisque
potest rem suam quamvis non possideat, precaris dare
ei qui possideat*) (1) ».

De plus, le *Precarium* peut n'engendrer au profit du
concessionnaire que la simple détention, et le concédant
pourra cependant se servir de l'interdit *de precario*. —

____

(1) Nous avons vu que ce texte faisait allusion au cas où le possesseur,
possédait à un titre autre que celui du précaire. — Le propriétaire peut
changer alors, s'il y a lieu de le faire, le titre du possesseur, en celui de
précariste. — On sous-entend cette opération qui consistait à lui faire reprendre sa chose, et à la concéder de nouveau, mais cette fois à précaire.

Or, comment songer à parler ici de *recuperatio possessionis*. — C'est ainsi que la Loi 6, § 2 dit : « *Is qui rogavit ut precario in fundo moretur non possidet : sed possessio apud eum qui concessit remanet : non et fructuarius et colonus, et inquilinus sunt in prædio, et tamen non possident* ».

La loi (2 *pr. eod.*) ne dit-elle pas encore : *Quod precario ab illo habes*. Ce mot n'implique donc pas *possession* chez le concessionnaire.

Bruns, dit à ce sujet : « Ce serait inouï que le concessionnaire pût refuser la restitution, parce que le demandeur ne peut prouver qu'il a été le possesseur proprement dit ? » (Bruns, *Bditzklagen*, p. 180 et suiv.).

Le défendeur à l'interdit n'aura donc qu'à rapporter la preuve d'une convention de précaire sans avoir à prouver autre chose que le fait de l'obligation.

Aux interdits *un devi et uti possidetis* on ne saurait opposer d'exception péremptoire. Au contraire à l'interdit *de precario*, ou peut opposer l'exception *dominii*.

La loi 4, § 3 (*eod.*) dit : *Item si rem meam precario rogavero, rogavi quidem precario sed non habeo precario, idcirco quia receptum est rei suæ precarium non esse*. Or si l'interdit était *recuperandæ possessionis*, le concédant devrait d'abord recouvrer la possession, dût-il être ensuite vaincu sur la question de revendication.

La loi 15, § 3 (*eod. tit.*) ajoute, *cum quis de re sibi restituendæ cautem habet precarium et interdictum non competit*. Le concédant qui a stipulé la restitution perd le droit à l'interdit. Or une action *possessoire*, et une action en restitution ne s'excluent jamais l'une l'autre (V. loi 12, *De vi*, 43, 16).

Enfin les auteurs allemands ont cru voir dans la transmissibilité des obligations du précariste un dernier argument contre le caractère possessoire de l'interdit *de precario*. Cette transmissibilité, à leur avis, ne peut avoir qu'une *base contractuelle*, car en général la possession ne se transmet pas, et l'héritier en commence une nouvelle.

Bref, ils ne voient point que l'interdit *de precario* soit donné à raison d'une atteinte contre la possession, ils n'y voient comme raison que la rupture du contrat, le manquement à l'obligation de restituer (1).

Et même, pour eux, au temps où certainement le précaire n'était pas un contrat, les interdits n'étaient point organisés comme protection possessoire, mais comme protection juridique ordinaire. Et n'en voit-on pas d'ailleurs un exemple dans les interdits exhibitoires et restitutoires (2).

Cette théorie qui tend à considérer le précaire comme ayant perpétuellement engendré des obligations est donc le contre-pied exact de celle de Savigny qui ne l'a jamais

---

(1) C'est perdre de vue que l'interdit se donne contre celui *qui habet qui non rogavit*, c'est-à-dire contre celui qui ne s'est point engagé, mais qui à un moment donné possède un précaire.

(2) Les auteurs allemands ajoutent encore que dans les textes, l'interdit *de precario* n'est jamais désigné comment étant « *recuperandæ possessionis* ». De plus il est presque partout (Pandectes. Édits du préteur) séparé de l'interdit *unde vi* auquel il aurait pu être joint comme interdit *recuperandæ possessionis*.

considéré que comme un simple état de fait de possession. Nous croyons les deux systèmes inexacts, car chacun en leur sens, ils sont exagérés, et omettent de faire les distinctions historiques qui rendent compte de l'évolution du précaire, et manifestent les étapes progressives par lesquelles ont passé sa nature et ses caractères.

De la durée de l'interdit de precario.

L'interdit *de precario* était *perpétuel* à l'époque classique. Lorsque Théodose eût institué la prescription trentenaire, l'interdit *de precario* s'y trouva soumis. Mais une question délicate restait à trancher. C'était celle de savoir à quel moment la prescription devait prendre son point de départ.

Les partisans du système allemand qui ne voit dans l'interdit *de precario* qu'un interdit purement restitutoire, en dehors de l'idée de possession, sont bien obligés de faire partir la prescription du jour *de la concession*, puisque ce n'est plus pour eux la *possession vicieuse* qui donne lieu à l'octroi de l'interdit, mais bien le rapport juridique né du contrat de précaire. Or, un droit peut se prescrire dès qu'il est né, et il naît au jour de la concession : c'est donc à cette époque qu'il faudra placer le point de départ de la prescription du droit de l'interdit.

En admettant, au contraire, comme nous le proposons, que c'est *la possession vicieuse* qui donne lieu à la délivrance de l'interdit, nous devons décider qu'il ne commencera à se prescrire que quand sa cause sera née, c'est-à-dire à partir du jour où le précariste aura refusé de restituer.

Pour être logiques, les romanistes allemands sont obligés d'admettre ce point de départ que nous avons signalé pour eux. Et une fois ceci admis, ils sont forcés de reconnaître qu'au bout de 30 ans l'interdit *de precario* se trouvera prescrit. A cette époque par conséquent, le concédant va se trouver désarmé contre son concessionnaire qui n'a eu qu'à posséder et à jouir pendant ces trente années, de l'aveu même du propriétaire, et qui s'est, par ce fait seul, affranchi des conséquences de l'interdit *de precario*. Résultat évidemment inadmissible et qui suffirait à lui seul pour rejeter tout le système des auteurs allemands.

Nous n'entrerons pas dans l'étude de la procédure de l'interdit *de precario* ; ce serait excéder les limites du cadre modeste de cette étude. Il était seulement utile, à notre avis, de mettre en relief les caractères distinctifs de cet interdit et d'indiquer les résultats auxquels il conduisait (1).

---

(1) Nous nous bornerons à donner les quelques règles essentielles qui suivent :

I. — L'interdit *de precario* est formulé de la façon suivante : *Ait prelor : Quod precario ab illo habes aut dolo malo fecisti ut desciseres habere, qua de re agitur id illi restituas.* » Le concédant pourra, à l'aide de cet interdit, poursuivre non seulement le possesseur à précaire qui refuse de restituer, mais aussi celui qui par son dol, s'est mis dans l'impossibilité de restituer. C'est là un des avantages que nous avons signalés de l'interdit *de precario* sur les interdits *retinendæ possessionis*.

II. — L'interdit *de precario* contenait la formule *arbitraria : Si paret*

Nous aborderons donc immédiatement l'action *præs-criptis verbis*, qui fut en dernière analyse, la sanction complète du contrat de précaire.

§ II. — *Action præscriptis verbis.*

Puisque l'action *præscriptis verbis* constitue un dernier progrès c'est qu'elle présente des avantages sur l'interdit.

Tout d'abord la condamnation pourrait varier suivant que l'on prenait la voie de l'interdit ou celle de l'action *præscriptis verbis*. Dans l'interdit le *rogans* reçoit du juge l'ordre de restituer la chose augmentée des produits et de fournir les réparations qu'il doit à raison de son dol ou de sa *culpa lata*.

Durant le temps qui s'écoule de la délivrance de l'interdit au jugement de condamnation, la responsabilité du concessionnaire s'augmente et s'étend même à la faute la plus légère et aux cas fortuits (L. 8, §§§ 3, 5, 6, *eod.*). Car l'émission de l'interdit vaut mise en demeure.

N^m N^{me} rem qua agitur, A° A° habere dolove malo fecisse quominus habe-ret, nisi ea res arbitratu tuo A° A° restituetur, quanti ea res erit, tantam pecuniam N^m N^{me}, A° A° condemna. — Si non paret, absolve — (Gaius, II, 162 et 164).

III. — L'interdit *de precario* était donné contre celui qui possédait à pré-caire, sans se préoccuper du point de savoir qui avait fait la *rogatio* (Loi 4, § 2, *eod.*). — Il était donné à celui de qui émanait la concession, qu'il fût ou non *dominus*. (Ulpien, Loi 8, *princ. eod.*).

IV. — Le résultat de l'interdit consistait à remettre les choses dans leur état antérieur (*formula arbitraria*). A défaut d'exécution une condamnation pécuniaire était prononcée. — L'interdit *de precario* était donc: Restitutoire, *recuperandæ possessionis* et perpétuel.

Par l'action *præscriptis verbis* la mise en demeure est fixée au moment même *de la signification* faite au précariste d'avoir à restituer la chose concédée. Elle n'est donc point retardée *jusques au jour du renvoi des parties devant le juge*. Or, si dans l'intervalle qui sépare la révocation de la *litis contestatio*, la chose a produit des fruits, ou si elle a subi une perte en dehors de tout droit du *rogans*, l'action *præscriptis verbis* sera beaucoup plus avantageuse. Car on appliquera ce principe que les parties ne doivent point souffrir des lenteurs de la procédure. C'est donc au jour de la *litis contestatio* que l'on se placera pour apprécier et déterminer les restitutions qui devront être faites. Un autre avantage procuré par l'action *præscriptis verbis* fût de permettre au concédant d'obtenir réparation complète du dol commis. Car nous savons que dans les contrats de bonne foi que sanctionnait l'action *præscriptis verbis*, la victime demandait réparation du dol par l'action même du contrat, laquelle se transmettait aux héritiers.

Il faut nous souvenir qu'à Rome la victime n'avait point à sa disposition d'action spéciale en dommages et intérêts. On lui accordait seulement une action pénale qui atteignait les deux buts qu'elle avait à poursuivre : le châtiment et la réparation du préjudice. C'était là un vieux souvenir de la *vindicta privata* qui, au début de la société romaine, concentrait toutes poursuites entre les mains de la victime. La *pœna* avait donc un double objet. C'était un avantage pour le demandeur qui pouvait poursuivre chaque coupable et demander à *chacun d'eux* et la peine et la réparation (L. 11, § 2, *ad legem Aquiliam*, Liv. IX, tit. 2). Mais en revanche, cette action en réparation du préjudice subissait le sort de l'action pénale avec laquelle elle se confondait, et comme elle, elle s'éteignait par la mort du délinquant, ou tout au moins, elle n'était donnée contre les héritiers que dans la mesure où ils avaient profité de la faute. L'action de dol offrait à ce point de vue cette particularité remarquable qu'elle ne revêtait le caractère pénal que lorsqu'elle provenait *d'un délit*. Mais dans le cas où le *dol* se rattachait à un *contrat de bonne foi*, son caractère pénal s'absorbait dans le caractère contractuel de l'action de bonne foi ; elle en suivait les règles et se confondait avec elle, si bien qu'elle se transmettait passivement aux héritiers ; et qu'elle était ainsi donnée contre eux sans qu'il y eût à distinguer s'ils avaient ou non profité du délit.

On comprend donc l'intérêt qui s'attachait pour le concédant à l'exercice de l'action *præscriptis verbis*, en cas de dol de la part du précariste.

Quant à la *condictio incerti*, dont nous avons parlé plus haut à propos du développement du précaire et de la marche progressive de ses moyens de sanction ; nous avons vu qu'elle tend au même résultat que l'action *præscriptis verbis*, qu'elle donne par conséquent les mêmes satisfactions et se meut dans le même cadre d'applications que la première ; bien plus, que dans l'esprit des jurisconsultes elle se confondit peut-être avec elle.

Remarquons enfin, en terminant, qu'indépendamment de ces divers moyens d'obtenir la restitution, le concédant pouvait arriver à une garantie très efficace en stipulant le retour de la chose concédée à précaire. Il avait alors à sa disposition l'action *ex stipulatu* résultant de la *stipulatio* dans laquelle il avait enfermé la convention de précaire (1).

(1) *Cum quis de re sibi restituenda coutum habet precarium interdictum non competit* (L. 15, § 3, II, *eod. t.*). — Voyez en ce sens Accarias, *Précis D. R.,* t. II, p. 431.

DROIT FRANÇAIS

CONVERSION DE LA SÉPARATION DE CORPS

EN DIVORCE

CHAPITRE PREMIER

NOTIONS GÉNÉRALES. — INCONVÉNIENTS ET AVANTAGES DE LA CONVERSION. — EST-ELLE UNE SAGE MESURE ?

Bien que le cadre modeste de cette étude soit limité à l'examen de la conversion de la séparation de corps en divorce, il est au moins utile, pour comprendre l'intérêt qu'il peut y avoir à passer d'un régime sous l'autre, de jeter un rapide coup d'œil sur chacun d'eux afin que, lorsque nous aurons à faire leur comparaison, nous sachions quels sont les deux termes en présence.

La question du divorce est une de celles qui sont le plus propres à passionner les esprits soucieux de concilier la morale et le droit. Elle est en effet d'une gravité exceptionnelle, car elle touche à la conscience, à la famille, à la société. L'idée de dissolution s'allie mal avec celle de caractère indélébile, qu'éveille en nous le mariage considéré, à peu près universellement, comme indissoluble.

Les anciennes législations ont connu le divorce. On en a donné comme raison la notion de la rupture d'un contrat par un *mutuus dissensus* (1). A notre avis, cette idée est inexacte, car le mariage ne saurait être considéré comme un contrat ordinaire. Il revêt un caractère spécial que n'ont jamais eu les autres contrats. Il ne faut donc point parler pour lui de *mutuus dissensus*. Il nous semble que l'idée de divorce reçue par les législations anciennes, émane du principe de la répudiation. A l'origine, le mariage n'est que la vente de la fille faite par le père au mari. Ce dernier dispose de sa femme comme un propriétaire de sa chose. Et si le droit de vie et de mort qu'il possédait à une époque barbare a disparu avec le progrès de la civilisation, il n'en a pas moins conservé longtemps le droit de répudiation. Et c'est dans cette répudiation qu'il faut chercher l'origine du divorce. Accordé d'abord au mari seul, il s'est étendu à la femme, à mesure que progressait cette tendance à faire sortir la femme de sa condition inférieure, pour l'élever au niveau du mari et en faire son égale.

La législation a changé sur ce point. Et comme sur tant d'autres, elle a prouvé que tout ce qui est humain se modifie et se transforme. Les institutions comme les conceptions des hommes qui les ont enfantées changent

(1) M. Accarias, *P. Droit romain*, Du mariage à Rome, t. I.

avec les siècles et les sociétés. Le mariage a suivi cette destinée instable et changeante que lui ont faite les idées et les temps à travers lesquels il a passé.

L'influence du christianisme, apparaissant sur la scène du monde, y est venu jouer un rôle d'une efficacité et d'une puissance incontestables. C'est dans l'institution du mariage que son influence s'est le plus largement manifestée. Il a proclamé bien haut tout ce que cette institution avait de sacré. Et la soustrayant aux fluctuations incessantes des législations humaines, il l'a solennellement déclarée institution divine et par la même immuable.

Il était cependant impossible d'obliger les époux à continuer une communauté d'existence alors que tout les poussait à s'en affranchir. Cette considération conduisit à une transaction qui fût la séparation de corps, et que l'on appela : la séparation d'habitation.

Par elle, la vie commune était rompue et les intérêts séparés. Chaque époux reprenait son habitation distincte. Mais malgré cette dissociation de fait, le lien du mariage n'en continuait pas moins de subsister.

Dans notre ancienne législation française, cet état de choses fut accepté partout.

La religion catholique est la religion de l'État ; et le mariage est soumis à la législation canonique. La séparation de corps est seule admise et le legs romain du divorce est formellement répudié par l'église.

La Révolution bouleversa sur ce point les idées admises et la législation établie.

Son souffle novateur passa sur l'institution du mariage comme sur tant d'autres. Et, dans son ardeur à secouer toute entrave à la liberté humaine, elle commit dans cet ordre d'idées les plus graves exagérations. Elle sécularisa le mariage qui dès lors fût considéré comme un contrat de caractère exclusivement civil ne relevant plus que de la loi commune aux contrats ordinaires. La volònté humaine put désormais dissoudre ce qu'elle avait formé.

Dans cette crise de réaction, la loi de 1792 avait été trop loin. On peut lui reprocher, d'une part, cet excès de facilité accordée au divorce qui ne doit être qu'un *ultimum subsidium* et dont les causes doivent être sévèrement restreintes. D'autre part ellé avait eu le grand tort de supprimer la séparation de corps, astreignant par là-même à supporter de la vie commune ceux dont la conscience se refusait à recourir au divorce.

Les législateurs du Code civil firent œuvre de conciliation, ils maintinrent le divorce qui, seul, subsistait dans le projet, mais à côté de lui ils accordèrent une large place à la séparation de corps.

Le 8 mai 1816, sous l'influence des idées de la restauration, on en revint au principe de la religion d'État. La religion catholique était inconciliable avec le divorce; Il fut aboli. Seule la séparation de corps fut maintenue.

C'est sous l'empire de cette législation que nous avons

vécu jusqu'en 1884. Après plusieurs tentatives infruc-
tueuses, le divorce fut rétabli en France par la loi du
27 juillet 1884 qui abroge la loi de 1816, et remet en vigueur, en les modifiant sensiblement, les articles du code
civil.

Enfin la loi du 18 avril 1886 est venue apporter quelques modifications à la loi de 1884, bien que son objet
principal soit relatif à la procédure du divorce et de la
séparation de corps.

Aujourd'hui, les époux ont, pour modifier leur état,
deux moyens à leur disposition : le divorce et la séparation de corps, qui subsistent côte à côte et se touchent
de bien près : leurs causes sont les mêmes (1), et leur
but immédiat est identique, sous un certain aspect, car
tous deux tendent à la cessation de la vie commune. Que
valent ces deux moyens dont l'un est la dissolution du
lien conjugal et l'autre son simple relâchement ? Est-il
sage, *en législation*, que l'on puisse passer de l'état de
séparation de corps au divorce ?

Telles sont les questions que nous allons brièvement
examiner.

On conçoit sur ce point trois types de législations différents : Le premier admettant le divorce et la séparation
de corps, et les plaçant sur la même ligne, sans préférence pour l'une des deux institutions. Le second admettant que le divorce est préférable à la situation mal dé-

____

(1) Aujourd'hui surtout que la loi de 1884 a supprimé le divorce par consentement mutuel, qui était une cause spéciale au divorce.

finie et nécessairement transitoire de la séparation de
corps, et donnant par la conversion le moyen d'y mettre
fin. Enfin le troisième considérant la séparation de corps
comme une solution définitive qu'il n'est permis de modifier par le divorce que dans des cas exceptionnellement
graves.

Quel est celui qui a prévalu chez nous ?

La question est délicate ; car, d'un côté notre législation permet de substituer le divorce à la séparation de
corps. Elle fait même de cette séparation une cause de
divorce ; ce qui implique cette idée que la séparation est
destinée à produire le divorce. L'une est un moyen,
l'autre est un but.

Si l'on s'en tenait à cette seule considération, il faudrait reconnaître que la loi a préféré le divorce à la séparation de corps. Mais d'un autre côté les causes de la
séparation et du divorce sont les mêmes. Or, n'est-ce
point là la preuve que la loi a entendu créer deux voies
parallèles dont l'option est donnée à l'époux ?

Cette neutralité du législateur a laissé le champ libre
aux différentes opinions. — Il faut cependant reconnaître que la facilité trop grande avec laquelle le divorce est
accordé surtout par la conversion qui y mène presque
sûrement, semble bien indiquer que le législateur de
1884 a rétabli le divorce pour lui accorder ses préférences. Quoi qu'il en soit sur cette question, nous verrons
que les opinions qui se sont produites au sujet de la conversion de la séparation de corps en divorce, se sont di-

versement manifestées. Les unes sont empreintes de l'esprit qui a présidé aux discussions du Sénat ; les autres de celui qu'y apporta la Chambre des députés.

D'un côté on a considéré le divorce comme un *ultimum subsidium*, de l'autre on y a vu la solution normale à donner à l'état de séparation de corps, chaque fois que de puissants motifs ne venaient point s'y opposer.

Laissant ce point de vue de côté, du moment que le divorce était admis dans nos lois, il n'y avait point de raison pour empêcher de transformer la séparation de corps en divorce (1). La séparation de corps est, il faut l'avouer, un état mal défini qui ne peut durer bien longtemps. Il a le caractère d'une sorte de disposition transitoire, et semble n'être qu'une étape vers la dissolution du mariage. Ce provisoire apparaît donc comme devant un jour se transformer en définitif. Comment en effet, justifier la séparation de corps sinon par l'espoir d'une réconciliation entre les deux époux. Or l'article 310 de la loi de 1884, en exigeant une durée de trois ans avant de permettre une demande en conversion, a tenu compte de cette idée fondamentale.

Il est en effet bien probable qu'après ce délai si aucun rapprochement n'est intervenu, la chance de réconciliation a définitivement disparu. Et c'est alors le moment de songer au définitif, au divorce.

---

(1) Nous rappelons que nous traitons la question au point de vue purement juridique, nous interdisant par avance toute discussion morale et religieuse. Nous constatons le divorce et la séparation de corps admis dans notre législation, et nous étudions les règles relatives à cette coexistence.

Ce temps de réflexion, ces années laissées à l'espoir d'un pardon, il est fâcheux que la loi ne les ait point exigés, en quelque circonstance que ce fût, avant de procéder au divorce.

Le législateur aurait peut-être pu laisser au juge saisi d'une demande en divorce le pouvoir d'imposer aux époux un certain temps de séparation (1). Et il aurait pu lui donner la faculté d'en réduire la durée en raison directe de la gravité des causes invoquées.

L'éventualité que la loi a en vue, c'est la réconciliation des époux séparés ; c'est la reprise de la vie commune.

L'article 295 du Code civil ne permettait pas aux époux divorcés pour quelque cause que ce soit de se réunir à nouveau par un second mariage. Il considérait que pareille faculté les eût engagés à divorcer trop à la légère, et eût engendré un ridicule va-et-vient entre le mariage et le divorce.

Ce système était d'une rigueur excessive. Il avait le tort de méconnaître la grandeur du pardon, en éloignant pour jamais l'un de l'autre deux êtres que de si puissants liens avaient autrefois unis. Le système de la loi de 1884 est contenu dans le nouvel article 295 qui s'exprime ainsi : « Les époux divorcés ne pourront plus se réunir ; si l'un ou l'autre a postérieurement au divorce

(1) On trouve cette idée de séparation temporaire précédant le divorce dans les législations qui n'admettent pas le divorce (V. notre appendice sur les législations étrangères.

contracté un nouveau mariage suivi d'un second divorce.

« Au cas de réunion des époux, une nouvelle célébration du mariage sera nécessaire. Les époux ne pourront adopter un régime matrimonial autre que celui qui réglait originairement leur union. Après la réunion des époux, il ne sera reçu de leur part aucune nouvelle demande de divorce, pour quelque cause que ce soit, autre que celle d'une condamnation à une peine afflictive et infamante prononcée contre l'un d'eux depuis leur réunion ».

Trois idées ressortent de ce texte :

D'abord : possibilité laissée aux époux divorcés de se réunir par un nouveau mariage. Puis, impossibilité de le faire si l'un d'eux a postérieurement au divorce contracté un nouveau mariage suivi d'un second divorce. Enfin, impossibilité une fois réunis de recourir de nouveau au divorce, sauf dans le cas d'une condamnation à une peine afflictive et infamante.

Nous arrivons maintenant à la conversion de l'état de séparation de corps en divorce, c'est-à-dire à une demande en divorce invoquant comme cause la durée pendant trois ans de la séparation de corps. Et cette cause de divorce constitue la quatrième énoncée par nos lois. Cependant c'est avec raison que les rédacteurs de la loi de 1884 l'ont nettement mise à part. Car, à la différence des trois autres, elle se base sur un état qui a duré pendant un certain temps et qui était le résultat d'un jugement. Elle n'intervient donc plus sur l'état de mariage in-

tact; car elle suppose que le lien conjugal a été relâché.
Et c'est ce relâchement que le demandeur en conversion
aura à invoquer. Il pourra, nous le verrons, corroborer
sa demande par de nouveaux faits survenus depuis le
jugement de séparation, mais ils ne serviront que comme
auxiliaire de la cause principale qui est le jugement de
séparation de corps (1).

Les causes de divorce et de séparation de corps étant
les mêmes, il s'ensuit qu'au moment de l'instance en séparation, les causes invoquées eussent été de nature à
engendrer le divorce. Il a plu à l'époux demandeur de
prendre provisoirement une mesure plus douce et moins
radicale, et d'attendre, avant de recourir au divorce que
toute chance de rapprochement fût perdue. Il n'y a là
de sa part qu'une conduite sage et modérée.

Il existe cependant, il faut le reconnaître, des degrés
dans la gravité des causes. Et c'est dans sa mesure que
le juge puise son pouvoir d'appréciation. Ceci est au
moins certain en ce qui concerne les excès, sévices et
injures graves qui sont susceptibles de plus ou de moins.

On a donc singulièrement exagéré cette identité des
causes du divorce et de la séparation de corps, en ne voulant voir pour les deux que leur tendance à la cessation
de la vie commune (1). Cette identité a conduit à décider que la conversion allait à l'encontre du principe de

(1) St-Marc, *Revue critique*, 1885, n° 3. — Laurent, *Principes de droit civ.*,
t. III, n° 198. — On peut aussi tenir compte de cette idée que la conversion
est une *cause de cessation de l'état de séparation* que la loi ne veut point prolonger.

la chose jugée. C'est, croyons-nous, oublier que si le but des deux catégories de cause a un aspect commun dans la cessation de la vie commune, il est cependant bien différent. Et il nous paraît difficile d'admettre qu'une cause qui motive une séparation de corps motive nécessairement le divorce.

La cessation de la vie commune n'est donc qu'un très minime aspect de la question, impuissant à absorber et à assimiler deux buts aussi dissemblables. Nous verrons que cette disparité d'objet que nous avons signalée a pour conséquence de permettre à l'époux qui a obtenu la séparation de corps de venir ensuite intenter une action ordinaire en divorce sans que l'on puisse lui opposer l'exception de chose jugée.

Cette idée n'est pas admise par tous les auteurs, même pour ceux qui hésitent à déclarer que la séparation a force de chose jugée quant au divorce. Car l'époux demandeur avait le choix entre la voie du divorce et celle de la séparation. Il a opté pour la seconde. Qu'il s'en tienne à ses résultats. En vertu de la maxime : *Unâ electâ viâ*, il a, en quelque sorte, renoncé, par l'option qu'il a faite, à intenter une demande en divorce ; et il s'est implicitement condamné à attendre un délai de trois ans, avant de recourir à la mesure définitive du divorce.

Nous verrons que toutes ces considérations fléchissent devant ce principe que nous mettrons en relief que ce

(1) V. Morael, *Traité théor. et prat. de la conversion de la sép. de c. en divorce.*

qui a été jugé quant à la séparation ne l'a pas été quant au divorce, et que par conséquent, l'époux qui a obtenu la séparation peut, au lendemain du jugement qui la prononce, intenter une nouvelle demande en divorce.

S'il y a des raisons sérieuses qui militent en faveur du rejet d'une instance en divorce avant l'échéance des trois années de séparation, il n'y en a plus pour critiquer la disposition de l'article 310 en vertu de laquelle l'époux pourra après un certain temps substituer le divorce à la séparation. L'idée de la loi, en effet, est de donner chance à la réconciliation de se produire. Mais dès que cette éventualité est considérée comme impossible, et que par conséquent les motifs qui avaient guidé le choix du demandeur à la séparation n'existent plus, pourquoi ne point lui permettre de passer à une situation définitive ? Il demande en effet maintenant la rupture d'un lien qu'il a reconnu trop affaibli et trop relâché pour pouvoir jamais le rattacher à l'époux qui persiste dans ses fautes et dans son éloignement.

La conversion de la séparation de corps en divorce, est loin d'être unanimement acceptée. Et nous verrons au cours de cette étude les divers arguments qui ont été fournis pour la combattre.

Nous verrons que les adversaires de la loi de 1884, dans le procès qu'ils font au législateur, ont mis en avant cette idée, à laquelle nous faisions allusion il n'y qu'un instant, que deux voies parallèles sont ouvertes à l'époux outragé pour obtenir réparation, et que s'engageant dans l'une, il renonce à l'autre. De plus, que l'époux contre qui est prononcée la séparation subit la même présomption, car il était libre, lors de l'instance, de former une demande reconventionnelle en divorce. Il a donc lui, aussi, renoncé à ce moyen. Et ni l'un ni l'autre ne peuvent plus modifier un jugement qui a établi entre eux une situation définitive et librement choisie.

Nous croyons avoir suffisamment démontré que la séparation de corps n'a pas le caractère définitif que l'on veut lui attribuer. Elle ne se justifie que par l'éventualité du pardon et de la réconciliation. Ceux qui veulent malgré tout le lui assigner, ne tiennent pas assez compte de cette idée que l'époux séparé, le coupable comme l'innocent, assume tous les inconvénients du mariage, sans en avoir aucun des avantages. En effet, avec la cessation de la vie commune, le droit à l'aide et à l'assistance disparaît. Et cependant le devoir de fidélité est maintenu. L'adultère subsiste aussi plein et aussi punissable que si l'état de mariage ne s'était point modifié. La femme reste tout aussi incapable, sa faiblesse est la même, et son soutien a disparu. Bien plus il est devenu son ennemi. Et c'est à lui que la loi l'oblige à aller demander en maintes circonstances une autorisation dont la séparation ne l'a pas affranchie. Le mari ne doit plus protection à sa femme et malgré tout il garde vis-à-vis d'elle une tutelle qui souvent devient entre ses mains un véritable moyen de pression (1).

(1) La plupart de ces inconvénients pourront cesser, il est vrai, au jour où

M. 9

On pourrait ajouter aussi que vouloir maintenir et faire durer l'état de séparation de corps, c'est faire dévier le mariage de son but, en le forçant à rester stérile.

Il nous semble utile maintenant de rapporter brièvement les principaux arguments qui ont été donnés par les partisans et par les adversaires de la loi de 1884 lors de sa discussion au Sénat. Nous les exposons impartialement, faisant toutes nos réserves sur le principe même de la loi de 1884 que nous n'avons pas à apprécier personnellement au point de vue moral et religieux, car une appréciation à cet égard aboutirait pour nous catholiques à une condamnation.

M. Lucien Brun a attaqué l'article 310 comme contraire à la foi des catholiques et au principe de l'égalité devant la loi. Les catholiques ne pourront plus, dit-il, demander la séparation de corps, puisque d'après la loi il sera permis de changer contre eux au bout de 3 ans cette séparation de corps en divorce. Et lorsqu'on réfléchit que ce droit est donné à l'époux coupable ; on y voit comme une prime à la mauvaise foi et à l'immoralité de l'époux qui en invoque le bénéfice. Pour le passé, depuis 1816, le divorce n'existe plus. On s'est marié le sachant ; on a demandé des séparations de corps convaincu qu'elles n'aboutissaient pas au divorce. Le grand nombre ne l'aurait pas demandé s'ils avaient prévu que le divorce en pouvait être la conséquence.

<hr>

sera votée la proposition de loi Allou, Batbie, Jules Simon, sur l'extension de la capacité de la femme séparée de corps (Adoptée par le Sénat le 28 janvier 1887).

M. Naquet répondait à cet argument que c'était là une
question à trancher par les dispositions transitoires :
mais que l'article 310 contre lequel M. Lucien Brun avait
entendu s'élever, *ne disposait que pour l'avenir* : et que
dans ces conditions, il ne fallait point faire intervenir
une sorte de droit acquis par les catholiques à l'indis-
solubilité du mariage *J. off.*, 24 juin 1884. P. 1178).

M. Lucien Brun, dans la même séance, ajoutait : « je
n'insiste pas sur les différences qui existent entre la séparation de corps et le divorce : mais nul ne peut nier
que l'on se décidera quelquefois à demander la séparation de corps qui n'est pas irrévocable, qui permet la réconciliation et qui a de tout autres conséquences que le
divorce, au point de vue des enfants et de la fortune,
alors qu'on hésiterait à demander le divorce.

Nous allons permettre la conversion sans que le tribunal ait le droit d'ouvrir une nouvelle discussion, et
cela au mépris de la foi jurée, et des conditions dans
lesquelles le mariage a été contracté. C'est intolérable !
Pour l'avenir, il est vraisemblable que les tribunaux se
montreront un peu plus sévères en matière de divorce
et exigeront des faits d'une importance plus considérables que lorsqu'il s'agira de séparation de corps. On
fera naître alors une cause de séparation de corps, qui
trois ans après, sera convertie en divorce. La séparation
deviendra la première étape de la dissolution du mariage.
Et malgré votre intention contraire, par cet article 310
vous facilitez le divorce » (*J. off*. du 24 juin 1884).

C'est à cette argumentation que le rapporteur de la loi, au Sénat, répondait, en faisant remarquer à M. Lucien Brun, que la disposition dont il s'agissait ne pouvait empêcher les catholiques de demander la séparation de corps : « Que l'un des conjoints sollicite ou non la conversion de la séparation en divorce, la séparation n'en conserve pas moins son caractère principal à l'égard de l'autre conjoint. Car non seulement rien ne l'oblige à user de la faculté de remariage que la conversion lui confère ; mais sa responsabilité et sa conscience ne sont point compromises par le fait d'une situation qui lui est imposée et qu'il subit. La dissolution du mariage vaudra divorce pour l'un des conjoints et séparation pour l'autre. Cette situation de fait sera analogue à celle qui existe en droit dans la législation autrichienne. En Autriche, lorsque la dissolution du mariage est prononcée elle est le divorce pour les non cathotiques, et la séparation pour les catholiques ».

Le rapporteur de la loi ajoutait pour terminer l'exposé de ses opinions : « L'application de la disposition de l'article 310 ne produira point d'autres effets en France » (*J. off.*, 8 juin 1884).

Nous remarquons que M. Lucien Brun ne met en relief que les inconvénients de la conversion. Dans l'ordre d'idées où il les place nous sommes pleinement de son avis.

Mais nous voudrions bien qu'il s'en écartât un peu pour nous suivre sur un terrain purement juridique le

seul sur lequel nous entendions discuter son argumentation. Là alors nous répondrions qu'il est moins facile
d'attaquer la conversion en divorce. Car si elle présente
des inconvénients, ils sont en législation largement
compensés par les avantages que nous avons énumérés
plus haut. Nous n'y reviendrons pas. Mais qu'il nous
suffise de remarquer que lorsque M. Lucien Brun re-
grette amèrement que « le tribunal pour prononcer le
divorce n'ait même pas le droit d'ouvrir une nouvelle
discussion », il semble perdre de vue que le tribunal,
loin d'être lié par les termes de l'article 310 de la loi de
1884, y puise au contraire un large pouvoir d'appréciation qui lui donne la faculté de rejeter la demande de
conversion si les motifs allégués ne lui semblent point
suffisants, ou bien encore, s'il croit devoir prendre en
considération les principes et les croyances de l'époux
innocent, et même tenir compte du mobile plus ou
moins louable du demandeur à la conversion.

N'y a-t-il point, dans ce pouvoir d'appréciation laissé
au juge un palliatif indéniable aux inconvénients signalés par l'honorable M. Lucien Brun (1) ?

(1) M. Naquet exposait en terminant son discours à la séance du 23 juin
1884 au Sénat que la conversion en divorce s'imposait lorsque tout espoir de
réconciliation était perdu, et que par là même la raison de maintenir la séparation de corps avait disparu. Il citait l'hypothèse d'un adultère et disait :
« L'adultère me répugne, mais ce qui me révolte c'est de penser que toute
une classe d'enfants va, de par la loi, naître dans une situation d'infériorité
imméritée, alors que si vous permettez la législation de l'union du père et de
la mère, ils naîtraient légitimes et n'auraient pas à courber le front....... »
(*J. off.*, 24 juin 1884).

Nous donnons les raisons fournies par M. Naquet pour ce qu'elles valent.
Nous n'entendons nullement les faire nôtres.

Quoi qu'il en soit de toutes ces questions, la loi du 27 juillet 1884 ayant rétabli le divorce et laissé subsister la séparation de corps, et l'article 310 de cette loi ayant permis, sous certaines conditions, le passage d'un état à l'autre, notre rôle se borne à étudier la loi telle qu'elle existe aujourd'hui, et à nous rendre compte des règles qui régissent la conversion de la séparation de corps en divorce. Nous ne voulons envisager que les conséquences civiles résultant du passage de l'état de séparation de corps à celui du divorce. Et si nous faisons ressortir les avantages de la conversion c'est uniquement le point de vue civil que nous entendons mettre en relief, car nous autres catholiques nous condamnerons toujours le principe du divorce. Mais ce n'est point parce que nous nous déclarons opposés à l'esprit de la Loi de 1884 qu'il doit nous être interdit d'en discuter la valeur purement juridique, et les effets purement civils.

Nous examinerons d'abord quelles sont les personnes qui peuvent demander la conversion. Et quelle est la capacité requise pour y procéder.

Nous verrons ensuite quels sont les cas où il y a lieu de la demander, et à quelles conditions. Nous exposerons enfin les effets produits par le jugement de conversion sur les époux et sur les enfants, quant à leur personne et quant à leurs biens.

CHAPITRE II

Section Ire. — Qui peut demander la conversion ?

§ 1. — *Époux*.

L'ancien article 310 du Code civil disait : « Lorsque
la séparation de corps, prononcée pour toute autre cause
que l'adultère de la femme, aura duré trois ans, *l'époux
qui était originairement* défendeur pourra demander le
divorce au tribunal qui l'admettra, si le demandeur originaire, présent ou dûment appelé, ne consent pas immédiatement à faire cesser la séparation ». Nous voyons
par ce texte que seul l'époux défendeur à la séparation
de corps pouvait demander la conversion, et avec cette
condition qu'il eût auparavant mis en demeure l'époux
demandeur de reprendre la vie commune. Sur le refus
de celui-ci il présentait sa demande en conversion.

Quant à l'époux demandeur il était considéré comme
ayant été le maître de la première instance ; il avait
voulu et obtenu la séparation de corps, il l'avait imposée
au défendeur ; aussi était-il juste que, d'un côté, il s'en

tînt à une solution qu'il avait librement choisie, et que,
d'un autre, il ne pût contraindre le défendeur à demeurer dans une situation qui ne peut être que provisoire.

Tels étaient les motifs qui avaient inspiré le législateur
de 1804.

La loi de 1884 a modifié ce point dans le nouvel article 310, § 1, qui s'exprime ainsi : « Lorsque la séparation de corps aura duré trois ans, le jugement pourra être
converti en jugement de divorce *sur la demande formée
par l'un des époux* ».

Ici donc, plus de différence entre l'époux demandeur
et le défendeur, tous deux sont admis à convertir leur
séparation de corps en divorce.

Que le défendeur ait conservé le même droit que sous
l'empire du Code civil rien d'étonnant à cela, car les raisons sont les mêmes.

Mais quels sont les motifs qui ont décidé le législateur
de la loi de 1884 à conférer la même faculté à l'époux
demandeur ?

Nous rappelons ceux que nous avons énumérés, pour
justifier la conversion. Nous avons reconnu que s'ils sont
justes pour le défendeur, ils le sont aussi pour le demandeur. Et c'est parce que le législateur de 1884 en a bien
compris la valeur, qu'il a donné aux deux époux, la
faculté de demander la conversion. Il nous a retiré ce
spectacle scandaleux de voir l'époux coupable être seul
le maître de changer la situation en convertissant sa

séparation de corps en divorce sans que l'époux innocent pût s'y soustraire (1) (2).

Nous savons cependant que ce n'est point le droit conféré au demandeur qui le protègera contre l'exercice de
celui défendeur, et qu'il ne pourra nullement s'opposer
à une demande de conversion. Mais (nous aurons l'occasion de développer plus tard cette idée), la loi de 1884
a pallié les inconvénients de cette situation en donnant
au juge, un large pouvoir d'appréciation, qui lui confère
le droit de rejeter la demande en conversion, et par là
même de maintenir dans son intégrité la situation faite
à l'époux innocent, s'il juge que l'équité et le bon droit
le lui commandent. Dans la séance du Sénat du 7 juin
1884, le rapporteur de la loi déclarait, à propos de l'article 310, que l'on pouvait concevoir trois systèmes différents : d'abord le système du Code civil, puis l'amendement de M. Denormandie, et enfin le système de la
commission.

Dans le premier système, faculté pour le défendeur
seul de substituer le divorce à la séparation de corps,
après une mise en demeure d'avoir à reprendre la vie
commune.

Dans le second, faculté de demander la conversion
donnée au demandeur seul. L'auteur de l'amendement

(1) St-Marc, n° 9.
(2) C'est d'ailleurs sous le coup de ces critiques que la législation belge, qui
a suivi les principes du Code civil, a failli repousser l'idée de conversion. V.
Laurent, *Av. projet du Code civ.*, t. 2, sur l'article 310. — V. aussi Laurent,
Principes du droit civil, t. III, p. 237. — V. Baudry-Lacantinerie, *Divorce*,
p. 88. — V. Labbé, *Observations*, § 86, I, 4, 93.

faisait valoir les considérations que nous connaissons déjà.

Faculté pour le demandeur à la conversion d'épuiser son droit sans qu'on puisse le considérer comme ayant renoncé à cette faculté en demandant la séparation de corps. Nécessité morale de ne point soumettre l'époux innocent à la volonté de l'époux coupable qui puiserait dans sa faute seule un bénéfice exclusif.

Le troisième système demandait que, sur ce point, les deux époux fussent également traités.

« C'est entre ces trois partis, disait le rapporteur, que le Sénat aura à se prononcer. Quant à nous, nous pensons que le système admis par la Chambre est préférable au point de vue du défendeur, comme au point de vue du demandeur.

Il est préférable au point de vue du défendeur parce que l'on comprend qu'un époux, même quand il a eu des torts considérables, ne peut pas être condamné à rester éternellement marié sans l'être ; parce qu'on comprend qu'il puisse être admis à demander à l'époux qu'il a offensé, ou de lui pardonner ou de rompre complètement un lien qui n'est qu'une fiction légale.

« On peut admettre également que ce système est préférable dans l'intérêt du demandeur lui-même, parce qu'il serait inique de le frapper d'une déchéance absolue ; il peut avoir le légitime espoir que son conjoint reviendra à de meilleurs sentiments ; et, c'est dans ce but, qu'il a laissé une porte ouverte au pardon, et à la

réconciliation. Une femme hésitera souvent à prendre
contre son mari coupable le parti irrévocable du divorce,
car il y a des trésors d'indulgence dans le cœur des femmes. Pourquoi dans ce cas la frapper d'une déchéance
en lui interdisant de réclamer le divorce le jour où elle
est forcée de renoncer à toutes ses espérances.

« Nous pensons donc qu'il serait préférable d'adopter le système de la Chambre des députés, qui donne au
demandeur, comme au défendeur, le droit de demander
la conversion de la séparation de corps en divorce. »
(*J. off.*, 8 juin 1884, p. 1055, col. 1).

Cette question du demandeur et du défendeur, admis
tous deux à former une demande en conversion, est certainement l'une de celles qui ont donné lieu aux discussions les plus vives lors des travaux préparatoires. Elle
est en effet d'une importance capitale, et l'on comprend
l'embarras du législateur à opter pour l'un des trois systèmes qu'on lui avait signalés, en présence des arguments très sérieux fournis à l'appui de chacun d'eux,
MM. Lucien Brun, Jules Simon et Denormandie atta-
quaient vigoureusement le projet de l'article 310, comme
constituant une prime à la mauvaise foi et à l'immoralité du conjoint coupable. Et à ce titre ils en demandaient
le rejet. M. Lucien Brun voyait surtout la facilité trop
grande de divorcer produite par l'article 310. Il considérait que la conversion était un moyen trop simple pour
l'un des conjoints d'arriver au divorce. Ennemi du divorce, il ne pouvait point souscrire à une mesure qui y

menait presque directement. Les considérations morales
et religieuses qu'il faisait valoir sont absolument respec-
tables et justes, et nous y souscrivons pleinement pour
notre part. Mais nous n'avons point à en apprécier la
valeur, puisque nous nous sommes interdit toute discussion en dehors du point de droit. Il nous est permis de constater, dans notre ordre d'idées, que l'honorable sénateur n'a point démontré qu'une fois le divorce admis dans nos lois, il n'y avait point lieu en
législation de permettre la conversion. M. Jules Simon
apporte les mêmes arguments que M. Lucien Brun.
Mais, selon son expression même, « ils ne sont pas dé-
fendus au nom des mêmes principes ». Ils sont présentés au nom du principe de l'équité dans les jugements.
Sur ce terrain, nous pouvons et nous devons suivre
M. Jules Simon dans sa puissante argumentation. Pour
lui, la grande différence entre la séparation de corps et
le divorce, c'est le nouveau mariage, qui peut être contracté. Et il estime que l'époux qui répugne au divorce
et qui n'a demandé et voulu que la séparation de corps
sera condamné malgré lui, et sans qu'il puisse s'y opposer, à subir le divorce. Bien plus, le juge sera condamné
à le prononcer. Il ne sera plus juge, mais exécuteur. Et
la victime frappée, sans même avoir été entendue, sera
l'époux innocent, celui même que la loi devrait protéger.
La conversion telle que la veut l'article 310 va amener
forcément une solution qu'a répudiée par avance l'époux
demandeur à la séparation. Bien plus le juge de la sépa-

ration aura prononcé par avance le divorce. Et ce sera la loi seule qui va consacrer ce principe inique en vertu duquel on infligera le divorce à l'époux qui n'a donné son consentement qu'à la séparation de corps.

M. Jules Simon rapporte des confidences qu'il a reçues de divers époux séparés, qui protestent contre la rédaction impérative de l'article 310. Il cite le cas d'une mère qui a obtenu contre son mari la séparation de corps; et elle est à la veille de le voir invoquer l'article 310 pour convoler en secondes noces avec une femme perdue et déclassée. M. Jules Simon demande qu'en pareille circonstance, la protection que la mère de famille est impuissante à donner, ses enfants au moins la trouvent auprès du juge. Il veut que l'on ne condamne pas une personne sans l'avoir jugée, et qu'on ne fasse point ce déni de justice qui consiste à transformer la situation des personnes sans même l'avoir examinée.

Malgré cette éloquente argumentation de M. Jules Simon, le rapporteur de la loi a eu gain de cause sur le système qu'il proposait. Nous terminons cette question en remarquant que le raisonnement de M. Jules Simon semble ne pas avoir tenu compte du pouvoir discrétionnaire accordé aux tribunaux. Nous verrons plus tard comment ils en usent et dans quelle mesure ils l'appliquent; peu importe, qu'il nous suffise de retenir pour le moment que les inconvénients que l'on peut relever à propos de l'article 310 et que M. Jules Simon fait magistralement ressortir, sont palliés dans une large mesure par le pouvoir d'appréciation qui est donné au juge et qui lui confère le droit de rejeter une demande en conversion s'il estime que l'intérêt de l'époux et de la famille se trouverait compromis par elle.

Le Juge, en prononçant la séparation de corps, n'a donc point par avance prononcé le divorce. Il n'est donc point *condamné*, comme le dit M. Jules Simon, à le prononcer, ni l'époux innocent *condamné* à le subir. Car cette nécessité ne se produira que si le juge estime que l'équité la réclame. Le raisonnement de M. Jules Simon eût été très juste si l'ancienne disposition du Code civil qui *obligeait* le juge à convertir la séparation en divorce, avait été maintenue. Mais il devient contestable en présence de l'état actuel de notre législation.

Il y a donc là, quoi qu'on en ait dit, protection et respect pour les droits de l'époux offensé. Et en donnant satisfaction aux différents intérêts en présence ; il eût peut être été difficile, de les mieux concilier.

§ II. — *Héritiers* (1).

Il peut paraître surprenant de parler d'une action en divorce alors que le mariage est rompu par la mort de l'un des époux. Aussi n'y a-t-il aucun doute pour refuser aux héritiers le droit d'exercer une pareille action. Et ce-

______

(1) Nous ne parlerons point des créanciers, et encore moins des cessionnaires qui n'ont évidemment aucun droit à une action de ce genre.

pendant il faut reconnaître qu'ils peuvent trouver un grand intérêt à l'exercer.

Ce ne serait plus pour eux à proprement parler une action en conversion en divorce, mais une action spéciale basée sur l'intérêt pécuniaire seul, et tendant à faire appliquer à leur profit les déchéances de l'article 299.

En ce qui concerne les héritiers du défendeur, on ne voit guère l'intérêt qu'ils peuvent avoir à demander la conversion, car, avec la doctrine qui admet que les déchéances édictées par l'article 299 ne frappent pas l'époux séparé de corps, ses héritiers n'ont qu'à perdre à la conversion en divorce (art. 299). Ils perdront en effet, par elle, le bénéfice des libéralités et des avantages qui avaient été faits à leur auteur. Si, au contraire, comme nous l'admettons (1), les déchéances de l'article 299 s'appliquent aussi bien en matière de séparation de corps que de divorce, les héritiers n'ont aucun intérêt à voir la séparation de corps convertie en divorce (2).

Pour les héritiers du demandeur, il y a pour eux au contraire un réel intérêt à faire convertir la séparation de corps en divorce. D'abord si on admet que l'arti-

(1) Il n'est plus possible d'en douter depuis l'arrêt de la Cour de cassation, toutes chambres réunies du 23 mai 1845.

(2) Une certaine doctrine, à laquelle paraît se rallier la Cour de cassation, admet que le défendeur qui obtient la conversion peut faire prononcer contre le demandeur lui-même la déchéance de l'article 299, si depuis la séparation de corps, celui-ci a commis des faits de nature à engendrer le divorce. Il faudrait admettre en cette circonstance l'intérêt du défendeur à la conversion. Nous sommes opposés, quant à nous, à cette doctrine. La déchéance de l'article 299 est un accessoire du jugement de séparation de corps. Si on n'admet pas qu'il s'applique à la séparation, on ne peut admettre que l'on puisse obtenir l'accessoire sans le principal.

cle 299 ne s'applique point à la séparation de corps, il faut que le demandeur obtienne le divorce pour que son conjoint soit dépouillé des avantages qu'il lui avait faits.

De plus, au cas où l'époux est décédé sans héritiers, ses biens, aux termes de l'article 767, vont au conjoint non divorcé qui lui survit. Et d'après l'article 768, à défaut du conjoint survivant, la succession est acquise à l'État. Or l'État aurait intérêt à faire demander la conversion pour exclure le conjoint, et bénéficier de la disposition de l'article 768.

Aujourd'hui cet intérêt est encore plus considérable depuis la loi récente sur les droits du conjoint survivant et qui fait de celui-ci un véritable héritier (Loi du 26 mars 1891).

Donc, que les héritiers du demandeur aient intérêt à intenter la conversion, cela n'est pas douteux. Mais cet intérêt n'est point suffisant pour leur conférer un droit. A quoi tend en effet la conversion ? à dissoudre le mariage. Or il l'est déjà par la mort de l'un des époux.

La question se pose sous un aspect plus douteux, lorsqu'on se demande si les héritiers peuvent non plus *prendre l'initiative* d'une demande en conversion, mais *continuer* l'instance commencée par leur auteur. Et ici nous voyons apparaître un intérêt de plus, c'est pour eux la question des frais occasionnés par le début de l'instance. Il est vrai que l'on admet unanimement que les frais de la demande en conversion sont toujours à la charge

de l'ancien défendeur à l'action en séparation de corps.
Il semble par conséquent qu'il ne puisse point y avoir
de doutes sur la partie qui doit les supporter. Et cependant, on ne peut admettre que le défendeur soit dans ce
cas tenu de rembourser au demandeur les frais que ce
dernier a avancés, si un jugement ne vient l'y condamner. Nous nous demandons alors si le demandeur étant
mort avant qu'un jugement n'ait été rendu, nous admet-
trons les héritiers à l'obtenir pour que la question des
frais soit réglée à leur requête.

Et cet intérêt que peuvent avoir les héritiers à continuer une instance commencée par leur auteur a été si bien
compris par certains auteurs, qu'ils admettent que les
héritiers de la femme peuvent continuer l'instance en
séparation de biens, alors qu'ils ne pourraient point la
commencer (1) ?

La jurisprudence décide que l'héritier ne peut pas
plus continuer une instance que la commencer, car le
but dans les deux cas est la dissolution d'un lien qui est
déjà rompu par la mort de l'un des conjoints.

Sur la question spéciale des frais, la Cour de Cassation n'admettait point davantage que l'héritier pût intenter une action tendant à leur règlement, se basant
sur ce vrai principe que la demande étant éteinte pour le

______

(1) Colmet de Santerre, t. VI, n° 95. — Marcadé, t. VI, sur l'article 1446,
n° 2. — Laurent, *Principes*, t. 22, n° 200. — Aubry et Rau, 4ᵉ éd., § 516,
note 2, t. 5, p. 388. — Rodière et Pont, *Contrat de mariage*, t. III, n° 2117.
— V. *Contrà* : Bastia, 7 juillet 1869, § 72, 1, 260. — Sous Cass.

principal elle devait également l'être pour l'accessoire.

La loi du 18 avril 1886 a mis fin aux divergences qui se produisaient sur ce point et a consacré l'opinion de la jurisprudence. Le nouvel article 244, § 3 dit en effet : « L'action en divorce s'éteint également par le décès de l'un des époux survenu avant que le divorce soit devenu irrévocable par la transcription sur les registres de l'état civil ».

Cet article est très précis en ce qui concerne la question d'instance en divorce proprement dite. Mais il ne tranche pas la question des frais. Il résulte cependant de l'exposé des motifs qu'aucun doute n'est plus possible (1). (Exposé des motifs de M. Henri Brisson. Rousseau et Laisney, *Documents sur la loi de* 1886, p. 15. Un débat ne peut pas plus s'engager sur les dépens après la péremption de l'instance, qu'il ne peut se produire après l'extinction de cette instance par la mort de l'une des parties (2).

Si on admet que les déchéances de l'article 299 ne s'appliquent point à la séparation de corps, ne trouvons-nous point dans l'article 957 le moyen pour les héritiers du demandeur de faire tomber toutes les libéralités faites au conjoint défendeur contre qui a été prononcée la séparation de corps, et dont la conduite et l'éloignement sont les meilleures preuves d'ingratitude.

---

(1) Baudry, *Div.*, n° 30. — Depeiges, *Procéd. du divorce*, n°ˢ 22 et 38. — Frémont, *Div.*, n° 180 et suiv. — Carpentier, *Dev.*, n°ˢ 73 et 352. Et la loi de 1886, n° 25.

(2) Les frais resteront donc à la charge de l'époux qui les a avancés.

La Cour de Cassation ne l'admet point (Req., 29 décembre 1853). Malgré sa décision, nous persistons à croire que les héritiers peuvent user de la faculté que leur confère l'article 957. Il exige en effet deux choses : l'absence du pardon et le délai d'une année depuis la connaissance des faits d'ingratitude. Si nous les rencontrons réunis, nous ne voyons aucune raison de ne pas faire application de l'article 957 (1).

Si nous avons refusé aux héritiers le droit de continuer l'instance en conversion commencée par leur auteur, nous ne saurions leur dénier la faculté, le décès se produisant, une fois l'instance *terminée*, de faire exécuter le jugement.

Mais il s'agit de savoir à quel moment est terminée l'instance. Elle doit être considérée comme *terminée*, lorsque le divorce est prononcé. Or nous savons que la loi de 1884 confiait à l'officier de l'état civil le soin de rompre ce qu'il avait lié, en prononçant lui-même le divorce.

La loi de 1886 dispose que le divorce sera prononcé *par les juges* et que l'officier de l'état civil bornera son rôle à la transcription sur les registres de l'état civil du dispositif du jugement.

Le projet de loi permettait à l'héritier de faire opérer la transcription, et par conséquent de se prévaloir du divorce aussitôt après le jugement (2).

(1) Lyon-Caen, *Observations*. S. 74, 1, 287.
(2) V. Brisson, *Exposé des motifs*. Rousseau et Laisney, *Loi de* 1886, p. 16

Mais il ressort nettement de l'article 244, § 3, que si l'époux meurt avant la transcription, le jugement est considéré comme non avenu et par conséquent tous ses effets tombent avec lui. Car c'est par la transcription qu'il devient irrévocable. Donc, tant que la transcription du jugement n'est point opérée, on ne peut considérer le divorce comme prononcé, et par conséquent l'instance comme terminée. Voilà pourquoi il faut refuser à l'héritier le droit de s'en prévaloir.

Nous regrettons pour notre part cette rigueur de l'article 244, § 3, car, il est bien évident que le jugement lie l'officier de l'état civil qui est obligé de le transcrire, sans même avoir à demander aux époux s'ils persistent dans leur volonté de dissoudre le lien conjugal.

Il y a évidemment sur ce point une lacune grave dans la loi. Elle vient en effet dire d'un côté que le divorce est prononcé par le jugement, et d'un autre que ce n'est qu'après la transcription sur les registres de l'état civil que le divorce est définitif. Si la loi a voulu changer l'état de choses antérieur, c'est qu'elle a entendu donner au jugement la vertu de divorcer les époux. C'est donc que la transcription n'est plus qu'une simple formalité. Il est vraiment regrettable que cette formalité ait pour conséquence d'empêcher l'héritier de se prévaloir d'un état passé en force de chose jugée.

Section II. — De la capacité requise pour intenter une demande en conversion.

La capacité que la loi exige pour procéder à une demande de conversion de séparation de corps en divorce, est la même que pour intenter une action en séparation de corps ou en divorce. Car s'il y a des degrés dans la gravité de ces différentes actions, il n'en est pas moins vrai qu'elles relèvent toutes du même ordre moral, et qu'elles sont guidées par une idée commune qui est la nécessité de sortir plus ou moins complètement d'une union malheureuse. Leur but le plus immédiat est la cessation de la vie en commun. Et cette raison qui est vraie pour ces deux sortes d'actions suffit à justifier la mesure uniforme de capacité requise pour y procéder. Le motif même, qui a déterminé le législateur à prendre en cette matière certaines précautions vis-à-vis des incapables, fait que la protection qu'il y a lieu de leur accorder doit être la même, qu'ils soient demandeurs ou défendeurs. C'est en effet que la loi considère qu'ils ne sont point dans un état d'intelligence suffisamment développé pour figurer dans une instance aussi grave, de laquelle peuvent résulter certaines déchéances. La demande et la défense doivent donc à ce point de vue être traitées de la même façon (1).

(1) Il n'en est pas ainsi dans nombre de cas, où la loi, partant de ce principe que la demande est libre, tandis que la défense est subie, prend des me-

§ I. — *De la femme.*

L'article 216 du Code civil est le seul qui déroge expressément à cette règle que la femme ne peut recourir à l'autorisation de la justice pour ester en jugement qu'au cas où son mari lui refuse son autorisation. Il dispose que l'autorité du mari n'est point nécessaire lorsque la femme est poursuivie en matière criminelle ou de police. Nulle part ailleurs, dans les articles 218 et suivants, nous ne voyons que pareille faculté lui soit accordée. Beaucoup d'auteurs cependant décident que dans plusieurs cas, la femme n'aura pas à demander l'autorisation maritale. Ainsi en serait-il de la femme qui demande l'interdiction contre son mari. Elle pourrait agir sans être autorisée (V. Aubry et Rau, 4ᵉ édit., § 472, note 16, t. 5, p. 141), de même elle pourrait figurer seule dans l'action en nullité du mariage (V. Labbé, S. 78, 1, 193) (1).

Sans discuter ici la valeur de ces opinions, contentons-nous de remarquer qu'elles sont essentiellement logiques ; car il est étonnant d'obliger la femme à deman-

sures de protection beaucoup plus grandes, pour la première que pour la seconde. Ainsi en est-il aux articles 464 et 465. Au contraire pour la femme mariée, elle ne fait point de différence. (Voir les termes généraux de l'article 215. Aubry et Rau, 4ᵉ édit., § 472. Note 9, t. 5, p. 139). Demolombe, *Mariage*, tome II, nº 125.

(1) Voyez *contra*, Laurent, tome 3, nº 108.— Demolombe, *Mariage*, tome II, 126. — Aubry et Rau, note 101 (*loc. cit.*). — Demolombe, *Mariage*, tome II, 127. — Cassation civile, 18 mars 1877, S. 78, 1, 193.

der à son mari l'autorisation de plaider contre lui à quelque titre que ce soit. A défaut d'un texte précis, nous eûssions été très enclins à décider de même pour l'action en conversion. Mais le doute n'est plus possible en présence de l'article 238 § 4 (loi de 1886) qui dispose que par le fait de la seconde ordonnance du président, la femme est autorisée à faire toutes procédures pour la conservation de ses droits et à ester en justice jusqu'à la fin de l'instance et des opérations qui en sont les suites.

L'autorisation ne serait donc nécessaire que jusqu'à l'ordonnance du président. Or jusque-là, la procédure est insignifiante, et nous inclinons à croire que l'ordonnance du président ratifiera en quelque sorte l'initiative que la femme aura prise seule. Nous lui reconnaissons donc le droit de figurer seule dans une instance en divorce, en séparation de corps et en conversion.

§ II. — *Du mineur.*

Evidemment ici nous n'avons à faire qu'à des mineurs émancipés puisqu'il s'agit d'époux ; or quelle est la capacité du mineur émancipé en matière de question d'état? Aucun texte précis ne nous donne la solution. On a essayé d'arguer de la gravité de ces questions pour obliger le mineur émancipé à s'y faire assister de son curateur. Si déjà on l'exige pour des actions pécuniaires, comme le prescrit l'article 402, à plus forte raison sera-ce nécessaire pour des questions aussi graves que celles qui ont trait à l'état des personnes (Massol, *Séparation de corps*; p. 105).

C'est au contraire, à notre avis, le caractère *purement personnel* qu'il faut faire prévaloir en cette matière. L'assistance d'un curateur n'a rien à faire ici. Les qualités de bon administrateur ne seraient d'aucun secours en pareille matière, ce n'est point sa mission d'y figurer, et ce n'est assurément pas pour jouer ce rôle que la loi l'a placé auprès du mineur émancipé. On permet au mineur non émancipé de reconnaître un enfant naturel, pourquoi refuser à l'émancipé celui d'intenter une action relative à sa personne comme l'est une demande en conversion (1). Et d'ailleurs l'article 238, § 4 que nous citions plus haut pour la femme, ne fait, pour accorder à celle-ci la faculté de se passer d'autorisation, aucune distinction entre la femme mineure et la femme majeure. C'est donc reconnaître ce même droit à l'une qu'à l'autre. Or pourquoi le mari mineur serait-il plus incapable que sa femme ?

On pourrait cependant objecter à cet argument que c'est bien plus au mari qu'au curateur que la loi veut soustraire la femme, car c'est contre lui qu'elle plaide. Il en est autrement du curateur du mari qui garde toute son indépendance et son impartialité. C'est vrai, mais

____

(1) Valette, *Cours Cod. civ.*, p. 438. — Aubry et Rau, 4ᵉ édit., tom. VI, § 568, note 5, p. 157. — Demolombe, *Paternité et filiation*, nᵒˢ 387 et 388. — Req., 4 novembre 1835, S. 31.1.785.

il n'en est pas moins exact que puisque la loi a donné,
obligatoirement peut-être une certaine capacité à la
femme mineure, il serait anormal de ne point reconnaître la même au mari. Et d'ailleurs ce cas ne peut se présenter à moins de dispense d'âge, car le mari n'a pu se
marier qu'à l'âge de 18 ans, or le plus tôt qu'il puisse demander la conversion, c'est trois ans plus tard c'est-à-
dire, quand il sera majeur.

§ III. — *Des Interdits.*

1°. — Interdit judiciaire.

L'article 509 assimile l'interdit au mineur en ce qui
concerne sa personne et ses biens. Mais on est d'accord
pour reconnaître qu'il ne faut point assimiler les deux
incapables en ce qui concerne les actes moraux (1). Et,
en effet la cause d'incapacité n'est point la même chez le
mineur que chez l'interdit. Chez le premier c'est un état
qui n'est pas encore arrivé à son entier développement et qui a besoin du secours de quelqu'un de plus
éclairé et plus expérimenté que lui. Chez le second c'est
une obstruction des facultés intellectuelles, une déchéance
mentale que rien ne saurait relever, qu'aucun auxiliaire
ne peut compléter. Parfois, il se produira des intervalles lucides pendant lesquels l'interdit recouvrera la plé-

(1) Aubry et Rau, 4ᵉ édit., tome 1ᵉʳ, § 127, note 4, p. 523 ; t. VI, § 568, note 6,
p. 159. — Demolombe, *Minorité*, t. II, n°ˢ 627 et suivants, etc.

nitude de sa raison, avec toute sa capacité. Tantôt donc le tuteur sera insuffisant, tantôt il deviendra superflu. On voit combien est délicate à adoucir une loi uniforme réglant les attributions et les pouvoirs du tuteur en ce qui concerne ce que nous avons appelé *les actes purement moraux* au nombre desquels figurent nos actions de divorce, de séparation de corps et de conversion. Faut-il accorder au tuteur le droit d'agir ou réserver l'exercice de ces actes, à l'interdit seul, sauf pour lui à n'en user jamais, si jamais il n'a d'intervalles lucides, et à les considérer alors comme *impossibles* dans la circonstance qui nous occupe. Des doctrines diverses se sont produites sur ce point. Nous ne pouvons les exposer ici dans leur ensemble. Qu'il nous suffise de dire que nous nous rangeons à cette idée, que le caractère purement personnel des actions en divorce, en séparation de corps et en conversion s'incline devant la nécessité qu'il y a pour l'interdit à secouer définitivement un joug, qu'il serait inhumain de lui infliger pendant toute son existence. L'interdit est capable d'accomplir seul un acte moral pendant les intervalles lucides. Nous lui reconnaissons le droit de se marier, pendant un intervalle lucide, sans secours ni assistance. Il a alors pendant ce moment de raison toute la capacité nécessaire. Mais si l'on conçoit qu'un intervalle lucide donne le temps à l'interdit de se marier, il n'en sera pas de même pour une instance souvent longue à laquelle il doit figurer en personne et au cours de laquelle il y aura tout lieu de craindre des retours de folie qui en arrêteront nécessairement la marche. De là la nécessité de ne point le laisser seul à la tête d'une instance en conversion de séparation de corps. Il était cependant indispensable, en raison des motifs impérieux que nous avons fait valoir, de trouver le moyen de rompre le mariage de l'interdit ; car plus que personne il a besoin de soins et de repos ; il est donc d'autant plus urgent de lui faire quitter l'existence doublement malheureuse qu'il partage avec un conjoint indigne. Aussi fallait-il permettre au tuteur de le faire pour l'interdit et d'empêcher la continuation des scandales qui se déroulent peut-être devant cet époux inconscient et passif, « qui les regarde sans les voir, et les entend sans les comprendre. » C'est dans le même esprit que l'on a décidé que le tuteur de l'interdit pouvait intenter une action en désaveu de paternité. Il est trop injuste de permettre à une épouse infidèle de spéculer sur la démence de son mari, pour introduire impunément à son foyer les souvenirs vivants de ses amours adultères. Aussi faut-il puiser dans le rôle de protection de la morale et de la famille que la loi confie au tuteur le droit pour celui-ci de s'opposer à de pareils scandales. Que veut la loi ? protéger l'interdit. Triste protection que celle qui consisterait à le murer dans le mariage et à l'abandonner aux tyrannies d'un conjoint, sans vouloir jamais que comme les autres il pût s'en affranchir. De même si nous changeons les rôles, nous sommes amenés à cette solution que l'époux innocent sera retenu dans son action en divorce ou en séparation par la folie dont sera subitement atteint l'époux coupable.

La jurisprudence, touchée de ces considérations avait décidé que l'interdit pouvait être représenté par son tuteur (1) dans une instance en divorce. La loi du 18 avril 1886 est venu consacrer ce principe. Le projet qu'avait présenté le Gouvernement permettait même au tuteur d'intenter *seul* l'action. Le nouveau paragraphe 2 de l'article 307 édictant une mesure plus sage est ainsi conçu :

« Le tuteur de la personne judiciairement interdite, peut avec l'autorisation du conseil de famille, présenter la requête et suivre l'instance, en cas de séparation ».

Faudrait-il, comme l'ont proposé quelques auteurs, étendre cette disposition au subrogé tuteur (2)?

Oui, à notre avis lorsqu'il y aura opposition d'intérêts entre le tuteur et l'interdit, lorsque par exemple la tutelle de l'interdit sera confiée à son conjoint. Cette disposition recevra son application en matière d'action en divorce ou en séparation de corps. Mais en matière de conversion trouverons-nous de pareilles hypothèses, car si le mari est de plein droit le tuteur de sa femme interdite (art. 506) ce principe cesse d'être vrai quand il est intervenu une séparation de corps (3). Il faut alors sup-

----

(1) Cass. req., 11 novembre 1869, D. 70, 1, 1. — Frémont, p. 101. — Poulle, p. 136. — Aubry et Rau, 4e édit., t. 1er, § 113, note 1, p. 446. — Demolombe, *Minorité*, t. 1, no 529.

(2) Poulle, p. 137.

(3) Req., 25 novembre 1857, S. 58, 1, 289 ; Demolombe, *Minorité*, t. 2, nos 568 et 569. Aubry et Rau, 4e édit., t. 1, § 126, note 4, p. 519.

primer, pour appliquer notre principe, le cas où le conseil de famille aurait maintenu dans la tutelle le mari séparé de corps, et celui où la tutelle du mari interdit aurait été confiée à la femme (art. 507).

2º Interdit légal.

La loi de 1886 dans le nouvel article du Code civil 234, § 3 suppose : « qu'en cas d'interdiction légale résultant d'une condamnation, la requête à fin de divorce ne peut-être présentée, que sur la réquisition ou avec l'autorisation de l'interdit ».

Nous avons vu pour l'interdit judiciaire que son tuteur pouvait agir seul, mais avec l'autorisation du conseil de famille. Du consentement du principal intéressé, de l'interdit lui-même il n'en est point parlé. Ici au contraire le tuteur doit obtenir ce consentement (expression que nous n'hésitons pas à substituer à celle d'autorisation dont le sens est totalement dévié). De plus, il ressort bien du texte que le tuteur ne peut se refuser à agir quand il en est *requis* par l'interdit. On voit donc combien est plus large la part d'initiative laissée à l'interdit légal, et elle se conçoit fort bien, si l'on remarque que la cause d'incapacité, n'est point chez lui une infériorité plus ou moins grave des facultés mentales, mais une pure déchéance prononcée à titre de peine accessoire.

Et il faudrait, pensons-nous, décider que si le tuteur se refusait à intenter l'action au nom de l'interdit, celui-ci n'ayant pas les moyens de vaincre sa résistance, serait admis à l'intenter lui-même (1).

Admettrons-nous enfin, comme nous l'avons fait pour l'interdit judiciaire, que lorsque l'interdit légal est défendeur, c'est encore son tuteur qui seul peut agir ?

Non, car si l'incapacité du premier s'applique aussi bien à la demande qu'à la défense, il n'en est plus de même pour la déchéance qui frappe le second. La raison de protection est différente ; c'est une déchéance infligée à l'incapable. Or une déchéance ne saurait s'opposer à l'exercice de l'action d'un tiers contre lui. Le droit sacré de la défense reprend donc tout son empire, et permet à l'interdit légal d'y figurer seul s'il ne peut vaincre la résistance de son tuteur. La défense étant de droit naturel, le défendeur ne peut repousser l'instance.

3o Personne pourvue d'un conseil judiciaire.

La raison d'être du conseil judiciaire est la protection du patrimoine. C'est à lui seul que la prodigalité peut nuire. De plus elle ne dérive point d'une infirmité intellectuelle. Si l'individu que la loi veut protéger a le sens moral émoussé au point de semer à plaisir les lambeaux de son patrimoine, il ne s'en suit pas que ses facultés mentales soient atteintes, et qu'il ne soit sain d'esprit. Nous ne voyons aucune raison pour l'obliger à recourir

(1) Carpentier, *Loi de* 1886, n° 40.

à l'assistance de son conseil judiciaire pour intenter
l'une des actions essentiellement attachées à la personne
dont nous nous occupons ici (1). Cependant la théorie
contraire qui compte la grande majorité des auteurs
invoque la différence de rédaction, intentionnelle à son
point de vue, qui existe entre l'article 482 relatif au mineur émancipé, et l'article 513 qui se réfère à la personne
pourvue d'un conseil judiciaire.

L'article 482 dit que : « le mineur émancipé ne pourra
intenter une action immobilière ni y défendre, même recevoir et donner décharge d'un capital mobilier, sans
l'assistance de son curateur qui, en ce dernier cas, sur-
veillera l'emploi du capital reçu ». Au contraire l'article
513 s'exprime ainsi. « Il peut être défendu aux prodigues de plaider, de transiger, d'emprunter, de recevoir
un capital immobilier et d'en donner décharge... (2) »

Il ressort donc de ces deux textes que le prodigue peut
être dans l'impossibilité de *plaider*. Et cette règle est *générale*. Elle s'applique aussi bien aux actions revêtant,
comme la conversion, un caractère personnel, qu'à toute
autre action. Le mineur, au contraire, qui peut faire,
tout ce que la loi ne lui défend pas, est capable de for-

(1) M. Laurent a proposé cette solution en ce qui concerne la reconnaissance d'un enfant naturel (t. IV, n° 37).

(2) Aussi est-il généralement admis que l'interdiction pour le prodigue de
plaider sans l'assistance de son conseil s'applique à l'instance en divorce, qu'il
soit demandeur ou défendeur. (Aubry et Rau, § 140, 3°. — Demolombe, VIII,
723. — Laurent, V, 361. — Amiens, 9 juillet 1873 (S. 1873, II, 259). —V. Toulouse, 11 août 1884.)

mer sans son curateur, une demande de séparation de
corps en divorce. Et lorsque le conseil judiciaire refuse
de l'assister, il appartient aux tribunaux d'apprécier si
le refus d'assistance est arbitraire et abusif, ou légitime
et bien fondé. Il n'y a d'ailleurs pas de doute sur cette
faculté laissée aux tribunaux. Elle s'induit à n'en pas
douter des mots de l'article 513. « Il *peut être* défendu
aux prodigues de plaider (1) ».

Deux décisions importantes sont à signaler : d'abord
un jugement du tribunal de la Seine du 6 janvier 1888,
qui était intervenu sur les faits suivants : M. de C. avait
demandé la nomination d'un conseil judiciaire *ad hoc*
en raison de ce que M. R. son conseil judiciaire refusait de l'assister dans une instance de conversion qu'il
se proposait de former contre sa femme. Le jugement
du Tribunal de la Seine est venu le débouter de sa
demande en motivant ainsi sa solution : « Attendu
que les termes de l'article 513 (Code civil) sont généraux et absolus ; qu'il en résulte que le prodigue ne
peut *plaider* sans l'assistance de son conseil, *quelle que
soit la nature du droit qu'il prétend revendiquer en justice*,
alors même qu'il s'agit comme dans l'espèce d'un droit
plus *spécialement attaché à la personne* et non d'intérêts
purement pécuniaires ; qu'en cas de désaccord entre le
prodigue et son conseil, sur l'opportunité de l'action à
introduire, il appartient aux tribunaux de décider si le

____

(1) Tribunal Lille, 17 novembre 1882.

refus de l'assistance est arbitraire ou abusif; ou, au contraire, s'il est fondé et légitime; attendu d'ailleurs que le
jugement de séparation de corps rendu entre les époux
de C... a été prononcé aux torts du mari ; que l'issue de
l'action de celui-ci à fin de conversion peut être considérée comme douteuse et entraînerait peut-être sa condamnation aux dépens, déclare M. P. de C... mal fondé
en sa demande, et l'en déboute. ».

Voilà donc une décision qui prive la personne pourvue d'un conseil judiciaire du droit d'intenter une demande de conversion, parce que: 1° le conseil judiciaire
n'a pas voulu l'assister ; 2° le tribunal, usant du pouvoir que lui confère l'article 513, n'a pas jugé à propos
de l'accorder. Le pourvu d'un conseil judiciaire ne peut
donc passer outre.

Voyons l'autre décision :

Les faits sont les mêmes que plus haut. Refus du conseil judiciaire d'assister, demande d'un curateur *ad hoc*
formée par l'intéressé.

Le Tribunal de la Seine, le 22 novembre 1889, jugeait
ainsi : « Attendu que les *termes de l'article 514 sont généraux et absolus*, que l'incapacité de plaider édictée par
cet article s'applique indistinctement à toutes les instances, aussi bien à celles qui touchent plus particulièrement à la personne des prodigues qu'à celles
qui concernent seulement les intérêts pécuniaires ;
qu'il appartient aux Tribunaux de statuer sur ce point ;
attendu que M. de S. ne justifie d'aucun intérêt sé-

rieux pour introduire une demande en conversion ; que
son grand âge doit faire exclure raisonnablement la possibilité d'un nouveau mariage de sa part, et qu'un projet semblable, s'il existait, serait de nature à alarmer légitimement sa famille ; attendu, dans ces conditions, que
l'issue de l'instance doit être considérée comme très
douteuse, et qu'il serait exposé à une condamnation en
tous les dépens ; qu'ainsi, à tous les points de vue, l'instance qu'il se propose d'introduire apparaît comme ma-
nifestement contraire à ses véritables intérêts ; que par
suite la résistance de son conseil est bien fondée ; déclare M. de S. mal fondé en sa demande et l'en déboute. »

Nous insistons sur les considérants de ce jugement
qui ont une grande importance, car ils sont la cause du
sort qu'il a subi en appel. En effet la Cour de Paris,
(1ʳᵉ chambre sous la présidence de M. Périvier) sur le
remarquable réquisitoire de M. l'avocat général Bloch,
a, par un arrêt du 25 mars 1890, déclaré qu'il n'apparte-
nait point au Tribunal saisi d'une demande de nomination d'un curateur *ad hoc* de la refuser, en alléguant que
l'instance en conversion est préjudiciable à l'intéressé,
ou qu'elle est de sa part légitime et bien fondée. Cette
appréciation échappe à leur compétence ; l'examen en
étant exclusivement réservé aux juges qui seront saisis
de la demande de conversion.

De cet arrêt, il ressort qu'il n'appartient pas du tout
aux juges, comme le prétendent les deux jugements que

nous avons rapportés plus haut, de statuer sur le bien fondé de la demande de nomination d'un curateur *ad hoc*. Ils sont *obligés* de le nommer si le conseil judiciaire a refusé son assistance. Que faut-il en conclure, sinon que, s'il est vrai que la personne pourvue d'un conseil judiciaire ne peut point *plaider* en conversion sans l'assistance de son conseil judiciaire, elle peut passer outre à son refus et ne point en tenir compte, le tribunal étant obligé de lui nommer un conseil judiciaire d'office. Ce dernier ne peut donc s'opposer à une instance en conversion de sa part. Il n'est point admis à venir empêcher le prodigue de former sa demande en conversion. Il n'a point qualité pour apprécier la légitimité d'une question aussi personnelle. Seul le prodigue est maître de son action. Une simple formalité pour lui consiste dans la nécessité de réquérir du tribunal un conseil *ad hoc*.

Cet arrêt de Paris donne en somme raison à notre théorie qui écarte la nécessité de l'autorisation du conseil judiciaire dans les questions exclusivement attachées à la personne, puisque le rôle du conseil *ad hoc* sera purement passif, impliquant par là même que c'est le prodigue qui a décidé et intenté, et que c'est lui qui agit sur sa propre initiative.

Il nous faut cependant reconnaître que nous venons de raisonner dans l'hypothèse fréquente où il s'agit d'un prodigue, mais que cependant un conseil judiciaire peut être donné à un individu faible d'esprit, et qui par conséquent ne serait pas tout à fait apte à se rendre compte de la gravité des actes moraux qu'il a à accomplir.

On peut répondre à cette objection que l'on reconnaît au *mineur émancipé* le droit d'intenter seul l'une de nos actions. Or, à part quelques légères différences (art. 718), la situation de ce dernier est la même que celle du faible d'esprit. Et rien ne nous autorise à établir une aussi profonde différence entre deux situations presque assimilables. Aussi, dans le silence de la loi de 1886 à l'égard de l'individu pourvu d'un conseil judiciaire, nous croyons que les principes conduisent à lui permettre d'intenter seul une action en divorce, en séparation, ou en conversion.

CHAPITRE III

Section Iʳᵉ. — Application de l'article 310.

L'article 310 dispose que lorsque la séparation de corps aura duré trois ans, le jugement pourra être converti en jugement de divorce, sur la demande formée par l'un des époux.

Trois conditions sont donc exigées. Il faut d'abord qu'une séparation de corps ait été prononcée, ensuite qu'elle ait duré trois ans, et enfin que les tribunaux reconnaissent qu'il y a lieu de prononcer la conversion.

Examinons chacune de ces trois conditions.

§ I. — *Séparation.*

La séparation de corps doit être régulière, c'est-à-dire qu'elle doit avoir été prononcée par *un jugement*. Une séparation de fait intervenue du commun accord des époux serait toujours, quelle qu'en ait été sa durée, impuissante à former la cause d'une demande en conversion. Elle servira tout simplement, le cas échéant, à for-

tifier les griefs invoqués par le demandeur en divorce ;
car c'est là la seule voie qui lui soit ouverte (1).

De plus le jugement qui a prononcé la séparation de
corps doit être *devenu définitif*.

Ainsi un jugement de séparation de corps ne pourrait
servir de base à une conversion en divorce s'il n'a pas
été signifié à la partie adverse (Tribunal d'Amiens,
3 janvier 1885 ; Douai, 4 décembre 1888) ; sans cette formalité il ne serait point considéré comme définitif. Et
l'on ne serait point reçu à soutenir que le vœu de la loi
est rempli par cela seul qu'on a fait tout son possible
pour rendre le jugement définitif.

Pour le succès d'une demande en conversion, il faut,
bien entendu, que la séparation judiciaire ne soit point
devenue sans effet. Deux hypothèses peuvent se présenter où il en serait ainsi : d'abord celle, où un jugement
de séparation ayant été rendu par défaut n'a pas été exécuté dans les délais déterminés par le Code de procédure.
Il est alors considéré comme non avenu (2).

Il en serait aussi de même au cas où une réconciliation
serait intervenue, soit avant l'instance en conversion,
soit, *à fortiori*, au cours de l'instance (arg. de l'art. 244,
Loi du 18 avril 1886) (3).

---

(1) Amiens, 3 janvier 1885 (*Gaz. Pal.*, 85,1,493) ; Paris, 12 août 1885 (*Gaz.
Pal.*, 1885,2,640) ; Trib. Beaune, 4 août 1887 ; Douai, 4 décembre 1888 (*Gaz.
Pal.*, 17 mars 1889).

(2) Tribunal Seine, 29 août 1884 (S. 85,2,221).

(3) Article 244. — « L'action en divorce s'éteint par la réconciliation des
époux survenue soit depuis les faits allégués pour la demande, soit au cours

Inutile de dire que la réconciliation serait dépourvue d'effets, si elle intervenait quand le jugement prononçant le divorce est devenu définitif par la transcription sur les registres de l'état civil (1).

Comment se manifestera cette réconciliation et quand devra-t-elle être tenue pour certaine. Ce sont là de pures questions de fait que le juge aura à trancher après s'être entouré de tous les moyens permis pour se rendre compte du caractère et de la sincérité du rapprochement des deux époux ; mission parfois très délicate, où le tact et l'expérience du cœur humain seront les meilleurs guides. S'il ne peut s'en tenir qu'aux apparences il devra au moins exiger que l'époux ait eu connaissance des faits et qu'il ait *manifesté l'intention* de les pardonner (2).

Ajoutons enfin un cas tout spécial où la séparation de corps régulière sera impuissante à servir de cause à une conversion : c'est lorsqu'elle interviendra entre époux remariés après s'être divorcés. La loi leur défendant un nouveau divorce ne peut leur permettre de prendre la voie détournée de la conversion.

de cette demande. Cette règle doit évidemment être transportée à la matière de conversion. »

Aubry et Rau, 5ᵉ éd., p. 210, § 496-4.

Boistard, *Revue pratique*, t. VIII, p. 344. — Massol, page 347, note 1.

Contra : Arrêt de la Cour de Paris du 5 avril 1859 décidant que la réconciliation ne fait pas cesser la séparation de corps.

(1) Nantes. 14 janvier 1883.

(2) Tribunal Seine, 7 avril 1874. Demol. 1876, 1, 465.

V. Laurent, t. 3, p. 279. Demolombe, *Mariage*, II, 405.

§ II. — *Délai.*

Le délai de trois ans imparti par l'article 310 est le même que celui qui était exigé par le Code civil. Il fallait qu'un certain temps s'écoulât entre le jugement de séparation de corps et la demande en conversion, pour que le vœu de la loi fût rempli. Elle veut en effet que les époux aient le temps de réfléchir et de se calmer avant d'intenter une action en divorce. La loi compte sur le temps pour ramener au foyer conjugal les époux qui s'en étaient éloignés avec une précipitation irréfléchie et qu'ils ne tardent point souvent à déplorer tous les deux. Elle estime qu'il ne faut point priver trop vite l'époux innocent du secret espoir qui lui reste de voir revenir près de lui l'infidèle ; qu'il ne faut point lui enlever, par trop de précipitation, l'occasion de pardonner et de reprendre la vie commune. Les trois années que doit durer la séparation sont un temps d'épreuve et d'expérience. Elles constituent une garantie contre une folle détermination de la part des époux. Combien d'entre eux, poussés par la colère et le ressentiment, iraient droit au divorce, si la loi n'avait pris soin de ménager sur leur course l'étape plus douce de la séparation de corps. Elle les mène ainsi à une solution qui n'est pas définitive et qui laisse entr'ouverte la voie du retour. Et lorsqu'après un certain temps elle aura reconnu que toute chance de réconciliation est perdue, elle permettra à ces deux irréconciliables de recourir à la mesure définitive du divorce.

Point de départ du délai.

Ce délai de trois ans (1) commence à courir, non pas du jour du jugement de séparation de corps, mais seulement du jour où ce jugement est devenu irrévocable (2). Si le jugement de séparation a été rendu par défaut, il ne sera définitif que lorsque les délais d'opposition seront épuisés. S'il n'y a pas eu opposition, mais exécution, les délais d'appel commenceront à courir (3) : s'il y a opposition il faudra un second jugement. Et ce jugement sera soumis aux voies de recours, d'appel et de cassation; par conséquent il ne sera définitif qu'après l'expiration de ce délai de recours. Si le jugement a été rendu contradictoirement, il ne deviendra définitif qu'après l'expiration des délais d'appel. C'est donc après l'expiration du délai d'appel, ou après la prononciation par la Cour d'appel, que la séparation devient définitive. Ni le pourvoi en cassation, ni la requête civile n'y mettent obstacle.

(1) Dans le calcul d'un délai, le jour où l'événement qui en est le point de départ s'est produit ne doit pas être compté dans le terme (Aubry et Rau, 4ᵉ édit. t. 1, § 49, note 15, p. 166. — Cass. 20 janvier 1863, S. 63, 1, 11 ; mais le jour de l'expiration doit y être compris (Aubry et Rau, *loc. cit.*, note 17, p. 165). C'est la règle romaine *dies a quo non computatur in termino* ; *dies ad quem in termino.*

(2) Trib. Seine, 31 décembre 1884 (*Gaz. Palais*, 85, 1, 165) ; Trib. Beauvais (*Gaz. Palais*, 24 et 25 août 1884).

(3) Trib. Seine, 29 août 1884, S. 85, 2, 22 ; Trib. Melun, 13 mai 1885; Paris, 12 août 1885. (*Gaz. Palais*, 1885, 2, 640).

Le pourvoi en cassation, à la différence de ce qui a lieu en matière de divorce (Code civ. 248), n'est pas suspensif (V. Bordeaux, 17 messidor an XIII. Demolombe, *Tr. du mariage et de la séparation de corps*, t. II, n° 492. Massol, *De la séparation de corps*, 2° édit., t. 1er, n° 454. Code civil annoté par Fuzier-Hermann, art. 263, n° 1). Il en résulte que l'arrêt malgré l'éventualité d'un pourvoi en cassation est définitif à compter du jour où il a été rendu ; et que, dès lors, sa date doit servir de point de départ au délai de la conversion (Voir en ce sens Carpentier, *Loi du 18 avril 1886 et la jurisprudence en matière de divorce*, n° 197).

La jurisprudence est sur ce point très divisée. Plusieurs décisions ont admis la solution que nous venons de donner, et ne veulent voir commencer la séparation de corps qu'au moment où le jugement qui l'a prononcée est irrévocable et n'est plus susceptible d'un recours au second degré (1).

C'est ainsi que l'a décidé un arrêt de la Cour de Douai du 22 avril 1891 (S. 91, 2, 245).

« Attendu que ce délai court seulement du jour ou le jugement devenu définitif n'est plus susceptible d'aucun recours au second degré de juridiction ; que le délai doit donc être expiré avant que le premier acte de procédure en conversion, c'est-à-dire la requête, puisse se produire ; attendu que la loi du 20 avril 1886 n'a pas

---

(1) Trib. Seine, 31 décembre 84 (*Gaz. Palais*, 85, 1, 165.) ; Trib. Beauvais (*Gaz. du Palais*, 24 et 25 août 84).

interdit la faculté d'acquiescer au jugement qui prononce la séparation de corps ; qu'elle déclare, il est vrai, (art. 249, Code civil) que le jugement ou l'arrêt qui prononce le divorce n'est pas susceptible d'acquiescement ; mais, attendu que la loi dispose spécialement en matière de divorce et que sa disposition restrictive du droit commun ne doit pas être étendue par analogie du divorce à la séparation de corps (1) ».

Il ressort donc deux choses de cet arrêt : d'abord que c'est du jour de l'expiration des délais d'appel que commence à courir le délai de trois ans ; de plus, que si le défendeur a acquiescé au jugement de séparation de corps, son acquiescement étant valable, c'est du jour où il a eu lieu que le délai de trois ans a commencé à courir.

Un arrêt de la Cour de Bourges du 3 octobre 1890, rapporté dans le journal « la Loi » du 7 novembre 1890, admet la doctrine opposée et décide que le jugement de séparation de corps, *non frappé d'appel dans le délai légal*, ayant toujours eu l'autorité de la chose jugée, ses effets remontent au jour de sa prononciation. En conséquence c'est du jour de cette prononciation que court le délai de trois ans pour l'introduction de la demande de conversion en divorce.

La Cour de cassation semble ne point admettre cette dernière opinion et exiger même que le point de départ

(1) Cette solution est d'ailleurs conforme à la jurisprudence antérieure à la loi du divorce.

Aix 14 décembre 1837 (S. 38, 2, 290). Cass. 21 août 1838 (S. 38, 1, 688). Pau, 7 janvier 1851 (S. 52, 2, 36. Nancy, 22 juillet 1876 (S. 78, 2, 103).

soit reporté au jour où le jugement est exécuté (arrêt
du 28 novembre 1887, cassant un arrêt par lequel la
Cour d'Aix (5 mars 1885) avait fixé le point de départ
du délai à l'arrêt rendu par la Cour d'appel).

L'arrêt de la Cour de cassation se base sur les motifs
suivants :

La disposition de l'article 310, aux termes de laquelle,
lorsque la séparation de corps aura duré trois ans, le
jugement de séparation pourra être converti en jugement de divorce, et la disposition de l'article 4 de la loi
du 27 juillet 1884 (reproduite par l'article 6 de la loi du
18 avril 1886), d'après laquelle, pourront être convertis
en jugement de divorce, comme il est dit à l'article 310,
les jugements de séparation de corps devenus définitifs
avant la promulgation de la présente loi, doivent être
entendus en ce sens que le point de départ du délai de
trois ans doit être placé, non au *jour du jugement prononçant la séparation*, mais au jour où ce jugement n'est
plus susceptible d'aucun recours au second degré de
juridiction (C. civ., article 310, lois des 27 juillet 1884 et
18 avril 1886). Ainsi lorsque le jugement de séparation
de corps *a été volontairement* exécuté par les parties qui
ont concouru à un acte de liquidation de la communauté dissoute, le point de départ du délai doit être fixé non
à la date du jugement, mais à la date de l'acte authentique constatant l'exécution de la séparation (1).

Vainement il serait allégué qu'antérieurement à cet

(1) Considération d'espèce que nous examinerons plus loin.

acte de liquidation le jugement était devenu définitif par l'expiration du délai de deux mois depuis sa signification, si l'arrêt attaqué ne mentionne ni ces circonstances ni les documents sur lesquels s'appuie cette allégation et qui sont produits pour la première fois devant la Cour de cassation (1).

Cet arrêt commence par assimiler les séparations antérieures à la loi du 18 avril 1886 à celles prononcées après la promulgation de cette loi (V. en ce sens Carpentier, *Tr. théor. et prat. du divorce et de la séparation de corps*, n° 401, p. 312. La loi du 18 avril 1886 et la jurisprudence en matière de divorce, n° 197). Poulle, p. 200. Trib. Seine, 16 août 1884 et Trib. Versailles, 28 août 1884 (S. 1885, 2, 20. S. 1885, 1, 110).

C'est même pour éviter toute difficulté sur ce point que ces mots « devenus définitifs après trois ans » qui n'étaient point contenus dans la disposition analogue de l'article 4 § 3 de la loi du 27 juillet 1884, ont été ajoutés à ce paragraphe (V. le rapport de M. Labiche au Sénat. — Sirey, lois annotées de 1886, p. 58, note 42) (2).

Tous les auteurs sont d'accord sur ce point, et l'assi-

______

(1) V. dans ce sens Coulon, *Du div. et de la sépar. de corps*, t. III, p. 481.

(2) Contre cette théorie V. Vraye et Gode, *Le div. et la sép. de corps*, 2ᵉ édit., t. I, n° 467 et t. II, n° 886. — Ces auteurs pensent que la solution doit être différente dans les deux cas. A l'appui de leur opinion ils invoquent un argument de texte constituant en une différence de rédaction entre l'article 310 (loi du 27 juillet 1884) et l'art. 16 de la loi du 18 avril 1886 (ajoutez ce qui est dit en note sous l'arrêt rapporté dans Sirey 1890, 1, 113). Cette opinion ne compte guère de partisans. L'unanimité des auteurs admettent que le délai court du jour où le jugement est devenu définitif sans distinction. — V. cependant l'arrêt de Bourges précité.

milation de ces deux situations étant admise, il ne nous reste plus qu'à trancher la question de savoir quel est le point de départ de ce délai de trois ans, c'est-à-dire le moment à partir duquel il faut considérer le jugement de séparation de corps comme définitif.

Or, d'un côté, un arrêt de la Cour de Douai du 22 avril 1891, qui se fait l'organe de son opinion, place ce point de départ au jour où le jugement n'est plus susceptible d'aucun recours. D'un autre côté, un arrêt de la Cour de Bourges du 3 novembre 1890 décide que s'il n'y a pas eu appel le point de départ est celui de la prononciation du jugement. Enfin d'un troisième côté la Cour de cassation, nous l'avons vu, semble introduire une nouvelle manière d'envisager les choses, en faisant remonter le point de départ au jour où le jugement de séparation de corps a été exécuté.

Laquelle de ces trois théories allons-nous choisir ?

Nous nous rangeons avec la majorité des auteurs du côté de la jurisprudence de la Cour de Douai et nous adoptons ce principe que le point de départ du délai commence à courir du jour où le jugement n'est plus susceptible d'aucun recours. La jurisprudence antérieure à la loi de 1884 a toujours considéré que lorsque la loi emploie les mots « jugements devenus définitifs », elle veut dire que les jugements doivent ne plus être susceptibles d'aucun recours (V. *Supra* : arrêts cités en ce sens).

Quant à la doctrine de la Cour de cassation, c'est à

tort que l'on a voulu y voir le jour de l'exécution du jugement comme étant le point de départ du délai de trois ans (1). La Cour de cassation a admis notre principe, et l'élément nouveau qu'elle a introduit dans l'arrêt que nous avons cité n'est basé que *sur une considération d'espèce*. En effet, il s'agissait dans l'hypothèse qu'elle visait d'une séparation de corps qui avait été suivie d'un acte de liquidation de communauté dissoute. La question était de savoir si un acte de cette nature, constatant l'exécution d'un jugement de séparation et constituant un véritable acquiescement de la part des époux, devait servir de point de départ au délai requis pour la conversion (2), *lorsqu'il n'est pas établi que la signification a été faite ou que les délais d'appel ont couru*. La Cour de cassation a alors décidé *qu'à défaut d'autres circonstances dont il n'était pas justifié*, cet acte d'exécution avait donné au jugement de séparation un caractère définitif; mais elle n'a jamais entendu dire que malgré l'échéance des deux mois sans appel, le jugement ne serait définitif qu'au jour d'un acte d'exécution, et que ce serait à sa date que remonterait le point de départ du délai de trois ans (3).

(1) Moraël, *Traité théorique et pratique de la conversion et de la séparation de corps en divorce*, n° 139.

(2) L'acquiescement est d'ailleurs admis en pareille matière. — V. considérants de la Cour de Douai. — V. Nancy, 22 juillet 1896 (S. 1878, 1, 103). — Nancy, 17 janvier 1891 (S. 1892).

V. Code civil, annoté par M. Fuzier Hermann, sous l'article 307, n° 109 ; V. Cassation, 28 décembre 1891 (*Journal du Palais*, 1892, 1, 120).

(3) *Contra*, V. Coulon, *Traité du divorce et de la séparation de corps*, t. III, p. 481.

La Cour de cassation a donc, en allant au fond des choses, consacré la doctrine de la Cour de Douai à laquelle nous nous rallions et que nous adoptons à la suite de la grande majorité des auteurs.

Ce délai, pour être efficace, doit nécessairement ne pas être interrompu par une réconciliation des époux, car le jugement de séparation de corps tomberait alors avec tous ses effets. Et quand même l'état de séparation reprendrait ensuite son cours il serait impuissant à servir de cause à une demande en conversion.

A quelle époque les trois ans doivent-ils être révolus ?

C'est évidemment au moment de la demande en conversion. Et, bien que les termes de l'article 310, « le jugement de séparation pourra être converti en *jugement* de divorce », puissent en faire douter, il ne faut pas hésiter sur ce point. C'est toujours au jour de la demande que s'apprécient les conditions de recevabilité. Et d'ailleurs l'ancien article 310, que les travaux préparatoires n'ont point eu pour but de modifier sur ce point, porte que « lorsque la séparation aura duré trois ans, l'époux *pourra demander la conversion* ». C'est aussi pleinement l'esprit de la loi qui impartit ce délai de trois ans pour donner aux époux le temps de réfléchir avant de se décider à commencer l'instance. C'est donc bien *au jour de la demande* que doivent être échus les trois ans et non point au jour du jugement.

La Cour de cassation dans son arrêt du 28 novembre 1887 a condamné la doctrine de la Cour d'Aix en cassant

la décision qu'elle avait rendue. Cette dernière semblait
avoir admis dans ses motifs qu'il suffisait que les trois
ans fussent accomplis au jour du jugement de conversion, soit même à la date de l'arrêt intervenant sur l'appel. « V. Carpentier, n° 401, p. 312. Vraye et Gode, 2ᵉ
édit., t. I, n° 469 (1).

Nous avons vu jusqu'ici les conditions exigées par
l'article 310. Nous avons vu que la seule condition par
lui requise pour arriver à la conversion était le fait de
la séparation ayant duré trois ans. Donc il n'est nullement besoin que des faits nouveaux se soient produits.

L'ancien article 310, nous le savons, faisait également
de la séparation de corps une cause de divorce : « Lorsque la séparation de corps, disait-il, prononcée pour
toute autre cause que l'adultère de la femme aura duré
trois ans, l'époux qui était originairement défendeur
pourra demander le divorce au tribunal *qui l'admettra*,
si le demandeur originaire, présent ou dûment appelé,

---

(1) Nous considérons l'action en conversion comme imprescriptible, comme
toutes les actions essentiellement attachées à la personne, et par conséquent
en dehors de l'article 2262 C. c. — Si la loi avait voulu qu'il en fût autrement
elle n'eût pas manqué de s'en expliquer formellement. La reconnaissance
d'un enfant naturel est imprescriptible. — V. Aubry et Rau, 4ᵉ édit., t. VI,
§ 568 *ter*, note 35, p. 181. — Demolombe, *Paternité et filiation*, n° 452. —
Laurent, t. IV, n° 70. — Douai, 21 décembre 1885. — De même l'action en
contestation d'état. (Aubry et Rau, 4ᵉ édit., t. VI, § 544 *bis*, note 15, p. 21. —
Demolombe, *Paternité et filiation*, nᵒˢ 328 et 329. — Laurent, t. III, n° 463.
— Paris, 9 juillet 1885. (S. 86, 2, 61.) Il faut d'ailleurs reconnaître que la
question est totalement dépourvue d'intérêt. L'article 2253 empêche en effet
la prescription de courir entre époux. Et la séparation ne fait pas cesser son
application. — (Aubry et Rau, t. II, § 214, note 19, p. 341. — Marcadé,
t. XII. Sur les articles 2252 et suiv., n° 44). De toute façon elle serait donc
suspendue pendant le mariage, c'est-à-dire justement pendant la période de
temps où l'on pourrait invoquer.

M. 12

ne consent pas immédiatement à faire cesser la séparation ».

Le nouvel article 310 a donc modifié l'ancien en ce
que : 1° ces mots « pour toute autre cause que l'adultère
de la femme » ont été supprimés.

2° C'est aussi bien le demandeur que le défendeur
qui peut aujourd'hui demander la conversion.

3° Le tribunal n'est plus *obligé* d'admettre la conversion. La loi de 1884 lui a conféré sur ce point un large
pouvoir d'appréciation.

4° Il n'est plus lié par ce fait que le défendeur offre
de reprendre la vie commune (1). Cette idée n'est que la
conséquence de la précédente à laquelle nous la ratta-
chons.

Examinons ces différentes innovations : Et d'abord,
pour ce qui concerne l'adultère il eut fallu, pour maintenir la disposition de l'ancien article 310, l'étendre à
l'adultère du mari ; car les deux sont aujourd'hui mis
sur le même pied par la loi du divorce (art. 229, 230,
C. civ.). Reste la question de savoir si le législateur de
1884 a eu raison de supprimer cette fin de non-recevoir.
Nous pensons, pour notre part, qu'il a bien fait, car le
pouvoir discrétionnaire dont le juge est investi doit lui
permettre de repousser une demande en conversion
aussi bien lorsqu'il y a eu adultère que dans tout autre
cas. On objecte à cela que l'on ne conçoit point qu'il y

______

(1) Nous verrons cependant qu'en fait ce sera là le plus puissant motif
pour déterminer le juge.

ait place à une appréciation dans l'adultère. C'est un fait qui n'est susceptible ni de plus ni de moins et dont la gravité est invariable. Ce point de vue est peut-être trop absolu. Il y a des degrés dans l'adultère comme il y en a dans toute autre faute. Il y a place pour des circonstances atténuantes comme il y en a dans tout crime et surtout dans tout crime passionnel.

Laissons donc au juge le soin, d'après les circonstances, de qualifier l'adultère plus ou moins sévèrement et le traiter avec plus ou moins de rigueur.

Si l'ancien article 310 avait fait de l'adultère une cause péremptoire de non-recevabilité de la demande en conversion, c'est qu'il refusait au juge le pouvoir d'en apprécier les causes ; qu'elles qu'elles fussent, hormis l'adultère de la femme, il devait admettre cette conversion. Ne valait-il pas mieux dans ces conditions édicter une règle qui péchât par trop de rigueur que de venir obliger le juge à donner gain de cause à l'époux coupable d'adultère, si peu excusable qu'il fût.

La seconde règle qui donne au demandeur les mêmes droits qu'au défendeur a été suffisamment exposée à propos des personnes qui peuvent demander la conversion. Nous n'y reviendrons pas ici.

La dernière est celle qui est relative au pouvoir d'appréciation du juge. C'est elle qui nous retiendra le plus longtemps.

Section II. — Pouvoir d'appréciation accordé
au juge par l'article 310.

L'article 310 investit le juge de la demande en conversion d'une faculté d'appréciation très large :

« Le jugement, dit-il,.... *pourra* être converti ». Tandis que l'ancien article 310 qui obligeait le juge à convertir la séparation de corps en divorce disait :.... « au
tribunal qui *l'admettra* ».

« A la différence de ce qui existait avec le système
établi, dit le rapporteur de la loi de 1884 au Sénat (1),
le tribunal n'est pas dans l'obligation d'acquiescer à la
demande de conversion, après la simple constatation
de l'expiration des délais et du refus de réconciliation. Le tribunal a toute liberté pour apprécier dans
quelle mesure il convient de faire droit à la demande.
Notre rédaction fait donc disparaître la disposition qui
avait à bon droit, il faut le reconnaître, excité bien des
susceptibilités ; disposition qui imposait aux tribunaux
l'obligation de prononcer le divorce après l'expiration
d'un délai de trois ans, alors que la décision précédemment rendue n'avait porté que sur une demande en séparation de corps et que par conséquent cette question
seule avait été l'objet d'un débat devant les tribunaux.
Par l'application de cette disposition le divorce se trouvait en réalité être obtenu sans avoir pu être discuté ».

(1) *J. off.* du 24 juin 1884, p. 1191.

M. Jules Simon, s'était énergiquement élevé contre le maintien de l'ancienne disposition qui rendait la conversion nécessaire. A son sens, en rendant le divorce obligatoire, c'était transformer la séparation de corps en divorce sans jugement nouveau et par une simple disposition insérée dans la loi. C'était décider par elle de la situation d'un très grand nombre de personnes alors que celles-ci demandaient le droit de l'invoquer devant les tribunaux et de les faire juges de son application. Et cette transformation si grave on la faisait découler fatalement d'un article de loi sans considération de personne, de circonstance et d'espèce. Aussi M. Jules Simon demandait-il que l'on ne pût passer ainsi de la situation de séparé de corps à celle de divorcé, et que l'on n'*obligeât* point le juge à prononcer un jugement dont il ne voulait pas et auquel il répugnait (Séance du Sénat du 23 juin 1884).

L'article 310, sur les objections de M. Jules Simon, fut renvoyé à la commission qui rapporta le lendemain la rédaction que nous connaissons.

Nous insistons sur ces débats parlementaires car ils ont déterminé deux courants divers dans la jurisprudence.

En effet, des discussions produites au Sénat il résulte que le divorce est un *ultimum subsidium*. Il ne doit donc être prononcé que lorsqu'il n'y a pas moyen de s'en tenir à la séparation de corps. C'est là un premier courant d'idées. Le second part de ce principe qu'il ne faut maintenir la séparation de corps que lorsqu'il n'y a véritablement point matière à divorce et que ce serait léser l'équité que de le prononcer. C'est l'idée que s'est faite sur la conversion M. Letellier, le rapporteur de la loi à la Chambre, idée qu'il a essayé d'inspirer à ses collègues lors du retour de la loi devant la Chambre des députés. Il se déclarait opposé au pouvoir d'appréciation du juge et il ne paraît l'avoir adopté que par esprit de conciliation et de transaction.

D'après lui, autant on concevait la transformation de la séparation en divorce sur la seule constatation qu'elle avait duré trois ans, autant on conçoit peu l'action effective des tribunaux en pareille matière. Les causes de séparation et les causes de divorce sont les mêmes. Si l'époux qui a demandé la séparation, il y a trois ans, et qui l'a obtenue, avait basé sur les mêmes faits une demande de divorce, il l'aurait donc également obtenue. Comment, si après trois ans il demande à faire convertir sa séparation en divorce, le tribunal pourrait-il le lui refuser, alors surtout qu'aux faits primitifs est venue s'ajouter une longue période d'épreuve? Evidemment le tribunal accordera toujours la conversion. Et dès lors pourquoi dans ce cas lui demander un avis que les circonstances ne lui permettront jamais de refuser? S'agit-il du défendeur on ne voit pas sur quoi se baseront les juges pour accorder la conversion. Il n'a en effet aucune cause à invoquer, puisque c'est contre lui que la séparation de corps a été prononcée.

Et cependant le Sénat a voulu que le tribunal fût autorisé à juger que même dans ce cas il pouvait y avoir lieu d'accorder la conversion. Et il l'a si bien voulu que c'est sur la faculté donnée à l'ancien défendeur d'introduire l'instance qu'est intervenu l'accord entre les partisans et les adversaires de l'article 310. Mais alors, ou la faculté accordée à ce défendeur équivaudra, d'après la jurisprudence, à une obligation morale pour le juge de lui accorder la conversion, ou elle fera sortir les tribunaux de leur rôle, en leur donnant les attributions d'un véritable conseil de famille jugeant en équité.

Pour M. Letellier, la transaction intervenue donne aux adversaires une demi satisfaction. L'ancien défendeur pourra demander aux tribunaux de convertir sa séparation en divorce, sans être obligé pour y arriver de présenter de nouveaux faits. C'est donc ériger les tribunaux en véritables conseils officieux. C'est leur donner la liberté de corriger ce que la loi a d'excessif. Et c'est en cela que le rapporteur de la loi à la Chambre a vu une satisfaction donnée aux adversaires de la conversion en divorce. Mais c'est une satisfaction toute platonique, et cette conversion n'en sera pas moins toujours accordée, hormis les cas tout à fait exceptionnels.

Le premier de ces deux systèmes, celui qui consiste à ne voir dans le divorce qu'un remède extrême à une situation malheureuse, n'est guère suivi nien doctrine, ni en jurisprudence. On considère que le divorce est une solution nécessaire à la situation transitoire de la sépara-

tion de corps, et l'on s'appuie sur l'esprit de la loi, qui
n'a vu dans la séparation de corps qu'un moyen d'arriver au divorce. C'est donc le second système qu'on adopte
d'une façon presque générale (1). Nous verrons plus loin,
en examinant la jurisprudence, que la plupart des tribunaux considèrent la séparation de corps comme une
situation contraire à l'ordre public, et, qu'à ce titre, il
est urgent de la faire cesser en lui substituant le divorce.
Il n'y a qu'un cas où les tribunaux n'hésitent jamais à
rejeter la demande de conversion, c'est lorsque le défendeur offre de reprendre la vie commune. Alors, en effet,
la raison d'être de la conversion disparaît, puisque la
réconciliation devient imminente. Il faut entendre l'offre faite sincèrement et sérieusement qui indique que le
défendeur est prêt à changer sa manière de vivre. Ce
n'est donc point l'offre en elle-même qui doit guider le
juge, mais le caractère sérieux qu'elle revêt.

Il était certain que le pouvoir d'appréciation résultant
de l'article 310, allait donner prise à bien des critiques
en doctrine et occasionner bien des divergences en jurisprudence.

On comprend que l'honorable M. Batbie ait demandé
au rapporteur de la loi, lors de sa discussion, quelle serait la position des juges à l'expiration du délai de trois
ans. Il admettait bien que lorsqu'il y aurait des faits
nouveaux les deux parties pussent les invoquer pour demander la conversion. Mais ce n'était pas, à son avis, le

(1) St-Marc, n°ˢ 20 et 21. Poulle, p. 198.

cas visé par l'article 310 qui se référait à l'hypothèse d'une simple séparation de corps ayant duré trois ans. Dans ce cas il ne pouvait y avoir d'appréciation à faire ni même de jugement à rendre : c'était un simple enregistrement à insérer. Que l'on dise par conséquent que le Tribunal « *pourra* » ou « *devra* » peu importe, le résultat sera toujours le même. Et pour ces raisons M. Batbie demandait la suppression de l'article 310. C'était bien radical comme mesure. C'était aussi bien peu tenir compte des intérêts qu'il y avait à concilier et compromettre les efforts sincères de conciliation auxquels s'était livré le Sénat.

M. Dauphin s'est élevé avec juste raison contre ces tergiversations des débats à l'endroit du pouvoir d'appréciation donné au juge et que le Sénat avait sagement adopté. « Pourquoi, dit M. Dauphin, il n'y a qu'un instant venons-nous de voter le mot *pourra*? M. Labiche l'a parfaitement indiqué. Il vous a dit : c'est parce que les juges seront appelés à examiner si les faits qui ont été suffisants pour faire prononcer la séparation de corps sont assez graves pour entraîner le divorce. C'est donc un tout autre procès que le premier. C'est un débat qui va s'agiter sur la question du divorce, débat réel avec les garanties dues au plus grave de tous les procès soumis à la justice. Cela est d'autant plus vrai que souvent les juges qui jugeront l'affaire du divorce ne seront pas les mêmes que ceux qui ont jugé celle de la séparation de corps. Au bout de trois ans, le personnel d'un tribunal ou de la chambre d'un tribunal a pu changer. Ce seront peut être trois juges nouveaux qui seront appelés à examiner une seconde fois et à un autre point de vue des faits qui ont été examinés par leurs prédécesseurs et non par eux. En un mot je crois que nous avons voulu faire une chose sérieuse. Nous avons voulu par ce mot *pourra*, inséré dans l'article 310, dire que les tribunaux examineraient *à nouveau* ; que ce serait un nouveau procès ; et que ces tribunaux ne seraient pas des chambres d'engistrement, mais qu'ils jugeraient s'il y a lieu ou non de prononcer le divorce ». (Séance du 24 juin 1884, *J. Off.* du 25). Nous savons gré à M. Dauphin d'avoir par sa parole énergique et précise assuré une solution qui voulait concilier les différentes opinions en présence. Et la conciliation est encore ce qu'il y a de plus sage en législation.

Un parti important dans la doctrine s'est élevé contre le pouvoir d'appréciation laissé au juge, en y voyant une mesure anti-juridique et inconciliable avec les principes.

M. Massigli (*Revue critique*, 1886, p. 215) estime que l'innovation de l'article 310 en ce qui concerne le pouvoir discrétionnaire, est d'une valeur discutable au point de vue juridique. On ne voit pas en effet comment il peut en général se concilier avec les textes qui déterminent les causes de divorce :

Si c'est l'époux bénéficiaire de la séparation qui intente la demande en conversion, il semble bien que le juge ne peut la lui refuser, car les causes de divorce

et de séparations sont les mêmes (art. 229, 230, 231,
232 et 236 nouveaux) ; et si primitivement le demandeur avait intenté le divorce il l'eût obtenu. Or que
fait-il aujourd'hui ? il produit à l'appui de sa demande
de conversion les causes de divorce synthétisées en
quelque sorte, dans la séparation de corps qui en forme
la résultante. Une seule chose est changée : c'est que
ces causes se sont encore aggravées par le fait de la durée de la séparation et le juge va cependant pouvoir refuser la conversion. Il contredira alors les articles 229
et suivants, ou il méconnaîtra l'appréciation qui a motivé la séparation de corps. Si c'est le défendeur qui
prend l'initiative de la demande en conversion, quels éléments d'appréciation le juge pourra-t-il se faire ? où ira-
t-il puiser sa conviction et comment la motivera-t-il ?
Car de deux choses l'une ; ou le défendeur est très coupable et il est bien peu intéressant. Le juge alors se
trouvera fort peu disposé à accueillir une demande qui
ne sera basée que sur la turpitude de celui qui la présente. Et cependant n'est-ce pas dans ce cas surtout
que le divorce devra être prononcé puisqu'il est mora-
lement certain que toute chance de réconciliation est à
jamais perdue ?

Dans le cas contraire, si c'est l'époux défendeur à la
séparation qui aujourd'hui demande la conversion, et
qu'il n'y ait rien de bien grave dans sa situation, le juge
fera volontiers droit à sa demande et accordera par conséquent d'autant plus facilement le divorce que les cau-

ses de séparation ont été plus légères. Il se peut également que le juge puise ses éléments d'appréciation (et il a le droit de le faire), dans les faits survenus depuis la séparation. Par ce moyen il échappe à la fâcheuse alternative que nous lui imposions tout à l'heure. Car il se peut que le défendeur à la séparation de corps soit revenu à de meilleurs sentiments, comme il est possible aussi qu'il ait aggravé ses torts. Donc c'est en dehors des motifs de la séparation de corps que le juge ira chercher les bases de sa conviction. Mais en agissant ainsi il ajoute à l'article 310 un élément que celui-ci ne comporte pas, à savoir l'examen de faits nouveaux. Et s'il n'en existe pas il rend alors l'application de la loi impossible au défendeur. Enfin il fait d'un procès de conversion un procès en révision.

Une dernière opinion est celle qui consiste à penser que le juge peut, pour faire application de son pouvoir discrétionnaire, s'élever au-dessus des torts plus ou moins graves imputés aux époux, et ne considérer pour éclairer sa religion que le *mobile* qui pousse le demandeur à poursuivre le divorce. Et, de fait, après que les juges ont examiné s'il y avait espoir de réconciliation, ils ne se préoccupent plus que de la valeur morale de la demande. Or, n'est-il point fâcheux de laisser à la merci des fluctuations de la jurisprudence la solution de questions identiques à qui les contradictions viennent enlever tout caractère d'autorité et d'invariabilité (1)?

(1) M. Massigli, *Revue critique*, 1886, p. 214 et suivantes.

Comme on le voit par ces raisons, il est bien difficile de justifier *en droit* le pouvoir discrétionnaire accordé aux tribunaux en matière de conversion.

Les raisonnements qui ont été exposés plus haut sont absolument justes en ce qui concerne les causes péremptoires comme l'adultère et surtout la condamnation à une peine afflictive et infamante. Celles-là évidemment ne sont point susceptibles d'être dosées. Leur gravité est toujours la même. On ne conçoit donc pas qu'elles puissent entraîner la séparation de corps et qu'elles soient cependant insuffisantes pour motiver le divorce. C'est pourtant cette différence qu'établit le juge lorsqu'il rejette une demande de conversion, alors que la séparation avait été motivée par un adultère ou une condamnation.

Quant aux sévices et injures graves, ce sont des causes toutes différentes, attendu qu'elles sont susceptibles d'être jugées plus ou moins sévèrement. A leur égard, l'appréciation des tribunaux se conçoit sans difficulté. Telle injure grave qui a motivé la séparation de corps peut ne plus justifier une demande en divorce. Il y a une différence si sensible entre une mesure qui ne fait que relâcher le lien conjugal et celle qui le dissout complètement, et il est si étonnant que la loi ait mis au même niveau des moyens qui conduisent à des buts si différents, qu'il faut saisir avec empressement l'occasion de maintenir entre eux la distance qui aurait toujours dû les séparer.

Et puis le temps qui tout emporte, emporte aussi nos peines. Et quand même ces injures graves, ces sévices eûssent été capables de faire prononcer le divorce, n'ont-ils point perdu de leur efficacité à mesure qu'ils se sont effacés ? Et l'on voudrait obliger le juge à recourir dans tous les cas à la mesure extrême du divorce parce qu'il a pris fantaisie à l'un des époux d'y recourir. Et même pour les causes péremptoires comme l'adultère et la condamnation ne peut-on pas faire le même raisonnement et admettre, qu'au bout de trois ans la gravité de ces causes se trouve diminuée? Les griefs se sont atténués. Peut-être la bonne conduite de l'époux coupable a-t-elle racheté ses fautes d'autrefois? Et alors ne devient-il pas injuste d'assimiler cette situation à celle qui existait au lendemain de l'adultère. A cette heure de crise où la violation de la foi jurée justifiait la mesure radicale du divorce. Le bruit public qui s'attache à ces scandales et les augmente à plaisir, en accentue l'amertume, et leur donne d'effroyables proportions. A ce moment aigu, oui, la cause du divorce s'imposait. Et l'époux outragé n'avait qu'à dévoiler ses malheurs pour obtenir le droit de rompre une communauté d'existence qui désormais était intolérable. Mais trois années après, cette crise est passée ; la colère est tombée ; la voix publique s'est éteinte et ne tonne plus menaçante autour du scandale. Il n'y a pas eu pardon ; mais il y a peut-être indifférence. Les époux ont désarmé. Leur attitude et leur situation sont donc changées.

Si donc, l'on peut voir dans la durée de la séparation de corps une sorte d'aggravation de la cause qui y a donné lieu, on peut également y voir le phénomène inverse, et dire que le temps écoulé a atténué l'acuité et l'intensité des griefs allégués et en a, par là même, diminué la portée.

Ce sera au juge à apprécier lequel des deux résultats s'est produit. Et, selon qu'il reconnaîtra qu'il y a eu aggravation ou atténuation, il accordera ou refusera la conversion en divorce.

Quant à l'idée que la facilité avec laquelle le juge accordera la conversion sera en raison inverse du bien fondé de la demande que produira l'ancien défendeur, elle est, à notre humble avis, plus apparente que réelle. Car le juge, sachant que la solution qu'il va donner, réfléchira sur les deux époux à la fois, aura à prendre surtout en considération la situation de l'époux non coupable. Bien plus, comme il ne peut prononcer la conversion qu'au profit de l'ancien demandeur en séparation (1), encore que celui-ci ait été défendeur à la conversion, c'est vers ce but qu'il sera guidé. Et plus les torts de l'ancien défendeur lui paraîtront graves, plus il accueillera volontiers la demande qu'il lui adresse. Car il sait que le divorce qu'il va accorder sera nécessairement prononcé au profit de l'époux innocent.

Il peut se faire que le juge ne trouvant point d'éléments de conviction dans les seules causes qui autrefois

_____

(1) C'est un point que nous établirons plus loin.

ont motivé la séparation fasse uniquement porter son examen sur les faits qui se sont produits postérieurement au jugement de séparation.

On a contesté ce droit pour le juge en faisant valoir que c'était l'autoriser à sortir du cadre dans lequel peut se mouvoir son appréciation. Elle peut bien s'aider de faits postérieurs qui ont changé le caractère des faits anciens, mais cet examen n'est que l'accessoire de celui qui porte sur les causes de la séparation de corps. Voilà son véritable champ d'étude, et c'est le dénaturer que de le transporter uniquement sur des faits nouveaux. Ce n'est plus convertir la séparation de corps, c'est réviser le jugement qui l'a prononcée. On méconnait ainsi l'esprit de la loi de 1884, et l'on ne tient plus compte de la mesure à laquelle l'article 310 a limité son pouvoir discrétionnaire.

Nous ne croyons point, quant à nous, que le pouvoir d'appréciation laissé au juge ait été *mesuré* par l'article 310. Cet article, en donnant au juge le droit de décider suivant les circonstances, ne lui a point délimité les sources auxquelles il pourrait puiser ses éléments de conviction. Et, si nous reconnaissons que la nature des faits survenus pendant l'état de séparation entre logiquement en ligne de compte pour venir justifier la conversion, nous reconnaissons par la même qu'elle doit influencer la religion du juge et modifier son opinion. Il en résulte que si, après avoir épuisé les causes de la séparation il n'a point de raison déterminante pour accorder ou rejeter la conversion, il peut et il doit examiner les faits postérieurs. Ce sera là le *criterium* de sa décision.

La loi, nous le verrons, ne lui permet pas de baser le rejet de la conversion sur l'absence de faits nouveaux ; car les seules causes de la séparation doivent suffire à l'éclairer, *s'il n'a point d'autre élément* ; mais elle ne lui défend pas de tenir compte des faits nouveaux lorsqu'il en existe. Elle lui fait même un devoir de les examiner avant de se décider. Car enfin, il faut bien le reconnaître, la véritable cause du divorce quand il s'agit de conversion c'est *la durée de la séparation de corps*. Or, ce temps écoulé le juge doit l'apprécier et peser les événements qui s'y sont passés. La pensée de la loi, lorsqu'elle a édicté ce délai de trois ans, a été que durant ce laps de temps, la situation respective des époux pourrait changer, que les rôles pourraient s'intervertir. Elle en a fait un temps d'épreuve, une période d'expérience. Or une expérience se base sur des faits. Il serait donc injuste de vouloir arriver à un résultat par cette méthode expérimentale sans qu'on fût en droit de le rattacher aux faits desquels il dérive. Et c'est même, à l'endroit de ces faits nouveaux que le pouvoir d'appréciation du juge pourra le plus impunément se donner carrière, sans craindre de se heurter à une solution déjà appréciée et épuisée par le premier jugement.

M. Massigli (*Revue critique*, 1886) ajoute à l'argumentation qu'il a donnée sur le point qui nous occupe : « Si pour se tirer d'embarras *le juge exige*, comme cer-

tains tribunaux inclinent à le faire, que le demandeur
en conversion produise à l'appui de sa demande des
griefs contre son conjoint, des faits postérieurs à la séparation, il ajoute à la loi ; et même il en rend l'application impossible au profit de l'époux condamné dans
l'instance en séparation de corps.

Nous sommes pleinement de l'avis de M. Massigli sur
ce point. Autre chose est en effet pour le juge d'avoir le
droit d'examiner des faits postérieurs à la séparation et
autre chose est celui *de les exiger* ; ce qui violerait évidemment l'article 310.

Mais ce que nous nous permettons de contester c'est
que le juge puisse être mis dans cette nécessité (1), par
le fait de son pouvoir discrétionnaire qui lui créerait une
situation embarrassante et de laquelle il ne verrait pas
le moyen de sortir.

Il nous apparaît, en effet, que dans le cas où il ne
trouve point d'éléments de conviction dans les causes de
la séparation *seule*, et que d'un autre côté il ne s'est produit aucun fait nouveau de nature à éclairer sa religion,
il a le droit de chercher un principe de conviction dans
des considérations purement morales et en quelque sorte
externes au domaine des faits. C'est dans cet ordre d'idées
que se manifeste très heureusement l'esprit de conciliation de la loi de 1884. C'est là que l'époux, dont la conscience s'oppose au divorce et qui cependant va peut-être

---

(1) C'est l'opinion émise par M. Massigli, dans le même article de la *Revue
critique* (1886).

se trouver obligé de le subir, trouve un palliatif efficace
à la rigueur de la loi. Et si les juges avaient *dû*, en pareille circonstance, prononcer nécessairement le divorce,
l'innocent eut été amené à subir la loi du coupable, sans
espoir de voir ce dernier échouer devant la turpitude
qu'il invoque pour son seul avantage. Et peu importe
qu'il eût eu un but louable ou non, le juge, esclave de la
disposition impérative de la loi, lui eût fatalement accordé ce qu'il demandait.

Avec le pouvoir discrétionnaire, au contraire, le défendeur peut espérer, et à très bon droit, qu'une injustice de ce genre ne se produira pas, et que le juge appliquera la solution dictée par sa conscience en examinant
le mobile qui fait agir le demandeur et les conséquences
qui en résulteront pour le défendeur.

Il est vrai que les divergences d'opinion, qui se ma-
nifesteront sur un terrain aussi facultatif, créeront des
courants contraires dans les décisions de jurisprudence,
et qu'ici, plus que partout ailleurs, il serait utile de les
faire converger vers une solution invariable.

Mais ne vaut-il pas mieux encore qu'il en soit ainsi et
que ce soit l'équité qui préside à chacune des espèces
soumises aux tribunaux. Des mesures inflexibles ont
toujours amené des injustices. Et il y a tant de variétés
dans ces questions délicates de divorce et de séparation
de corps, il y a à tenir compte de tant d'éléments va-
riables, et de caractères différents, qu'il est plus sage de
laisser au juge le soin de se mouvoir en toute liberté et

sous le seul contrôle de sa conscience. Si la loi y perd
de son autorité, la justice, ne saurait qu'y gagner.

En résumé, donc, si le pouvoir discrétionnaire, a contre
lui de puissants arguments juridiques, il se justifie pleinement en législation. Et la seule concession que nous
puissions faire aux adversaires de cette idée, c'est que le
législateur aurait peut-être pu décider que l'*adultère* et
la *condamnation à une peine afflictive et infamante* seraient
des causes péremptoires de conversion, comme elles le
sont de divorce ; il aurait donc pu ne laisser le juge exercer son pouvoir d'appréciation que dans les hypothèses
où il a vraiment prise, c'est-à-dire lorsqu'il s'agit de sévices ou injures graves.

C'est au nom de cette différence de gravité qui doit
exister entre une cause produisant le divorce, et celle
ne produisant que la séparation de corps que M. Planiol (1) approuve « les réformes que le législateur a faites sans s'en douter, et qu'il faut maintenant tenir pour
accomplies.

« Ce pouvoir d'appréciation, dit-il, a été donné aux
juges en termes généraux. Ils peuvent donc en user même quand la conversion est demandée par l'époux offensé
qui avait précédemment obtenu la séparation de corps ».
— Dans ce cas alors, quels motifs auraient-ils d'en faire
usage, sinon lorsque les faits assez graves pour motiver
une séparation ne le paraîtront pas assez pour justifier

____

(1) *Revue critique*, 1889, p. 549.

le divorce? On arrive ainsi par un double chemin à mettre les tribunaux à même d'établir une sorte de hiérarchie entre le divorce et la séparation de corps. — Et ils n'y ont pas manqué.

M. Planiol exprime ces idées à l'occasion d'un arrêt de la Cour de cassation (req. du 11 janvier 1887) (1), qui décide que l'article 310 du Code civil, modifié par la loi du 27 juillet 1884 laisse à l'appréciation souveraine des juges du fait le droit de décider, s'il y a lieu, d'après les circonstances de la cause et la situation des parties, de prononcer la conversion de la séparation de corps en divorce demandée par l'une d'elles.

Ainsi les juges peuvent refuser de prononcer la conversion de la séparation de corps en divorce, par cette raison que les causes qui *avaient motivé la séparation ne sont pas de nature à justifier la rupture du lien conjugal.*

Il faut donc reconnaître que désormais le mariage se dissout à *deux degrés.* Le divorce ne s'obtient plus comme la séparation de corps, car les causes de cette dernière ne sont pas toujours suffisantes. Et d'ailleurs, n'est-il point vrai que les causes, sévices et injures graves que cite la loi ne sont que les entêtes d'une nomenclature infinie de faits de cette nature et qui varieront sans cesse. Et c'est dans cette variété multiple que les juges exerceront leur choix « pour trier les causes majeu-

(1) S. 1888, 1, 374.

res qui entraîneront le divorce et les causes mineures dont l'effet se bornera à la séparation de corps (1). »

Il n'y a qu'à applaudir à un pareil résultat. Le divorce et la séparation de corps sont si différents dans leur but que l'on conçoit fort bien que le juge hésite à prononcer l'un, quand l'autre peut suffire.

Nous conclurons donc que si l'assimilation des causes de divorce et de séparation de corps.continue à être faite dans l'article 310, les tribunaux ont la faculté d'en marquer la différence. Et cette faculté est un correctif énergique apporté à la disposition de la loi. C'est du reste ce caractère qui justifie la théorie de M. Planiol. Nous pensons en effet que la jurisprudence a non point entendu faire échec au principe, mais qu'elle a voulu consacrer la possibilité d'en faire fléchir la rigueur selon les cas qu'elle avait à résoudre.

Section III. — Décisions de jurisprudence.

Après avoir étudié les différentes opinions émises par la doctrine sur le point qui nous occupe, il nous faut examiner maintenant les applications que la jurisprudence a faites de ces idées et voir les courants divers qui ont été établis par les décisions qu'elle a données (2).

---

(1) M. Planiol, *Revue crit.*, 1889.
(2) Voyez Coulon : *Du divorce et de la séparation de corps*, t. III, p. 501 et suiv.

Certains tribunaux opposent au demandeur qu'il serait injuste et même dangereux pour l'ordre public, que l'époux, séparé sur la poursuite de son conjoint, pût à une autre époque, se prévaloir des torts qu'il a eus, pour rompre son union et reprendre sa liberté (Trib. d'Arras, 24 décembre 1884. Sens, 4 décembre 1884 (*France judiciaire*, 1885, 2, 189 et 104). Trib. Seine, 1re chambre, 19 novembre 1884 (Sirey, 1885, 1, 70) et 10 juillet 1885, affaire David d'Angers. Trib. Seine, 25 mai 1886).

La Cour de Douai, par un arrêt du 5 février 1885, (Sirey, 1885, 2, 68) s'était également prononcée en ce sens. Nous verrons plus loin qu'elle est revenue sur cette jurisprudence dans un arrêt du 21 janvier 1890 (1) que nous analyserons.

Cette première manière de voir tend ni plus ni moins à exiger que l'époux coupable qui demande la conversion apporte des faits nouveaux et fournisse des griefs contre son conjoint. Comme nous l'avons vu, c'est aller à l'encontre de la règle de l'article 310, en décidant que la séparation de corps seule ne peut engendrer le divorce.

Cette théorie arbitraire a été condamnée par la Cour de Paris dans un arrêt du 4 novembre 1886 infirmant un jugement du tribunal de la Seine du 26 mai 1886 (2), qui avait repoussé la demande de conversion par ce motif que le demandeur n'articulait aucun grief contre sa

(1) *Gazette du Palais*, 19 avril 1890.
(2) *Répertoire général du Notariat*, 1886, n° 23, p. 715.

femme au profit de qui avait été prononcée la séparation de corps.

D'autres tribunaux sont au contraire d'avis que la faculté qui leur est donnée par l'article 310 d'admettre ou de repousser la demande en conversion ne leur a pas été accordée pour faire de l'arbitraire et protester contre le divorce, mais pour appliquer la loi commune en toutes matières, en s'inspirant de son esprit ; que le législateur, quelle que soit la justesse de son point de vue, ayant considéré le divorce comme préférable à la séparation, l'admission doit être la règle, et le rejet de la demande une exception qui doit se motiver par des raisons graves et particulières (1). (Caen 3 février et 20 avril 1885. Trib. de Marseille, 21 novembre 1884 et Rouen, 3 février 1885 (*France judiciaire*, 1885, 2, 129 et 313). Trib. Seine, 5 mars 1885. Sirey 1885, 2, 70). Nantes, 22 février 1888 (*Loi* du 13 mars 1888). Bordeaux, 1re ch., 30 janvier 1889 (*Gazette du Palais*, 12 mai 1889) (2).

(1) Un arrêt, qui admet en vertu du pouvoir d'appréciation accorde au juge du fond, une demande de conversion, est valablement rendu bien qu'on y trouve cette proposition inexacte que d'après la loi du 27 juillet 1884, le divorce est préférable à la séparation de corps, et que, dans l'appréciation à faire par le juge d'une demande en conversion l'admission doit être la règle et le rejet l'exception. Cassation, 12 janvier 1887 (Sirey, 1888, 1, 375, *Gazette du Palais*, 23 novembre 1887. *Pand. franç.*, 1887, 1, 388).

(2) Le dernier arrêt de la Cour de Bordeaux était ainsi motivé :

« Attendu que, les causes du divorce et de la séparation de corps étant identiques, la rupture du lien conjugal après le temps d'épreuve fixé par le législateur, devient, à moins d'obstacle dérivant, tant de l'espoir légitime d'une réconciliation que de l'intérêt réciproque des époux et des enfants nés du mariage, la *conséquence naturelle* d'une situation juridique définitivement acquise ».

Entre ces deux opinions exagérées prétendant l'une que le divorce ne pourra être prononcé qu'avec la plus grande difficulté, et qu'il faudra des faits nouveaux pour l'accorder à l'ancien défendeur ; l'autre, qu'au contraire la conversion ne devra être rejetée que dans des cas tout à fait exceptionnels, il y a l'opinion intermédiaire qui est la plus sage et la plus juste, celle qui consiste à ne point voir dans la loi de 1884 une préférence marquée pour le divorce et une défaveur pour la séparation de corps, mais à l'interpréter dans son sens impartial et large (1).

Qu'a voulu la loi de 1884 en donnant au juge un pouvoir d'appréciation ? Respecter les intérêts de chaque situation et les régler d'après l'équité. Elle n'a rien voulu et rien dit de plus. Et lorsque des tribunaux inclinent dans l'un des deux sens exagérés que nous citions plus haut ; ce n'est pas le plus souvent parce qu'ils tiennent à interpréter la loi dans son véritable esprit, c'est parce qu'ils se laissent entraîner à donner une solution qui reflète l'idée qu'ils se sont faite eux-mêmes sur la nécessité du divorce. Cette opinion impartiale qui applique le principe que les juges, saisis d'une demande en conversion, peuvent l'admettre ou la rejeter suivant les circonstances, compte, il faut le reconnaître, la grande majorité des décisions obtenues depuis quelques années.

____

(1) Ces trois manières d'envisager les choses reproduisent les trois opinions que l'on peut se faire de la conversion et que nous avons signalées au début de cette étude.

Suivant elles il suffit pour que la conversion puisse être admise, qu'elle soit motivée par des raisons sérieuses ; qu'elle ne blesse point la morale publique ; qu'elle n'ait pas pour conséquence de léser les intérêts de l'époux innocent, ni ceux des enfants issus du mariage ; enfin, *et surtout, qu'il ne soit plus possible d'espérer un rapprochement des époux séparés.*

Avec la chance de réconciliation, on est à la veille de neutraliser la séparation de corps et de réduire ses effets à néant. La certitude morale d'une pareille éventualité enlève donc toute raison d'être à la conversion, et c'est le moment ou jamais de ne point la prononcer (1).

Il résulte de décisions également nombreuses (2) qu'en vertu du même esprit la conversion ne doit pas être accordée, quand elle n'est pas justifiée par des raisons suffisamment graves ou que l'intérêt de l'époux défendeur ou des enfants s'y oppose ; ou encore que la morale publique serait atteinte, en permettant, par exemple, à

(1) Trib. Troyes, 28 août 1884 (Dalloz, *Supplément.* 1891, p. 431. Trib. Marseille, 19 novembre 1884. Trib. Mâcon, 25 novembre 1884. Caen, 3 février 1885, Orléans, 5 mars 1885. Trib. Seine, 5 mars 1885. Paris, 7 et 14 janvier 1886.

— Pau, 9 août 1886 (D. P. 1887, II, 204).

— Bourges, 22 novembre 1886 (D. P. 1887, II, 80).

— Lyon, 13 mai 1887 (*Gazette du Palais,* 7 juillet 1887).

— Poitiers, 25 mrrs 1889 (*Gazette du Palais,* 1889, I, 689).

— Paris, 3 janvier 1889 (*Gazette du Palais,* 1889, I, 417).

(2) Trib. Seine, 13 mars 1885. Reims, 27 avril 1885. Paris, 4 janvier 1885 (Dalloz, *Supplement* 1891. p. 432, note).

— Nantes, 22 février 1888 (*La loi* du 13 mars).

— Poitiers, 25 mars 1889 (Dalloz, 1890, II. 340).

— Douai, 21 janvier 1890 (Dalloz, 1891, II, 461).

l'époux qui l'obtiendra de couvrir ses désordres et ses relations adultérines du manteau de la légalité.

Nous disions plus haut que la Cour de Douai, suivant en cela la marche générale de la jurisprudence, était revenue sur une décision qu'elle avait donnée le 25 février 1885 (S. 85, 2, 68) et aux termes de laquelle, elle déclarait que le demandeur à la conversion, s'il avait été défendeur à la séparation, devait pour obtenir gain de cause produire de nouveaux griefs contre son conjoint. Nous avons constaté que, par un arrêt du 21 janvier 1890, elle était partie de cette idée que les juges saisis d'une demande en conversion, peuvent l'admettre ou la rejeter, suivant les circonstances ; et que le critérium le plus certain pour eux, était d'examiner les chances de réconciliation.

Arrêtons-nous un instant sur cet arrêt important :

« Attendu, dit la Cour de Douai, que l'article 310 du Code civil dispose que lorsque la séparation de corps aura duré trois ans elle pourra être convertie en divorce sur la demande de l'une des parties. Attendu en droit que le tribunal saisi de la demande n'est pas obligé de prononcer la conversion. Que le législateur en disposant que cette conversion *pourra* être prononcée a clairement manifesté son intention d'en laisser l'examen à l'appréciation du juge. Attendu qu'en autorisant les deux époux sans distinguer celui contre lequel la séparation a été prononcée, à réclamer le divorce, la loi a voulu permettre la rupture du lien conjugal lorsqu'il est bien démon-

tré par le temps écoulé qu'aucun rapprochement ne peut
être opéré entre les deux époux séparés par des faits
suffisamment graves ; que ce rapprochement ne s'est
point produit en l'espèce, et que tout fait supposer qu'il
ne se produira jamais ; que la femme est âgée de 64 ans
et le mari de 38 ans...; que les motifs de la séparation
sont assez graves pour motiver le divorce..... confirme
la décision des premiers juges ayant accueilli la demande de conversion. »

Deux idées essentielles ressortent de cet arrêt : *impossibilité de réconciliation et gravité suffisante des causes de
séparation* pour motiver la conversion.

La seconde indique nettement qu'aux yeux de la juris
prudence, il y a des causes qui sont suffisantes pour engendrer le divorce, et d'autres qui ne peuvent prétendre
qu'à la séparation de corps (1), ou à son maintien, en
vertu de cette idée que le temps écoulé en a atténué l'efficacité, et que c'est au juge seul à en mesurer la valeur.

Malgré les termes précis de l'article 310 desquels il
résulte que le demandeur à la conversion n'est nullement
obligé d'appuyer sa demande sur des faits nouveaux, on
a essayé de soutenir qu'ils étaient nécessaires pour faire
prononcer la conversion. Interprétant faussement cette
idée de la loi que le juge peut tenir compte de faits postérieurs, et doit même le faire, on en a conclu que à défaut de ces faits, le jugement ne pouvait se baser sur

(1) V. l'article précité de M. Planiol.

la seule séparation (1) ; et l'on a prétendu qu'en alléguant que les faits qui ont motivé la séparation n'étaient
pas assez graves pour entraîner le divorce, on interpré-
tait faussement la loi (2).

La jurisprudence, nous l'avons vu, a bien vite abau-
donné une conception aussi fausse de l'esprit de la loi de
1884. Mais si elle a renoncé facilement à cette opinion,
à l'endroit du demandeur, elle s'est plus lentement dé-
cidée à l'égard du défendeur. Il lui semblait toujours
difficile de l'admettre à obtenir gain de cause en invoquant uniquement sa propre faute. C'est pourquoi elle
exigeait qu'il apportât des griefs contre l'ancien demandeur à la séparation.

Nous avons vu que de multiples décisions (3) et notamment l'arrêt de la Cour de Paris du 21 janvier 1890,
étaient venues contredire cette idée erronée.

Citons, pour terminer cette question, un arrêt de la
Cour de Poitiers du 25 mars 1889 qui fait application
des principes que nous avons adoptés.

Il dispose que c'est à tort que les premiers juges ont
fait grief à la partie appelante de n'invoquer aucun argument nouveau à l'appui de sa demande en conversion ;
car la loi ne lui impose point cette obligation ; et que puisque sa demande prouve, dans les circonstances où elle

---

(1) On a invoqué à l'appui de cette opinion le principe de la chose jugée
(V. *infrà*).

(2) Saint-Marc, n° 18. Trib. Blois, 27 décembre 1884 (S. 1835, 2, 67).

(3) Cour de Paris, 4 novembre 1886 (*Répertoire général du Notariat*, 1886,
n° 23, p. 715).

se produit, qu'il n'y a point lieu de reprendre la vie commune, elle se trouve par là même pleinement justifiée. En conséquence la Cour déclare convertie en divorce la séparation de corps.

Cet arrêt confirme une fois de plus que l'esprit de la loi (dans lequel on ne saurait trop féliciter la jurisprudence d'être définitivement entrée), est bien de ne marquer aucune préférence pour le maintien de la séparation ou sa conversion en divorce, mais de permettre au juge avant de prononcer la conversion d'examiner les causes de séparation, aussi bien que les faits postérieurs qui peuvent exister dans l'espèce qui lui est soumise.

Section IV. — Conséquences des faits postérieurs au jugement de séparation.

L'article 310, nous l'avons vu, a pour but d'ériger la séparation en cause de divorce, se suffisant à elle-même, et n'ayant besoin pour arriver à ce résultat d'aucun fait postérieur. Si, cependant, il s'en est produit, nous savons l'intérêt que le demandeur peut avoir à les invoquer. Il se peut que les tribunaux auxquels il s'adresse n'aient pour principe d'accorder la conversion que si de nouveaux faits sont allégués contre l'ancien demandeur à la séparation. Ou bien, si c'est ce dernier qui demande la conversion, il peut craindre que les motifs qu'il a autrefois apportés à la séparation soient aujourd'hui trouvés insuffisants pour entraîner le divorce (1).

Ces faits postérieurs peuvent être de deux sortes. Ils sont assez graves ou non pour engendrer le divorce.

Examinons le premier cas. Rien n'oblige l'époux demandeur à attendre l'expiration du délai de trois ans. Il peut intenter une action *pure et simple en divorce* en invoquant uniquement de nouveaux faits. Et le jugement qui le prononcera n'aura nul compte à tenir des causes de la séparation de corps. Peu importe que celle-ci ait été prononcée au profit de l'un des époux : le divorce statuant à nouveau sera prononcé, s'il y a lieu, *contre* cet époux (2).

(1) Voyez cependant la théorie qui rejette tout pouvoir d'appréciation sur les faits postérieurs à la séparation (M. Massigli, *Revue critique*, 1886, p. 215.), et celle qui ne leur reconnaît aucune force pour augmenter les causes antérieures, mais réduit leur rôle à servir de simple guide au juge dans la décision qu'il doit prendre. (M. Labbé, *Sirey*, 1886, 1, 193). On a prétendu que même après le délai de 3 ans, le juge en basant son appréciation sur des faits nouveaux excédait les limites de son pouvoir puisque l'article 310 duquel il le tient ne parle comme cause de conversion que de la séparation intervenue trois ans avant. Nous avons suffisamment réfuté cette théorie pour n'y point plus revenir ; et nous avons conclu qu'il n'y avait aucun doute pour donner au mot « pourra » sa plus large extension. D'ailleurs, on ne peut point dire qu'il y ait jugement de révision, et que la conversion motivée sur des faits nouveaux réforme le jugement de séparation de corps, puisqu'elle sera nécessairement prononcée au profit du bénéficiaire de ce premier jugement.

Le tribunal peut ordonner des mesures d'instruction et notamment une enquête, soit pour se rendre compte de la gravité des faits qui ont motivé la séparation, soit pour vérifier s'il y a eu réconciliation, soit pour apprécier les faits postérieurs au jugement de séparation et les autres circonstances dont se prévaut l'une ou l'autre partie. Les enquêtes ordonnées sur une demande de conversion sont naturellement soumises aux mêmes règles que les enquêtes qui ont lieu en matière de divorce (Depeiges, n° 131 ; Carpentier : *La Loi du 28 avril* 1836, n° 102. — Vraye et Gode, t. I, n° 492).

(2) Nous établissons plus loin que ce qui a été jugé quant à la séparation ne

Dans la séance du 25 juin 1884, le rapporteur de la loi au Sénat disait: « si au lieu de se trouver en présence d'une instance en conversion, on se trouve en présence d'une instance entièrement nouvelle, fondée soit sur des faits nouveaux, soit sur d'autres considérations, mais sans que l'on invoque la procédure de faveur de la conversion organisée par l'article 310, et en employant uniquement la procédure ordinaire, alors on comprendra très bien que le jugement qui admettra le divorce puisse revenir sur la question des avantages matrimoniaux et prononcer la déchéance de la partie qui les avait conservés lors de la première instance relative à la séparation de corps. Il semble qu'il n'y ait rien d'anormal à ce que la déchéance soit prononcée successivement contre les deux époux ; contre l'un investi du jugement de séparation, contre l'autre investi du jugement de divorce. ».

Cette action ordinaire de divorce intentée avant l'expiration du délai de trois ans, exige que l'époux demandeur ait recours à la procédure longue et coûteuse du divorce. C'est là un réel désavantage sur le droit de se servir de la procédure de la conversion plus rapide et moins compliquée.

La loi a cependant eu raison, car les époux ne sont point empêchés de sortir de l'état de séparation de corps au jour où bon leur semble (pourvu bien entendu qu'il se soit produit une cause de divorce) ; ils ont la voie or-

l'a pas été, quant au divorce. Par conséquent le demandeur principal en divorce, dans notre hypothèse, ne se heurte point à l'exception de chose jugée.

dinaire du divorce. Qu'ils la prennent. La conversion n'est point faite pour leur cas. Son champ d'application est délimité. L'article 310 a fixé un délai d'expérience que les parties doivent respecter quelle que soit la gravité des faits qui se produisent par la suite. A quoi arriverait-on en effet en permettant la conversion dans de pareilles conditions ? A faire du jugement de conversion un véritable jugement de révision qui réformerait complètement le premier, et prononcerait le divorce au profit du demandeur actuel. Il ne resterait plus rien de l'idée de conversion et des règles qu'y apporte l'article 310.

Nous ferons évidemment le même raisonnement (et par *a fortiori*), pour le cas où les faits postérieurs ne sont point à eux seuls de nature à permettre une demande en divorce, et où il faudrait leur ajouter le poids du jugement de séparation. Autant après l'échéance de trois ans, ils seront utiles pour affermir la conviction du juge, autant avant ce terme, ils demeurent impuissants dans leur isolement des causes de la séparation de corps.

Il est vrai que dans cette hypothèse les époux n'ont plus la ressource d'intenter une action pure et simple en divorce. Mais ils n'ont pas non plus les mêmes raisons de la réclamer.

Section V. — Au profit de qui peut être prononcé le jugement de conversion ?

Nous avons dit plus haut, que le juge n'avait point la faculté dans le jugement de conversion de changer le bénéficiaire du jugement de séparation ; et que le demandeur à la conversion la voyait nécessairement prononcée à son profit encore qu'il fût défendeur à la conversion.

Il résulte des travaux préparatoires que tel a bien été l'esprit de la loi de 1884. Quand il s'agit d'une question de conversion et non de révision, le jugement qui la prononce ne peut modifier les décisions résultant du premier jugement. La *seule* disposition qui pourra être modifiée sera celle qui prononçait la séparation et à laquelle on *substituera* celle qui prononcera le divorce (1).

Si les deux époux demandent la conversion, on conçoit fort bien que le bénéfice en reste à l'ancien demandeur en séparation (2).

____

(1) Séance du Sénat du 25 juin 1884 (*J. off.*, 25 juin 1884, p. 1197).
(2) V. Saint-Marc, n° 25.
Trib. Seine, 21 décembre 1884 (*France judiciaire*, 1885, 2, 189).
·— Pau, 9 août 1886 (Dalloz, 1887, 2, 104). Trib. Compiègne, 20 avril 1887, (*France jud.*, 1837, 2, 112.
— Cassation, 11 février 1889 (Dalloz, 1891, 1, 225).
V. aussi : note sous arrêt chamb. civ. du 24 novembre 1886 (Sirey, 1888, 1, 433, et D. P. 1887, 1, 335).

Si même c'est le *défendeur* qui la demande seul, nous comprenons encore que le profit en soit pour l'autre conjoint. Ce n'est pas parce que le jugement de conversion sera prononcé à sa *requête* qu'il devra être rendu à *son profit* (1).

Si nous envisageons maintenant le cas où des faits nouveaux se sont produits, allons-nous encore donner les mêmes solutions et décider que quand même l'ancien demandeur se serait à son tour rendu coupable, depuis le jugement de séparation de corps, il n'en conservera pas moins le bénéfice du jugement de conversion ; que ce soit lui ou l'ancien défendeur qui prenne l'initiative de l'instance en conversion ?

Il semble, à première vue, que le pouvoir d'appréciation du juge puisse également s'exercer sur ce point. Qui peut le plus, peut le moins. Investi du droit de refuser la conversion, il peut, semble-t-il, ne l'accorder qu'au profit de celui qu'il en juge digne.

Nous répondrons d'abord que ce raisonnement « qui peut le plus peut le moins » est faux quand il s'agit d'une mesure exceptionnelle, qui doit être interprétée restrictivement. Déjà la loi confère au juge un pouvoir exorbitant en le laissant libre d'accorder ou de refuser la conversion. Mais c'est entre ces deux termes nettement délimités qu'il a la faculté de se mouvoir.

____

(1) Nous étudions plus loin l'intérêt d'une demande reconventionnelle de la part de l'un ou l'autre des époux.

De plus, quand bien même nous admettrions ce principe : « qui peut le plus peut le moins », nous serions
forcés à un moment donné de répudier les conséquences
auxquelles il mènerait. Soutiendrait-on, en effet, que le
juge saisi d'une demande principale en divorce pourrait
ne prononcer que la séparation de corps ? Et s'il prononçait le divorce, pourrait-il en éliminer certains effets ?
La négative ne fait point de doute. Il faut donc reconnaître que ce sont là des solutions qui ne comportent aucune restriction. Or l'article 310 n'en autorise pas plus
pour les deux entre lesquelles le juge peut choisir. En
convertissant la séparation en divorce il ne fait que *substituer* le mot divorce au mot séparation. Il ne peut toucher à la situation acquise au demandeur ou au défendeur par le premier jugement. Le bénéficiaire de la
séparation de corps restera donc bénéficiaire de la conversion en divorce.

Nous verrons à propos des effets de la conversion
combien il est important de n'y voir que la *substitution*
du divorce à la séparation. Cette idée, très savamment
mise en relief par M. Bufnoir, est fertile en conséquences
que nous étudierons plus loin. Retenons seulement,
pour le moment, qu'on lui doit ici cette solution que le
juge ne peut modifier le jugement de séparation sur le
point spécial qui nous occupe. Si cette obligation dans
laquelle se trouve le juge lui paraît conduire à des résultats injustes, il a le moyen de s'y soustraire en refusant la conversion. Et le demandeur aura de son côté

la possibilité d'arriver à son but en recourant à la
procédure ordinaire d'une demande principale en divorce (1).

Un arrêt de la Cour de cassation du 11 février 1889,
dispose que les juges saisis d'une demande de conversion
apprécient souverainement s'il y a lieu d'admettre ou de
rejeter la conversion : *mais qu'ils ne peuvent modifier les
dispositions du jugement* qui ne sont pas incompatibles
avec la nouvelle situation faite aux époux. Et que spécialement, lorsque la séparation a été prononcée *aux torts
réciproques* des deux époux, la conversion ne peut avoir
lieu *aux torts de l'un d'eux seulement.*

Cette décision de la Cour de cassation est intervenue
sur un arrêt de la Cour de Besançon du 28 mars 1888
(Dalloz, 1890, 1, 225), qui décidait que l'article 310 du
Code civil n'autorise point les juges à modifier les droits
des parties, en modifiant les dispositions du jugement
qui donnent naissance à ces droits. Et, qu'à ce point de
vue, ils n'ont point à se préoccuper de la conduite tenue
parles parties depuis que la séparation a été prononcée.
Que c'est à tort par conséquent, que dans l'espèce
qui leur était soumise, les premiers juges se sont fondés
sur ce fait, pour prononcer la conversion en divorce aux
torts exclusifs du mari, d'une séparation de corps prononcée aux torts réciproques du mari et de la femme.

(1) Req. 11 février 1889, sur Besançon, 28 mars 1888 (Dalloz, 1890, 1, 225).
affaire Girardot (D. P. 1891, 1ʳᵉ partie).

Carpentier. *La loi du* 18 *avril* 1886, n° 195 *in fine.*

L'arrêt supprimait, par ces motifs, la disposition du
jugement portant que la conversion aurait lieu aux torts
du mari seulement. De là, pourvoi en cassation formé
par la femme intéressée à voir la conversion en divorce
prononcée aux seuls torts du mari.

Malgré leur longueur, nous croyons utile de résumer
au moins ici les moyens de cassation invoqués et les considérants de l'arrêt qui rejette le pourvoi. Ces derniers
ont fixé la jurisprudence dans le sens que nous avons
proposé. Et l'on est maintenant en droit de penser que la
question, grâce au remarquable rapport de M. le conseiller Féraud-Giraud, est définitivement tranchée.

Le moyen de cassation était basé sur les considérations suivantes :

Généralement le juge saisi d'une contestation a la
pleine faculté de donner une solution à tous les points
qui lui sont soumis, excepté à ceux qui sont en dehors
de sa compétence. Or, dans une instance en conversion,
quelle est la question soumise à l'appréciation du tribunal ? C'est celle de savoir s'il y a lieu ou non de prononcer la conversion en divorce. N'est-ce pas la même qu'une
demande en divorce avec cette circonstance que les causes qui ont donné lieu à la séparation ont été définitivement jugées. L'article 310 n'a donc point pour objet de
limiter étroitement la compétence du juge, mais seulement d'épargner aux époux les lenteurs et les difficultés
de la procédure ordinaire du divorce. Et le juge doit demeurer libre, comme il le serait dans une instance or-

dinaire de divorce, de déclarer *aux torts de qui* doit être prononcée la conversion.

C'est en vain que l'on objecterait que le premier jugement a acquis force de chose jugée sur ce point. L'identité d'objet fait défaut : la première instance tendait à la séparation, la seconde tend au divorce. Et l'on conçoit fort bien alors que le divorce puisse être prononcé dans *d'autres conditions* que ne l'a été la séparation de corps, alors surtout que le juge de la conversion peut et doit tenir compte des faits postérieurs à la séparation. Si l'on suppose que l'ancien défendeur à la séparation, au lendemain du jugement, demande le divorce par la procédure ordinaire sans attendre le délai de trois ans, et qu'il l'obtienne, soutiendra-t-on que l'époux qui avait d'abord obtenu la séparation conservera les avantages que ce jugement ne lui avait pas enlevés? Evidemment non. N'est-ce point donc reconnaître que ce qui est jugé quant à la séparation de corps n'a plus aucune force lorsqu'il s'agit du divorce?

Cette argumentation assez forte, il faut le reconnaître, s'est trouvée renversée par le rapport de M. le conseiller Féraud-Giraud que l'on peut résumer ainsi :

Le pourvoi sur lequel il y a lieu de statuer prévoit une situation qu'il faut laisser de côté, car elle n'a rien à faire dans l'hypothèse visée. Peu importe en effet ce qu'il adviendra de la demande principale en divorce formée après la séparation, par l'un des époux. Cette demande aura sa procédure spéciale et ses conséquences

propres. Rien ne la rattache à l'instance en séparation.
Et ce qui prouve justement que le raisonnement que l'on
a fait, dans les moyens de cassation, est faux quand il
s'agit de conversion, c'est qu'il est exact quand il s'a-
git d'une demande principale en divorce. Le juge, de
par l'article 310, a le droit d'admettre ou de rejeter la
demande de conversion. Mais s'il l'admet, il doit se bor-
ner à la prononcer, sans modifier en rien les dispositions
du jugement de séparation de corps. C'est là ce que commande l'application littérale de la loi. Et cette décision
est aussi juste que légale. On commettrait en effet un
excès de pouvoir en remettant en question lors de la conversion, le point de savoir *qui a eu tort* lors de la demande
en séparation ; ce qui a été définitivement tranché (1).

Une question qui s'est présentée est celle de savoir

----

(1) Cette décision est en harmonie avec la notion que nous nous faisons de la
conversion, à savoir qu'elle n'est que la substitution du divorce à la séparation de corps. Le mot séparation est remplacé par le mot divorce. Voilà tout.

Il résulte également d'une note insérée dans le recueil de Sirey (1888, 1,
433), à la suite de l'arrêt de la chambre civile du 24 novembre 1886, que l'application de l'article 310 fait naître la question de savoir quel est en cas de
conversion celui des époux qui doit être considéré comme ayant obtenu le divorce au point de vue de l'application des dispositions de l'article 301 du Code
civil.

On s'accorde généralement à reconnaître qu'il n'y a à ce point de vue *aucun
compte* à tenir du rôle respectif des parties dans l'instance en conversion.
Peu importe celui des époux qui aura demandé et obtenu la conversion. Il
faut prendre uniquement en considération les dispositions du jugement ou de
l'arrêt qui a prononcé la séparation. Celui des deux au profit duquel elle a été
prononcée, doit être considéré comme ayant obtenu le divorce sans l'instance
en conversion, bien que la conversion ait été provoquée par l'époux coupable.

Ce point non résolu, mais au moins indirectement préjugé par l'arrêt de la
Cour de cassation est celui qui était mis en question lors de l'affaire Girardet,

qui des deux époux parties à la conversion supportera
les dépenses de l'instance.

Celui contre qui a été prononcée la séparation de corps,
après l'échéance des trois ans intente la demande en
conversion, et ce, malgré la résistance de son conjoint.
Sera-ce lui qui supportera les frais de l'instance ou le
défendeur à la conversion, au cas où elle est prononcée
à la requête du premier ? On décide généralement que
la charge des dépens de la conversion doit rester à celui des époux contre lequel a été prononcée la séparation de corps, parce qu'il faut considérer l'époux qui
succombe dans l'instance en séparation comme étant
celui contre lequel le divorce a été prononcé (Caen, 3 février 1885, D. P. 1886, 1, 98).

C'est là d'ailleurs une solution qui continue de ca-
drer avec l'opinion que nous avons adoptée à la suite de
la doctrine et de la jurisprudence sur la nature de l'instance en conversion. Toutefois, il ne faut rien exagérer.
Le divorce a des effets différents de ceux de la séparation de corps. Et dès que le juge a substitué le premier
à la seconde ; il ne peut laisser subsister les dispositions
du premier jugement qui seraient incompatibles avec
le nouvel état créé aux parties.

C'est ainsi que l'un des effets du divorce consiste à
faire cesser l'obligation alimentaire établie entre les parties, et résultant de l'article 212 du Code civil. En conséquence, si en vertu du jugement de séparation ou par

un jugement postérieur, l'un des époux a été condamné
à payer à l'autre une pension alimentaire, cette obligation doit tomber, et il n'y a aucun empêchement à ce
que le juge en admettant la conversion la révoque, ou
déclare que la pension alimentaire cessera d'être due (1).

Section VI. — Limite du pouvoir d'appréciation du juge.

Nous avons, jusqu'à présent, constaté la large mesure
d'appréciation que l'article 310 laissait au juge d'une
demande en conversion. Il semble presque impossible
que les décisions intervenant en cette matière puissent
encourir la censure de la Cour de cassation. Car on se
demande, en vérité, d'où résulterait une violation ou
une fausse interprétation de la loi.

C'est ainsi que la Cour suprême a rejeté le pourvoi
formé contre un arrêt qui déboutait de sa demande le
défendeur à la séparation, par ce motif, qu'il n'invoquait
aucun fait nouveau à la conversion (2). Et, en sens inverse, on la voit approuver une solution diamétralement
opposée. C'est ainsi qu'un jour on la voit confirmer un arrêt basé sur un certain motif, et le lendemain rejeter un
pourvoi tendant à valider ce même motif (3).

---

(1) Nous reviendrons plus haut sur cet important effet de la conversion.
(2) Req., 29 mai 1886 (S. 1886, 1, 405).
(3) Civ., 12 août 1885 (S. 1886, 1, 193).

Ce qu'elle admet toujours c'est la manifestation du pouvoir d'appréciation du juge. Et ce qu'elle condamne toujours, c'est la marque de sa limitation.

Malgré tout, quelque large que soit cette faculté donnée aux tribunaux, on conçoit qu'elle trouve des limites devant lesquelles elle doit s'arrêter, sous peine de se voir condamnée par la Cour de cassation.

Nous allons examiner cette limitation apportée au pouvoir discrétionnaire du juge.

Et d'abord signalons la restriction qui résulte des explications que nous venons de fournir à l'instant même à propos de l'époux qui *doit bénéficier du jugement de conversion*. Point de doute que la Cour, qui, en dépit des raisons que nous avons fournies, prononcerait le divorce au profit de l'ancien défendeur, ne verrait son arrêt cassé par la Cour suprême (1).

Nous avons admis que le juge peut et doit tenir compte

(1) V. en ce sens dans la *France judiciaire* 1891, 1, 48, n°⁵ 21, et suiv. un article de M. Testoud : « Si le juge saisi de la demande de conversion avait eu le pouvoir d'apprécier non seulement l'opportunité de cette conversion, mais encore les faits postérieurs à la séparation afin de transporter, le cas échéant, les torts et les griefs, la procédure de conversion eût été toute différente. Ce n'eût pas été une procédure rapide et sommaire, comme celle que prévoit l'article 310. Les formalités très simples en matière de conversion font supposer que les faits sont désormais tenus pour constants, que leur application est fixée, et que l'examen du jugement doit uniquement porter sur la question de conversion.

On peut objecter à ce système qu'il assure l'impunité à chaque époux pour tous faits postérieurs à la séparation, puisque quelle que puisse être leur gravité, ils ne doivent point être pris en considération au point de vue de l'application des articles 299, 300, 301.

On répond à cela que l'époux outragé aura toujours la ressource d'intenter une action principale en divorce, et de bénéficier ainsi du jugement qui lui sera accordé.

des faits nouveaux survenus après la séparation de corps;
et ce, quelle que soit la partie qui prenne l'initiative de
la nouvelle instance.

Si donc une Cour avait rejeté une demande de conversion, en alléguant que, formée par l'ancien défendeur,
elle devait être appuyée sur des faits nouveaux, et qu'il
n'en apparaissait point, la Cour de cassation n'hésiterait
pas à infirmer un arrêt ainsi motivé, pour violation de
l'article 310 (1).

De même en serait-il d'un arrêt réformant un jugement
qui aurait prononcé la conversion sous prétexte que ce
jugement ne s'est basé *que* sur des faits nouveaux pour
motiver la solution (2). De même enfin en serait-il des
cas où le juge repousserait la demande de conversion
parce que les faits de la séparation ne lui semblent point
assez graves et qu'il ne se reconnaît pas le droit d'apprécier ceux qui sont survenus depuis le premier jugement (3).

Les hypothèses plus délicates sont celles où le juge
peut être taxé d'avoir abusé de son pouvoir d'apprécia-

---

(1) V. dans ce sens un arrêt de la Cour de Poitiers du 25 mars 1889, aux
termes duquel : « L'époux qui demande après trois ans de séparation de corps,
la conversion en divorce n'est pas tenu pour l'obtenir d'invoquer de nouveaux
griefs à l'appui de sa demande ».

(2) Si en effet le juge a le droit de tenir compte des faits nouveaux pour
éclairer sa religion, en ce qu'ils viennent modifier la valeur des causes de la
séparation, il n'a pas le droit de préciser dans ses considérants qu'il a laissé
de côté les causes anciennes, pour ne s'occuper que des nouvelles.

(3) Inutile de citer les cas très simples où le juge aurait converti avant le
délai de trois ans ou bien ceux où il se serait refusé tout pouvoir d'appréciation
(Bourges, 12 janvier 1887).

tion. Quel sera alors le critérium de la limite qu'il doit observer ? Quand pourra-t-on dire qu'il a outrepassé son pouvoir ?

Ce sera, à notre avis, lorsqu'il aura prononcé la conversion, alors qu'il y avait *une chance évidente de réconciliation*, ou qu'il était certain que la conversion portait atteinte à la morale, ou à des intérêts capitaux.

Ainsi l'époux défendeur a offert de reprendre la vie commune. Et cependant le juge accorde la conversion. N'y a-t-il point là fausse interprétation de la loi ?

C'est dans ce sens que la Cour de Poitiers s'est prononcée, dans l'arrêt précité du 25 mars 1889, en déclarant qu'il y a lieu de prononcer la conversion sollicitée par l'époux qui a obtenu la séparation de corps, lorsque rien ne permet d'espérer la réconciliation des époux.

C'est enfin la solution qui nous est donnée par la Cour de Lyon dans un arrêt du 13 mai 1890 ainsi conçu (1).

______

(1) « Bien que la loi ait laissé aux tribunaux la faculté d'admettre ou de rejeter suivant les circonstances, la demande de conversion ; *ils doivent* cependant accueillir toute demande qui ne porte pas atteinte au principe de la morale, n'est point contraire aux intérêts supérieurs de la famille, et ne menace pas de briser à jamais un lien susceptible d'être renoué. Spécialement lorsque plus de cinq années se sont écoulées depuis le jugement de séparation de corps sans qu'un rapprochement soit intervenu entre les époux ; lorsqu'aucun enfant n'est issu de leur union ; et que celui contre qui la séparation de corps a été prononcée n'a fait qu'aggraver ses torts, c'est le cas de prononcer la conversion.

Voyez également en ce sens : Trib. Moulins, 23 août 1884. Caen, 3 février 1885. Paris, 21 janvier 1886. Paris, 11 février 1886 (S. 86, 2, 180). Amiens, 15 avril 1883. Nantes, 22 février 1888 (*Pand. franç.*, 2, 159). Paris, 3 janvier 1889 (*Gaz. Palais*, 27 février 1889).

V. également un arrêt de la Cour de Bordeaux (1re chambre) du 30 janvier

Le juge excéderait-il son pouvoir en donnant à la conversion une cause autre que celle qui a motivé la séparation ?

Supposons qu'une femme a demandé et obtenu la séparation de corps pour sévices et injures graves. Pendant le délai de trois ans, elle se laisse aller à commettre un adultère. Le mari demande la conversion en divorce. Il l'obtient. Nous nous demandons si le juge qui la lui accorde peut donner à sa décision le motif de cet adultère ; ou bien s'il est tenu de conserver la cause de la séparation, à savoir ici les sévices et injures graves ?

L'espèce s'est présentée devant la Cour de Caen le 25 octobre 1889 (S. 1889, 2, 102), et elle a déclaré que le juge ne pouvait donner à la conversion une autre cause que celle qui a entraîné la séparation de corps, quand bien même elle aurait été le vrai motif de sa solution.

La nouvelle cause ne doit en effet, être dans l'esprit du juge qu'un élément de conviction qui le déterminera à convertir en divorce la séparation *telle qu'elle était motivée lors de la première instance*. Ne serait-il pas bizarre, en effet, de voir dans l'espèce dont il s'agit, la femme garder le bénéfice de la conversion prononcée en raison de l'adultère qu'elle a commis. Il y aurait là deux éléments de contradiction que l'on ne saurait admettre. Tandis qu'il n'y a rien d'illogique à voir cette décision

1889 (*Gazette Palais*, 12 mai 1889) dans les considérants duquel nous relevons: « attendu qu'un rapprochement n'est pas possible, les juges ont eu tort de ne pas faire droit à la demande de conversion. »

que : la séparation prononcée aux torts du mari a été convertie en divorce, « attendu qu'il n'y avait plus aucune chance de réconciliation ».

Et ici, le critérium du juge lui est fourni par la connaissance qu'il a de la conduite menée par la femme depuis qu'elle a obtenu la séparation de corps.

Nous croyons donc que le juge qui baserait la conversion sur une cause qui n'existait pas au jour du jugement de séparation, excèderait les pouvoirs que lui a tracés l'article 310 ; et à ce titre encourrait la censure de la Cour de cassation.

Le pouvoir d'appréciation donné aux tribunaux comprend-il pour eux la faculté de discuter ou de contrôler l'exactitude des faits établis dans la procédure antérieure qui a abouti à la séparation de corps ?

Evidemment non, l'article 310 ne donne pas aux tribunaux le droit de réviser le procès de séparation. Ils doivent lors de la conversion respecter l'autorité de la chose jugée à l'instance en séparation et tenir pour certain les faits qui y ont été appelés et les réclamations auxquelles il a été fait droit.

C'est cette opinion qu'a manifestée la Cour de Paris dans un arrêt du 14 février 1886 (*Gaz. Palais*, 1886, 1, 735). Elle a décidé que le juge ne saurait sans méconnaître l'autorité de la chose jugée se dégager des faits souverainement établis par une procédure antérieure. Il ne peut donc les discuter ni les contrôler, et doit tenir leur exactitude comme établie. Sinon ce serait lui conférer un pouvoir de révision que la loi n'a jamais entendu lui donner (1).

On voit donc que s'il est vrai que le juge peut se mouvoir dans une cercle très large, à l'octroit de l'action ou du refus de la conversion, il doit cependant respecter certaines limites, sous peine de voir casser les décisions qu'il aurait rendues.

(1) V. également en ce sens arrêt précité de la Cour de Bordeaux du 30 janvier 1885.

CHAPITRE IV

CONCILIATION DE LA CONVERSION AVEC LE PRINCIPE
DE LA CHOSE JUGÉE

On a éprouvé quelque incertitude sur le point de savoir si le fait de demander le divorce, après avoir obtenu la séparation de corps, ne constituait pas une atteinte au principe de la chose jugée.

Dans la conversion, en effet, on s'appuie sur les causes qui ont motivé la séparation; causes nous le voulons bien, qui ne peuvent être remises en avant qu'après un délai de trois ans, mais qui n'en sont pas moins celles sur lesquelles les juges se sont appuyés pour prononcer le premier jugement. Et c'est cette situation acquise que l'on veut aujourd'hui changer sans alléguer aucun fait nouveau. On conçoit que l'on se demande si vraiment elle n'est pas définitivement établie par l'autorité de la chose jugée, et si cette autorité n'est point méconnue par la conversion établie par l'article 310.

Ceci serait vrai si, à côté de l'identité de cause, nous pouvions constater l'*identité d'objet* (1).

_____

(1) Cette identité est savamment combat tue par M. Planiol (*Revue critique*, 1889, p. 549). En fait, il paraît impossible de mettre au même niveau des cau-

On a dit : l'objet du divorce comme de la séparation de corps est la cessation de la vie commune (1). N'est-ce point se payer de mots que de s'en tenir à cette solution : la cessation de la vie commune, nous le reconnaissons, se produira dans un cas comme dans l'autre. Elle sera, lors de l'instance, le but le plus immédiat que se proposent les époux, celui auquel ils ont hâte d'arriver. Mais ce n'est là qu'un minime aspect sous lequel nous devons envisager les causes du divorce et de la séparation de corps. Leur véritable objet, c'est d'un côté le relâchement du lien conjugal, et de l'autre sa rupture complète.

Ce qui a été jugé au regard de la séparation, ne saurait donc l'être au regard du divorce. On a pu faire valoir que l'époux qui demande et obtient la séparation, renonce par là même au droit de demander ensuite le divorce, car il a épuisé son droit quant à l'instance directe. Mais nous croyons inexact de faire intervenir ici le principe de l'autorité de la chose jugée, parce qu'il n'y a pas identité d'objet entre les deux demandes (2). C'est d'ailleurs l'idée qui a été formellement exprimée par le rapporteur de la loi au Sénat dans la séance du 25 juin 1884 (3).

---

ses qui aboutissent à des résultats si différents. C'est surtout dans les causes susceptibles d'être dosées, comme les sévices et injures graves, que cette différence se manifeste le plus.

(1) Moraël, *Traité théorique et pratique de la conversion de séparation de corps en divorce*.

(2) M. Massigli, *Revue critique*, 1886, p. 220.

(3) Nous ne pensons pas, dit le rapporteur, que la chose jugée en matière

De fait, il nous semble certain que le législateur de
1884 n'a point méconnu le principe de la chose jugée en
permettant à l'époux qui a obtenu la séparation de corps
de demander que, par la conversion, le divorce y soit
substitué.

En partant des principes fort simples que nous venons
d'exposer, il nous sera facile de résoudre la question de
savoir, si l'époux qui a obtenu la séparation de corps
peut, au lendemain du jugement qui la prononce, intenter une action ordinaire en divorce. Peut-on le repousser par l'exception de chose jugée ?

Il ne peut y avoir à cet égard de doutes sérieux. Certainement les personnes peu initiées aux idées juridiques trouveront irrationnel qu'immédiatement ou peu
de temps après un procès en séparation, on puisse demander le divorce, alors que d'après l'article 310 la
conversion en divorce ne peut être obtenue qu'après
trois années d'épreuve. Mais, pour peu que l'on y ré-
fléchisse, il est aisé de voir qu'il n'y a paslieu ici de repousser la demande par l'exception de chose jugée. On
ne saurait en effet appliquer l'article 1351 du Code civil
puisque les deux demandes ont un objet différent ; partant point de raison pour repousser l'instance en divorce.

A cet argument de droit, s'ajoute une considération
de fait : le plus souvent, à moins d'admettre que le de-

de séparation puisse mettre obstacle à une instance en divorce puisque l'objet
de la demande n'est pas le même. Dans la première instance il consiste dans
le relâchement du lien conjugal ; dans la seconde il consiste dans la destruc-
tion complète de cette union ». (*J. off.*, 25 juin 1884, p. 1191).

mandeur ne sait ce qu'il veut faire, s'il a pris subitement un parti plus énergique, c'est qu'il a résolu de dévoiler des faits que jusque-là son amour-propre avait
tenus cachés ; les *éléments* du débat ne seront donc plus
les mêmes à l'instance en divorce qu'au procès de séparation (1).

A l'objection que l'on tire de ce fait que l'époux, ayant
une option entre deux voies parallèles, a renoncé à l'une
en choisissant l'autre, on peut répondre que ce principe ;
Unâ electâ viâ ad alteram recurrere non potest, serait juste
en cette matière si les deux voies ouvertes conduisaient
au même but. Or n'est-il pas tout différent ? Nous ne
voyons point alors quelle raison empêcherait le demandeur, qui a obtenu un certain droit en bénéficiant de la
séparation de corps, d'en obtenir un autre plus complet
en demandant le divorce. On insiste, et l'on dit que l'é-
poux qui a obtenu le premier jugement ne peut pas plus
pendant trois ans demander le divorce par voie principale
que par voie de conversion. Ce n'est pas ce moyen spécial
d'y arriver que la loi a prohibé, mais l'obtention du divorce avant un certain délai, et notamment pour cette
raison qu'il est plus dispendieux pour l'autre époux.

Nos adversaires avouent cependant que la loi ne contient pas de disposition expresse déclarant irrecevable,
en l'absence de causes nouvelles, la demande principale
de divorce avant l'expiration des trois ans. Mais, à leur
sens, cette fin de non-recevoir résulte implicitement de

(1) V. en ce sens M. Testoud (*France judiciaire*, 1891).

l'article 310. La loi qui dit à un époux : vous avez obtenu la séparation, et vous pourrez la faire convertir en divorce, *mais seulement dans trois ans,* n'a pas besoin d'ajouter que pendant ce délai le divorce ne pourra être demandé par quelque voie que ce soit et sans qu'il soit survenu de nouvelles causes en justifiant la demande (1).

L'opinion que nous combattons admet cependant que pour l'époux contre lequel la séparation de corps aura été prononcée, il peut former une demande ordinaire de divorce même pour des faits antérieurs au premier jugement, et avant l'échéance des trois ans. Il faut supposer bien entendu que cet époux n'a pas formé au cours de l'instance en séparation une demande reconventionnelle en divorce dont il aurait été débouté, car il y aurait contre lui chose jugée quant au divorce.

A notre avis, cette opinion interprète faussement l'article 310. Que veut cet article? Il veut que lorsque l'époux voudra *convertir* sa séparation en divorce, et se servir de la procédure spéciale qui est accordée à cet effet, il attende trois ans. Il implique donc chez l'époux qui en invoque les dispositions l'intention d'exciper uniquement de son état de séparation de corps pour aboutir au divorce. Sur quoi s'appuie-t-il? Sur la séparation. Quelles causes invoque-t-il? Celles de la séparation. Bien plus

(1) Voyez en ce sens : Trib. Seine, 17 mai 1886 ; Paris, 22 juillet 1886 . — Carpentier, *Traité du divorce et de la séparation de corps,* n° 400. Vraye et Gode, t. Ier, nos 497 et suiv. Moraël, *Traité théor. et prat. de la conversion,* nos 152 et suiv.

c'est cette séparation elle-même qu'il invoque. Toujours la séparation à la base de la conversion.

Au contraire l'époux qui agit principalement en divorce, abandonne ce moyen réglé et organisé par l'article 310. Il en prend un autre, c'est la voie ordinaire du divorce. Et peu lui importe que la séparation existe ou non. Il n'en a que faire. C'est un divorce pur et simple qu'il demande. Les causes de la séparation il les laisse de côté, ce sont celles du divorce qu'il invoque. Et ce n'est pas parce que ces causes ont produit un de leurs effets qu'elles sont déchues maintenant de la puissance de produire l'autre. Bien plus le premier jugement a préjugé de leur sincérité. Il les a admises, ne prenant d'elles que l'effet qui suffisait pour amener la séparation de corps. L'accueil qui leur a été fait par les premiers juges enlève au second le droit de les répudier ; et si elles ont été acceptées, elles l'ont été tout entières avec toute leur puissance et toute leur efficacité. Elles ont été épuisées dans la mesure nécessaire à la séparation de corps, mais elles ne l'ont point été dans celle nécessaire au divorce. Et la vertu qu'elles possèdent à son égard elles ne l'ont jamais perdue. Pourquoi alors le juge de l'instance en divorce la méconnaîtrait-il, et à quel titre voudrait-il la contester ?

De plus, si nos adversaires sont logiques nous ne voyons pas pourquoi ils admettent que *l'époux défendeur à la séparation* peut intenter une action principale en divorce, au lendemain du jugement de séparation.

Ils répondent à cela que le défendeur subit la situation que lui a faite le demandeur, qu'il n'a pas eu à choisir entre les deux voies, et que pour cette raison, il est en droit de réclamer la faculté d'agir à son tour à l'aide d'un moyen auquel il n'a point pu renoncer.

D'abord nous rejetons cette idée dont nous avons démontré l'inexactitude, que le demandeur ait épuisé son droit par ce fait qu'il n'en a usé que dans une certaine mesure.

De plus, pour ce qui concerne le *défendeur*, nos adversaires reconnaissent que s'il n'a point formé de demande reconventionnelle en divorce, lors de la séparation, il peut intenter une demande principale en divorce.

Et cependant ils basent leur argumentation sur cette idée contenue dans l'article 310, que l'époux séparé de corps ne peut, avant trois ans, obtenir le divorce. Donc pas plus qu'une conversion, une demande ordinaire n'est possible. Or, cette disposition de l'article 310 est commune au défendeur aussi bien qu'au demandeur, le mot *époux* n'impliquant aucune distinction entre les deux. Or, s'ils reconnaissent qu'elle est inapplicable au défendeur, ils sont forcés d'admettre qu'elle est inapplicable au demandeur, et que ni l'un ni l'autre ne sont empêchés par l'article 310 deformer, au cours des trois ans, une demande ordinaire de divorce (1).

L'article 310 n'a donc rien à faire dans l'hypothèse

____

(1) V. en ce sens Dalloz supplém., *Divorce*, p. 423.

qui nous occupe. L'instance ordinaire en divorce, à quelque époque qu'elle se produise, est en dehors de son application. Elle pourra donc être valablement intentée
sans que l'époux demandeur ait à tenir compte du délai
de trois ans.

Il peut se faire que l'un des deux époux séparés demande le divorce par voie de conversion, et que l'autre
le demande en même temps par voie principale (1). En
pareil cas, soit que les deux instances se poursuivent
devant le même tribunal, soit qu'elles se trouvent portées devant deux tribunaux différents, il y aurait lieu
d'après une première opinion de surseoir à statuer sur
la demande de conversion jusqu'au moment où la demande principale et ordinaire serait en état de recevoir
jugement; et le tribunal pourrait par un même jugement,
ou par deux jugements rendus le même jour, statuer à
la fois sur les deux demandes (2).

Suivant une autre opinion qui nous paraît préférable,
le Tribunal ne doit pas surseoir. Autrement le défendeur
à la conversion pourrait, en intentant une demande de
divorce fondée sur des griefs imaginaires retarder indé-
finiment la conversion et empêcher la réalisation du vœu
du législateur qui, par l'article 310, a voulu rendre facile
et rapide l'obtention du divorce. Les deux demandes
doivent donc être poursuivies et jugées séparément, sauf
l'application des règles qui régissent le cas où les deux

----

(1) Nous examinons plus loin l'hypothèse d'une demande reconventionnelle.
(2) V. Carpentier, *Loi du 18 avril* 1886. Vraye et Gode, t. Ier, 501).

époux demandent réciproquement le divorce par deux actions distinctes.

1º Demandes reconventionnelles.

Une question intéressante est celle de savoir si l'époux défendeur à la conversion peut former une demande reconventionnelle, dans le but de faire prononcer à son profit le jugement de conversion. Sur ce point, il nous faut distinguer si cet époux défendeur était ou non demandeur à la séparation.

A. — Supposons d'abord que c'est l'ancien défendeur qui demande la conversion et que c'est l'*ancien demandeur* qui forme une demande reconventionnelle.

Il a intérêt à le faire pour deux raisons dont la première est incontestable.

Il se peut, d'abord, que n'ayant pas confiance dans le bien fondé des prétentions que va alléguer son conjoint, il craigne que le Tribunal, usant de son pouvoir discrétionnaire, ne prononce pas la conversion. Il intervient donc lui-même, sûr de l'efficacité des causes qu'il a autrefois produites à la séparation de corps et qu'il apporte aujourd'hui à la conversion.

Il se peut encore, qu'il forme une demande reconventionnelle en conversion, si l'époux contre lequel la séparation de corps a été prononcée, plus de trois ans auparavant, intente une action principale en divorce qu'il espère voir tourner à son profit. Car nous savons qu'une demande principale en divorce, ne constituant plus la *substitution* du divorce à la séparation de corps, permet de changer le bénéficiaire du premier jugement. Et c'est ce résultat auquel l'époux qui a obtenu la séparation de corps va essayer de s'opposer en formant une demande reconventionnelle en conversion (1).

Nous disions que cette seconde raison nous paraissait contestable. En effet, que va-t-il se passer? Supposons que l'époux demandeur principal en divorce ait obtenu gain de cause. Le divorce est prononcé à son profit. Il est donc prononcé contre le demandeur reconventionnel en conversion ; c'est-à-dire que le résultat de l'instance a fait que l'ancien demandeur en séparation n'est plus bénéficiaire de la décision prononçant le divorce, alors que, de son côté, il l'a demandé reconventionnellement. Pour lui, c'était bien une demande *en conversion* qu'il formait. Or, nous avons admis avec la doctrine et la jurisprudence que le bénéficiaire du jugement de séparation de corps devait toujours voir sa demande en conversion amener la prononciation du divorce à son profit, et ce en *quelque circonstance* qu'il la formât.

---

(1) Il est inutile d'ajouter que si le délai de trois ans imparti par l'article 310 ne s'était pas écoulé, cette faculté ne lui serait pas accordée ; sa seule ressource consisterait alors dans une demande reconventionnelle en divorce à l'action principale de son conjoint ; demande reconventionnelle qui *n'exigerait point de faits nouveaux* puisque nous reconnaissons que ce qui a été jugé quant à la séparation de corps ne l'a pas été quant au divorce. Il est bien évident que *dans ce dernier cas* le demandeur principal en divorce n'aura aucune chance de réussir, et que son espoir de voir prononcer le divorce à son profit sera déçu, puisqu'il a déjà perdu son procès sur la séparation de corps, et que les causes étant les mêmes, il est certain que les tribunaux prononceront le divorce au profit du demandeur reconventionnel.

Si nous ne voulons aller à l'encontre de cette théorie qui a tous nos suffrages, il ne reste que deux partis entre lesquels il nous faut choisir : ou bien décider qu'une demande reconventionnelle en conversion ne peut être portée parallèlement à une action principale en divorce, ou bien faire une transaction et dire : le bénéfice de chacune des deux instances connexes restera distinct ; et les règles que nous avons admises s'appliqueront distributivement à chaque instance. Si bien, que quand même le jugement accordant le divorce le prononcerait au profit de l'ancien défendeur à la séparation, la conversion n'en resterait pas moins prononcée au profit de l'ancien demandeur à la séparation. Conséquence : les déchéances de l'article 299 s'appliqueront *respectivement contre* chacun des époux. Et si le bénéfice du jugement de divorce a pour effet de donner à l'époux le droit de ne point tenir compte des avantages qu'il avait faits à son conjoint, le bénéfice de la conversion met l'autre dans la même situation en ce qui concerne les avantages par lui faits à son conjoint (article 299). Et c'est le bénéfice accordé au demandeur reconventionnel sur le chef de la conversion qui crée cette situation. L'époux demandeur reconventionnel à la conversion a conservé sa situation de bénéficiaire du premier jugement.

Nous pensons que cette explication n'est pas exacte.

En effet, supposons la conversion intervenant dans le cadre d'application de l'article 310 ; supposons que l'ancien demandeur à la séparation a formé une demande reconventionnelle à la demande principale de conversion intentée par l'ancien défendeur, le jugement de conversion va être prononcé au profit du demandeur reconventionnel. Et que retirera-t-il de ce bénéfice ? le droit non seulement de s'affranchir de son obligation vis-à-vis de son conjoint (299), mais aussi celui d'exiger que les avantages faits à son profit soient maintenus.

Est-ce la même chose que tout à l'heure ? La différence saute aux yeux. Et lorsque l'on vient dire qu'un *époux sera bénéficiaire* d'un jugement, on entend par là même que les déchéances de l'article 299 ne s'appliqueront point contre lui ; c'est-à-dire par conséquent que les avantages à lui faits *recevront leur exécution*. Voilà ce qu'implique le bénéfice du premier jugement. Voilà ce que *doit maintenir le jugement de conversion* en tant qu'il est prononcé au profit de l'ancien demandeur ; peu importe qu'il intervienne directement ou reconventionnellement. Or, en déclarant que dans l'hypothèse que nous examinons l'article 299 s'appliquera *contre* les deux époux, c'est retirer à l'ancien demandeur la *situation que lui avait faite le* jugement de séparation ; c'est tout au moins l'amoindrir. Ce n'est donc plus substituer le divorce à la séparation, mais admettre que le jugement de séparation peut être modifié par la conversion.

Nous n'hésitons pas à rejeter cette solution. Nous nous trouvons alors en face de cette dernière : qu'une demande reconventionnelle en conversion ne peut pas se greffer sur une instance principale en divorce.

A une pareille instance, une demande reconventionnelle en divorce est seule possible. Elle suivra alors les règles de la procédure ordinaire du divorce. Et nous croyons qu'une demande reconventionnelle en conversion ne sera possible que si elle intervient sur l'instance en conversion proprement dite.

On objectera sans doute que c'est aller contre l'esprit de l'article 310 qui entendait que les deux époux pussent demander la conversion et qu'avec notre système nous empêchons l'un des deux de le faire, et celui-là même qui justement avait la faveur de la loi, puisqu'elle le gratifiait, quoi qu'il advînt, du bénéfice de la conversion.

Nous pensons que notre solution conduit à un résultat plus équitable. Car cette certitude qu'a l'époux bénéficiaire de la séparation, de voir, quoi qu'il fasse, prononcer à son profit la conversion, n'est-elle point une immunité assurée à ses dérèglements et à ses fautes ? Avec notre système, au contraire, qu'il prenne garde ! S'il fournit à son conjoint des motifs sérieux de demander le divorce, ce dernier ne manquera pas de le faire. Et l'époux devenu coupable ne pourra pas à une demande principale, former une demande reconventionnelle en conversion pour y faire valoir son titre d'ancien demandeur à la séparation.

B. — Envisageons maintenant l'hypothèse où c'est non plus l'ancien demandeur à la séparation qui forme une demande reconventionnelle, mais *l'ancien défendeur*.

Certainement, si, à l'appui de sa demande reconventionnelle, il n'invoque pas de faits nouveaux, il n'a aucun intérêt à la produire, car le juge donnera la même solution qu'au jour de la séparation. Si, au contraire il invoque contre son conjoint des faits postérieurs au jugement de séparation, le tribunal devra-t-il prendre en considération cette demande reconventionnelle ? Si on décidait qu'il le doit, et se trouve obligé de donner gain de cause au demandeur reconventionnel, s'il y a lieu, ce serait renoncer à une théorie précédemment établie et qui démontre que le juge ne peut que *substituer* le divorce à la séparation, que là s'arrête le pouvoir discrétionnaire qu'il tient de la loi et qu'il ne peut modifier en quoi que ce soit les autres éléments du jugement de séparation. Au premier abord il semble en effet impossible de décider que le juge accueillera une demande reconventionnelle basée sur des faits nouveaux et qu'il prononcera quand même le divorce au profit de l'ancien demandeur à la séparation de corps, quels qu'aient été ses torts depuis cette époque.

On a répondu avec raison qu'ici le juge était *incompétent* pour statuer sur une demande reconventionnelle formée par l'ancien défendeur et uniquement basée sur des faits nouveaux (1). La négative résulte des termes mêmes de l'article 310 d'après lequel la seule question que le Tribunal ait à résoudre est de savoir si le juge-

(1) V. Dalloz supplément, *Divorce*, ch. 5, sect. II, p. 499.

ment de séparation de corps peut être converti en jugement de divorce. Tout ce que le tribunal peut faire,
c'est de remplacer le mot séparation par le mot divorce.
Si donc l'époux contre lequel a été prononcée la séparation de corps prétend avoir des causes de divorce qui
n'existaient pas ou qu'il n'a pas fait valoir à l'instance en
séparation, il doit alors demander le divorce à l'aide de
la procédure ordinaire (1) et ne point recourir à la procédure spéciale de la conversion.

2° Réitération de la demande de conversion.

La loi n'a point voulu que la demande de conversion
de séparation de corps en divorce ne pût être renouve-
lée au bout d'un certain temps. En accordant au juge un
souverain pouvoir d'appréciation, elle a eu pour but de
lui laisser la faculté de trouver juste et nécessaire une
conversion en divorce que quelque temps auparavant,
en présence des mêmes motifs, il avait cependant rejetée. Les circonstances peuvent avoir changé. Des indi-
ces inattendus ont pu se produire. Et s'ils ne constituent
point de nouveaux faits et de nouvelles causes, ils ont
au moins la vertu d'influencer différemment la religion
du juge qui pourra se prononcer légitimement dans un
sens nouveau, sans que cependant on puisse le taxer de
s'être déjugé.

En conséquence, une demande de conversion est re-

(1) V. en ce sens : Req. 11 février 1889 précité (D. P. 1890, I). Carpentier.
La loi du 18 avril 1886, n° 195. Moraël, ouvrage précité, n°ʳ 203 et suiv.

cevable sans qu'il y ait lieu de s'arrêter à l'exception de chose jugée qui résulterait de la décision antérieure, rejetant une première demande tendant aux mêmes fins. C'est ainsi que s'est prononcée la Cour de Paris dans un arrêt du 3 juillet 1890 (1).

En exigeant un délai de trois années à partir du jugement de séparation, avant que la demande de conversion puisse être intentée, l'article 310 n'a pas eu en vue de prohiber le renouvellement de cette demande, dans le cas où elle aurait été une première fois écartée par le juge.

Cette nouvelle demande, n'ayant point été expressément prohibée par la loi, doit être considérée, en vertu des principes généraux du droit, comme tacitement autorisée, et rentrant dans les prévisions et les vues du législateur. D'autre part, à un certain point de vue, par son caractère et par sa nature, et aussi en raison du pouvoir discrétionnaire donné au juge pour l'accueillir ou la repousser, la demande de conversion ne peut jamais être considérée comme définitivement jugée, pas plus que les demandes en pension alimentaire, d'adop-

---

(1) Elle faisait valoir les considérations suivantes : La loi du 27 juillet 1884 en rétablissant le divorce a eu pour but et comme effet déplacer les époux séparés de corps, dans une situation transitoire. Dans la pensée du législateur, et pour des raisons d'ordre social supérieur, le divorce permettant la constitution légale d'une nouvelle famille doit être considéré comme le but final auquel les époux séparés de corps peuvent toujours espérer, suivant les inspirations de leur conscience et de leur volonté, et sous le seul contrôle du juge, et ce du jour où ils ont perdu l'espoir de reprendre la vie commune.

Voyez contrà Trib. Seine, 24 juillet 1889.

tion, ou celles relatives aux mesures provisoires ayant pour objet, au cours de l'instance en séparation de corps ou en divorce, la résidence de la femme ou la garde des enfants.

Ces considérations expliquent que la Cour de Paris, dans l'arrêt du 3 juillet 1890 (Dalloz, II, 59, 1891), ait consacré cette faculté de réitération de la demande de conversion, encore que l'on n'ait point de nouveaux motifs à invoquer. La décision du tribunal qui, dans l'espèce que cet arrêt a visée, l'avait repoussée une première fois, était en effet guidée par la situation de chacun des époux au moment où elle a été rendue ; et par conséquent, elle laissait intact pour chacun d'eux le droit de sortir de l'état de transition où ils ont été placés. par la séparation de corps, pour le cas où leur situation viendrait à se modifier, et à faire évanouir toute chance de rapprochement ; ce qui doit être, en cette matière, la cause déterminante de la conviction du juge.

On conçoit que cette doctrine paraisse surprenante, et la Cour de Paris elle-même avait jugé tout autrement le 1er juillet 1886.

Il semble extraordinaire, en effet, que l'on ne se heurte point à l'exception de chose jugée en renouvelant une demande de conversion. Déjà on a hésité avant d'admettre ce principe que la *demande de conversion* ne va point *elle-même* contre l'autorité de la chose jugée par la séparation. (Nous avons vu que l'on rejette ici l'application de l'article 1351.) Mais lorsqu'il s'agit de renouveler la

même demande, cet article ne s'applique-t-il point ?

« L'autorité de la chose jugée, dit-il, n'a lieu qu'à l'é-
gard de ce qui fait l'objet du jugement. Il faut que la
chose demandée soit la même; que la demande soit fondée sur la même cause ; qu'elle soit entre les mêmes parties, et formée par elles et contre elles en la même
qualité ».

Or, ne nous trouvons-nous pas en présence de toutes
ces conditions dans le cas qui nous occupe? En effet :
mêmes personnes, même but, même cause.

Et de plus n'est-ce pas le cas ou jamais d'appliquer
l'article 1351 pour empêcher la réitération de semblables procès ?

On ne peut véritablement soutenir qu'un époux pourra
tous les jours encombrer les rôles d'un Tribunal, intentant une nouvelle demande au lendemain de chaque dé-
faite, ne se décourageant jamais, et s'obstinant à espérer qu'un jour viendra où le juge reconnaîtra enfin que
les circonstances lui permettent d'accorder la conversion.

C'est cependant le résultat auquel on arrive en accep-
tant la théorie du dernier arrêt de la Cour de Paris, et
son premier arrêt de 1886 semble à première vue se
concilier les préférences.

Mais il faut remarquer que les inconvénients que nous
venons de signaler ne sont qu'apparents :

Il est en effet bien invraisemblable que l'on rencontre
cette obstination ridicule, chez un demandeur en con-

version. C'est là une objection imaginaire, et qui, dans le cas où elle se justifierait, n'entraînerait que des inconvénients matériels et pratiques qui ne doivent en rien ébranler la solution à donner au nom du droit.

L'esprit de la loi est bien de donner au juge un plein pouvoir d'appréciation dans toute cette matière de la conversion ; et ce serait singulièrement le limiter et le restreindre que d'empêcher le juge de déclarer que, sa manière d'apprécier les choses s'étant modifiée, il statue d'une façon différente. N'est-ce point cependant ce qu'on ferait indirectement en l'obligeant à opposer au demandeur qui renouvelle sa demande l'*exception de chose jugée*.

C'est pourquoi nous considérons que la Cour de Paris a été mieux inspirée en 1890 qu'en 1886.

Elle a eu raison d'écarter cet argument qu'elle avait cru trouver dans l'article 1351 du Code civil et de déclarer possible la réitération de la demande en conversion. Si cette solution paraît, au premier abord, heurter les idées généralement professées à l'égard de la chose jugée, il faut reconnaître que le caractère que nous assignons aux demandes de conversion défie l'intervention de l'article 1351.

En quoi consiste en effet le véritable caractère d'une demande en conversion ? C'est à donner au juge la faculté de faire porter son examen non pas tant sur des faits nouveaux ou sur des faits anciens, mais sur deux points :

Y a-t-il chance de réconciliation entre les époux ? Et la conversion se justifie-t-elle par la moralité ?

La cause en est donc externe aux faits eux-mêmes ayant amené la séparation. Elle est ailleurs que dans la séparation dont la conversion est, comme on l'a fort bien dit, « un effet possible mais nullement nécessaire ». La véritable cause génératrice de la conversion réside donc dans la situation des époux *telle qu'elle est devenue, et telle que l'ont faite les circonstances qui ont suivi la séparation de corps.*

Or, cette situation n'est-elle pas essentiellement variable ? Aujourd'hui l'époux coupable paraît éloigné pour toujours. Demain le repentir l'étreint et le ramène au foyer conjugal. Aujourd'hui la femme est disposée à pardonner, alors qu'hier elle repoussait bien loin toute idée de rapprochement. Peut-on ne point prévoir de pareils retours, de la part de la femme surtout si impressionnable et si changeante ?

La tâche du juge est infiniment délicate. Il doit avant tout se préoccuper de tous ces éléments psychologiques si difficiles à saisir et à analyser. Comment donc lui tracer une règle fixe dans une matière qui n'en comporte pas ? Il est à la merci des circonstances, comme l'époux est à la merci de ses sentiments. Aujourd'hui il doit absoudre, et demain il doit condamner. Ce n'est donc qu'à condition que l'examen du juge soit essentiellement renouvelable que la décision qu'il entraîne a chance de rester absolument juste.

Tout époux devra donc être admis à provoquer par une nouvelle demande la réitération de cet examen ; sauf pour le juge le droit de persister dans sa première opinion s'il lui paraît que la situation est demeurée identique à ce qu'elle était lors de la première instance.

Nous avons reconnu les inconvénients plus théoriques que pratiques, engendrés par cette manière de voir. Mais, croit-on que le système opposé ne conduit pas à de fâcheux résultats ? En effet le juge, saisi d'une demande en conversion, s'il est persuadé que pareille demande ne pourra plus se renouveler, est disposé à y faire droit sans exiger rigoureusement que tout espoir de réconciliation paraisse définitivement perdu. Ce serait alors, en quelque sorte, revenir à la conversion obligatoire admise par le Code de 1804 (1).

Inutile de démontrer maintenant que la réitération de la demande en conversion ne se heurte pas au principe de la chose jugée. Car si nous avons lors de la seconde instance *eædem personæ*, et *eadem res petita*, nous n'avons assurément pas *eadem causa petendi*, puisque cette dernière consiste dans la situation essentiellement changeante des époux. Elle n'est jamais la même à deux instants de sa durée. Bien plus : le fait d'une seconde demande en conversion a changé la situation qui existait après la première ; car à chaque nouvelle demande il peut se produire, il se produira même certainement un mouvement chez les époux. L'état de leurs sentiments

(1) V. en ce sens Saint-Marc, *De la conversion en divorce*.

se dévoilera sous un aspect que le temps écoulé et la remise en question des griefs d'autrefois, ont rendu différent. Parfois, le premier élément, prenant le dessus, l'éloignement a singulièrement diminué et la chance de réconciliation se trouve augmentée. Parfois aussi (et ce sera le cas malheureusement le plus fréquent), c'est le second élément qui domine et vient raviver toutes les blessures et les déchirer à nouveau. La séparation alors s'accentue de plus en plus et la réconciliation est devenue de moins en moins probable.

Bref, la réitération de la demande intervient toujours sur une situation différente de la première et la décision qui interviendra de nouveau se référera le plus souvent à un état qui s'est trouvé modifié. Cette demande est donc toujours recevable en la forme, dût-elle, par la suite être rejetée après l'examen du fond (1).

Une solution identique doit d'ailleurs être donnée à toutes les contestations judiciaires qui comportent l'appréciation d'une situation de fait actuelle.

Et c'est fort à propos que l'arrêt de la Cour de Paris, du 3 juillet 1890 rappelle l'analogie des demandes en pension alimentaire, des demandes d'adoption, comme aussi de toutes les demandes ayant pour objet au cours d'une instance en divorce ou en séparation de corps, la résidence de la femme ou la garde des enfants.

On pourrait encore rapprocher de cette classe d'hypo-

---

(1) Moraël, *op. cit.*, pp. 479 et suiv.

thèses la demande d'une femme mariée qui recourt à l'autorisation de justice ou la demande d'un créancier qui tend à faire prononcer la faillite de son débiteur. Evidemment, dans ce dernier cas, la situation du débiteur change de jour en jour, souvent elle s'aggrave. Et, au moment où ce débiteur cesse ses paiements, repousserons-nous la nouvelle demande du créancier au nom de l'autorité de la chose jugée (1) ?

De tout ceci nous conclurons que la règle édictée par l'article 1351 du Code civil n'est point faite pour des jugements qui, comme celui de la conversion de la séparation de corps en divorce, ont à statuer sur des situations de fait essentiellement changeantes.

Abordons maintenant notre dernier chapitre dans lequel nous allons étudier les effets produits par le jugement de conversion.

(1) V. en ce sens, *Note sous l'arrêt de la Cour de Paris du 3 juillet 1890*, par M. Charles Beudant (Dalloz, 1891, t. II, 58).

CHAPITRE V

Qu'il s'agisse des effets de la conversion quant aux biens ou quant à la personne des époux, ou quant à leurs enfants, toute la théorie de la loi peut se ramener à la formule suivante qui nous servira de critérium et dont nous nous bornerons à déduire les conséquences dans la suite de ces développements : « Le jugement de conversion n'est pas autre chose que la substitution dans le premier jugement, en en *maintenant tous les termes*, du divorce à la séparation de corps ».

L'idée maîtresse qui domine et éclaire toute la matière, c'est que sauf cette substitution aucune modification n'est apportée par le jugement dans la situation respective des époux. Chacun d'eux garde donc la position et la qualité qu'il doit au premier jugement. Celui-là sera bénéficiaire de la conversion qui est bénéficiaire du jugement primitif, et la conversion sera nécessairement prononcée contre celui contre qui la séparation l'a été.

Si la séparation a été obtenue reconventionnellement, la conversion sera reconventionnelle. Peu importe dès lors la question de savoir qui a pris l'initiative de la conversion, peu importe que ce soit le défendeur de la première instance. Il est faux de dire qu'il *obtienne* le divorce. Le renversement des rôles dans la nouvelle instance est sans conséquences, et quoique demandée et provoquée par l'ex-défendeur, la séparation n'en sera pas moins prononcée *contre lui*.

Les parties conservent donc leur rôle respectif. A ce point de vue, pas de changements. Où est alors la modification? Elle est dans la substitution du divorce à la séparation de corps, c'est-à-dire dans ce fait que la rupture absolue du lien conjugal vient remplacer ce qui n'en était jusque-là que le relâchement.

C'est la combinaison de ces deux idées, maintien du rôle respectif des parties d'une part, et de l'autre substitution du divorce à la séparation qui nous guidera dans l'étude des effets de la conversion : effets qui seront envisagés dans trois sections distinctes :

Effets quant aux biens. Effets quant aux personnes des époux, et quant aux enfants.

Section I. — Effets de la conversion quant aux biens.

La séparation antérieurement prononcée a eu pour effet de dissoudre le régime matrimonial adopté par les époux expressément ou tacitement lors du mariage, et qui a été remplacé par la séparation de biens (art. 311). Partant, le régime primitif étant déjà détruit, la conver-

sion est sans effets vis-à-vis de lui. Elle opère du moins
vis-à-vis de la séparation de biens.

La séparation, tout en donnant à la femme, relativement à l'administration de ses biens les pouvoirs de
large administration que lui reconnaît l'article 1449
maintient cependant pour la femme la nécessité de l'autorisation maritale quant à l'aliénation des immeubles.
Cette restriction disparaît avec le divorce résultant de la
conversion. La séparation de biens, régime de quasi-in-
dépendance est remplacée désormais par la pleine indépendance pour la femme.

La jurisprudence a fait de cette idée une application
intéressante dans l'hypothèse suivante :

A la suite d'une liquidation intervenue après séparation de corps et de biens, des valeurs mobilières avaient
été attribuées à la femme avec cette clause qu'elle ne
pourrait en toucher le capital ni en disposer sans le concours du mari. La séparation étant convertie en divorce,
le Tribunal a décidé que la femme devenait libre de né-
gocier les titres seule et à son gré, la clause restrictive
étant nécessairement subordonnée à l'existence de l'autorité maritale (1).

D'autre part si nous supposons les époux mariés sous
le régime dotal, étant donné que la séparation de corps
n'a pu faire perdre aux biens dotaux leur caractère de
biens inaliénables, l'inaliénabilité cessera seulement
avec le jugement de conversion. Ce jugement aura en-

(1) Trib. Seine, 29 décembre 1887.

core une grande importance au point de vue des droits
successoraux de l'un des époux vis-à-vis de l'autre. Mais
sur ce point, il importe de tenir compte des innovations
apportées dans la matière par la loi du 26 mars 1891,
réglant les droits du conjoint survivant.

Antérieurement à cette loi, quant aux droits successoraux, la situation des époux était la suivante ; la séparation de corps laissait intact le droit de succession réciproque des conjoints (1).

Le divorce, au contraire, le faisait disparaître.

De là l'importance théorique considérable de la conversion supprimant le droit de succession ; nous disons
importance théorique : en effet le droit de succession
dans le système du Code n'est ouvert au conjoint qu'en
l'absence de parents jusqu'au douzième degré ; et de ce
chef l'application de l'article 767 était rare. En second
lieu, à supposer l'absence de parents au degré successi-
ble, celui des conjoints qui voulait enlever à l'époux séparé tout droit sur sa succession avait à sa disposition
un procédé plus simple que la conversion ; il lui suffisait
d'écarter le conjoint par une disposition de dernière
volonté, en instituant une personne légataire de ses biens.

La loi de 1891 est venue modifier cet état de choses :

D'abord en accordant au conjoint survivant en présence de tous successibles y compris les enfants, un
droit de succession variant du 1/4 à la 1/2 en usufruit

____

(1) Aubry et Rau, 4ᵉ éd., tome V, p. 207 ; tome VI, p. 337 ; et Demolombe,
Successions, t. II, nº 175.

de la fortune du prédécédé, elle a donné une importance pratique à la conversion beaucoup plus considérable. Il y aura en effet désormais intérêt à substituer le divorce à la séparation pour faire cesser le droit de succession. Toutefois, il faut tenir compte d'un point de vue nouveau de la loi de 1891 et ne pas oublier que si dans la mesure indiquée, cette loi élargit les droits du conjoint survivant, elle les a restreints par ailleurs. Dans le système du Code civil, le droit de succession subsistait entre les époux séparés de corps sans distinction. Et celui contre lequel la séparation avait été prononcée pouvait s'en prévaloir vis-à-vis de la succession du conjoint non coupable.

La loi de 1891, en modifiant l'ordre de vocation du conjoint, et en lui faisant de ce chef, une situation plus favorable a restreint cet avantage à la personne du conjoint contre lequel *n'existe pas de jugement de séparation de corps passé en force de chose jugée.*

A titre de déchéance, celui-ci est privé du droit de succession qui subsiste en faveur du seul conjoint non coupable. Le principe de réciprocité reçoit ici une dérogation.

Il faut donc dire aujourd'hui, pour être rigoureusement exact, que la conversion de la séparation en divorce fait disparaître le droit de succession que la séparation avait laissé subsister au profit du seul époux non coupable ; la séparation ayant par avance supprimé le droit de l'autre.

Sous l'empire de la loi nouvelle, l'observation faite plus haut trouve encore sa place en ce que le procédé plus simple d'une disposition testamentaire met obstacle au droit du conjoint *qui n'est pas un héritier réservataire*. Ce procédé s'offre en tous cas au conjoint coupable si le tribunal lui refuse la conversion dans son pouvoir souverain d'appréciation.

Dernière observation à propos de la loi de 1891 qui, au point de vue logique des divisions adoptées, devrait peut-être se placer au paragraphe consacré aux obligations des époux, mais que nous rapprocherons des explications précédentes pour ne pas scinder nos observations relatives à la loi nouvelle.

Le conjoint survivant, avons-nous dit, n'est pas un héritier réservataire, et la volonté du prédécédé peut lui enlever tout droit de succession.

Cependant, tout en reconnaissant ce principe de liberté, on a voulu éviter que les caprices du prédécédé ne pussent jeter dans la misère complète un époux sans fortune personnelle; et on a corrigé l'absence de réserve par l'octroi au survivant d'une pension alimentaire contre la succession du prédécédé (1).

A cette pension alimentaire, chacun des conjoints a

---

(1) Il est à remarquer que cette idée d'une pension alimentaire tenant lieu dans une certaine mesure d'un droit de succession n'est pas absolument nouvelle dans notre législation. La pension existe pour les enfants adultérins et incestueux et leur tient lieu de droits successoraux vis-à-vis de leurs auteurs. Cette conception a reçu même une extension considérable, dans le projet de Code civil allemand où elle remplace d'une façon générale les droits de réserve.

droit vis-à-vis de la succession de l'autre encore qu'il y ait eu séparation de corps prononcée, et ici la loi ne reproduit plus les distinctions par elle faites entre le conjoint qui a obtenu la séparation, et celui contre qui elle a été prononcée. L'époux coupable y a son droit. D'autre part une disposition expresse de la volonté du prédécédé ne pouvant supprimer ce droit à la pension qui a, dans une certaine mesure, le caractère d'une réserve pour le survivant, le seul procédé pour faire disparaître le droit à la pension, c'est de convertir la séparation de corps en divorce. A ce point de vue la conversion aura un réel intérêt puisqu'elle est le seul moyen offert à l'époux pour enlever à son conjoint le droit que lui reconnaît la loi de 1891.

L'influence du jugement de conversion incontestable aux points de vue que nous avons indiqués jusqu'ici touchant les biens des époux, s'exerce-t-elle aussi lorsqu'il s'agit de régler le sort des donations faites par les conjoints l'un à l'autre ?

La réponse dépend de la solution à laquelle on s'arrête sur l'extension de l'article 299 du Code civil et son application à la matière de la séparation de corps. Rappelons brièvement les éléments de la question.

Aux termes de l'article 299 du Code civil, l'époux contre lequel le divorce est prononcé perd de plein droit tous les avantages que l'autre époux lui a faits par contrat de mariage ou depuis le mariage.

Pareille déchéance contre l'époux coupable n'est pas

édictée par la loi en matière de séparation. Doit-on l'é-
tendre d'un cas à l'autre? Si on se refuse à l'extension, la
conversion de la séparation en divorce prend de ce chef
une importance capitale puisqu'il en résultera l'application d'une déchéance. Si l'on admet, au contraire, que la
déchéance s'est produite par avance du fait du jugement
de séparation, l'intérêt de la conversion se trouve sur
ce point à peu près supprimé.

La controverse malgré la résistance de certains auteurs (1) est tranchée depuis longtemps en pratique et
l'arrêt solennel de la Cour de cassation du 23 mai 1845,
(S. 46, 1, 321), a servi de base à une jurisprudence constante consacrant l'application de l'article 299 à la séparation de corps.

Les motifs de cette jurisprudence sont trop connus
pour que nous les exposions longuement. Elle s'inspire
de l'idée mère qui a guidé le législateur de 1884 dans
sa réglementation de la séparation dont il a voulu faire,
selon l'expression d'un des rédacteurs du Code ; « le divorce des catholiques. »

Le principe directeur c'est celui de l'assimilation complète de la séparation et du divorce sur tous les points du
moins où cette assimilation ne serait pas en contradiction avec le maintien du lien conjugal subsistant dans
une hypothèse et rompu dans l'autre.

Or, la déchéance écrite pour le divorce se transporte
en matière de séparation sans que l'on puisse y voir quel-

(1) V. notamment Aubry et Rau, 4ᵉ édit., V, p. 208 ; Laurent, t. III, n° 354.

que chose d'inconciliable avec l'idée de lien conjugal
maintenu. D'autre part, cette extension se justifie pleinement si l'on considère que les causes de la séparation,
étant les mêmes que celles du divorce, la conduite de l'é-
poux coupable doit lui valoir les mêmes déchéances, que
l'époux outragé prenne l'une ou l'autre des voies à lui
offertes. Sinon il bénéficierait d'un scrupule de conscience de son conjoint.

Enfin, en traitant, au point de vue des déchéances,
d'une façon moins rigoureuse l'époux coupable séparé
que l'époux coupable divorcé, la loi exercerait une sorte
de pression morale sur l'époux outragé ; elle le pousse-
rait à demander le divorce, pour y trouver une satisfaction plus complète au mépris de ses convictions et de
ses principes.

Cette jurisprudence étant tenue pour définitivement
établie, l'intérêt de la conversion se trouve singulièrement atténué. Elle ne fera plus que confirmer l'application des déchéances inscrites dans l'article 299 ; application que personne dès lors ne pourra plus contester.

Répétons seulement ici ce que nous avons posé en
principe au début de l'étude des effets de la conversion.
Celle-ci ne saurait modifier en rien le rôle que le jugement de séparation a fixé à chacune des parties. Le bénéficiaire du jugement de séparation garde sa qualité
après la conversion, encore que celle-ci ait été prononcée à la requête de l'autre conjoint. Et, si nous supposons la séparation prononcée reconventionnellement,

comme les avantages auront disparu des deux côtés, le jugement de conversion confirmera simplement cette situation.

Si le jugement de conversion ne modifie pas la situation respective des époux, et si le défendeur à la séparation ne peut réclamer la cessation de la déchéance prononcée contre lui, par ce seul fait qu'il y a conversion, est-ce à dire, du moins, qu'il soit absolument sans ressources ? Non, si l'on admet qu'il peut au jour de la conversion intenter une demande reconventionnelle en divorce, qu'il oppose à la demande en conversion intentée par l'ancien demandeur. Non, encore, si on lui permet de demander le divorce par voie principale, et si ce divorce lui est accordé à condition d'établir que l'ancien demandeur s'est rendu coupable d'une faute de nature à entraîner le divorce.

A supposer l'ancien défendeur à la séparation victorieux dans sa demande reconventionnelle ou principale, il ne faut pas conclure de là que la déchéance encourue par lui en vertu du jugement de séparation de corps disparaîtra. Il ne faut pas oublier que cette déchéance est définitive ; et la faute du conjoint, encore qu'elle légitime contre lui le prononcé du divorce, n'efface pas la faute antérieure du défendeur à la séparation. La déchéance doit donc subsister. Seulement cette déchéance sera appliquée désormais aux deux parties, tandis qu'elle ne l'était jusque-là qu'à une seule.

Voilà brièvement résumées les conséquences de la

théorie commune admettant la transposition de l'article 299 dans la matière de la séparation de corps. La conversion n'a, dans cette théorie, qu'un rôle purement confirmatif.

Si, avec la minorité des auteurs, on repousse l'extension de l'article 299, il faudra dire que du jour seulement de la conversion commencera l'application de l'article 299 au profit du bénéficiaire du jugement de séparation devenu bénéficiaire de la conversion.

La conversion sera alors une cause d'aggravation pour la situation de l'époux coupable, lequel sera traité désormais, comme si son conjoint avait, dès le début, demandé le divorce. Il y aurait lieu de suivre l'application de la même idée quant à l'effet de la conversion sur la pension alimentaire due par le conjoint coupable à l'époux innocent à titre d'indemnité en vertu de l'article 301, si nous ne pensions plus rationnel de placer nos observations sur ce point au chapitre relatif aux effets de la conversion vis-à-vis des personnes. Ce procédé nous permettra de ne pas scinder nos observations sur la matière, et de traiter à la fois, en les comparant l'une à l'autre, la pension due en vertu de l'article 212, et celle de l'article 301.

Disons seulement par avance que la solution donnée pour les donations doit être appliquée à la pension alimentaire de l'article 301, et que la déchéance résultant de cet article contre l'époux coupable, devant à notre avis être transportée en matière de séparation de corps, le jugement de séparation ne saurait avoir à ce point de vue qu'un effet purement confirmatif.

Section II. — Effets de la conversion quant aux personnes des époux.

En cette matière comme en ce qui touche les biens, c'est toujours l'idée d'une dissolution complète du lien conjugal, substituée à ce qui n'en était que le relâchement qui doit nous servir de guide. La conversion aura en principe les mêmes effets que la mort de l'un des conjoints. Chacun des époux recouvre sa pleine et entière liberté, alors que la séparation n'avait été qu'un acheminement et comme une étape vers la libération.

De cette idée, il nous faut suivre l'application touchant la faculté de contracter un nouveau mariage ; touchant le nom, et enfin les obligations dérivant du mariage.

§ I. — *Second mariage.*

Aux termes des articles 228 et 296 combinés, il est imposé à la femme un délai de dix mois depuis la dissolution du premier mariage, pour pouvoir en contracter un second. Et ce délai est imposé à la femme sortie des liens du mariage par le divorce, comme à la femme redevenue libre par le décès du mari.

Le motif en matière de divorce, ne peut être l'observation de convenances sociales relative au deuil de la femme, observation que l'on fait valoir en cas de décès du mari à côté de la véritable raison de la règle, à savoir la crainte de la confusion de part.

En cas de divorce, il ne saurait être question d'une autre justification du délai imparti à la femme que la crainte de la confusion de part.

La règle étant ainsi justifiée en cas de divorce, il semble qu'elle devrait recevoir exception, quand le divorce intervient à la suite d'un jugement de conversion. Dans cette hypothèse, en effet, le jugement de conversion n'intervenant qu'après un minimum de trois ans depuis que les époux ont cessé la vie commune, il ne semble guère y avoir à craindre une confusion de part. C'est la vie commune qui rend vraisemblable l'éventualité prévue par la loi. Et la vie commune a cessé depuis un temps bien supérieur à la durée des gestations les plus longues.

D'excellents esprits ont, en s'appuyant, sur les considérations que nous venons d'invoquer, demandé une réforme législative qui supprimerait l'application de l'article 228, quand le divorce intervient à la suite d'un jugement de conversion.

Par là même qu'on réclame l'intervention du législateur, on reconnaît que jusqu'à ce que cette intervention se soit produite, l'article 228 doit recevoir une application générale que commande du reste la généralité de ses termes.

Il est à noter d'ailleurs que pour mettre l'article en

parfaite harmonie avec le motif fourni pour expliquer la prohibition qui l'édicte, il faudrait même au cas de divorce intervenant directement sous le préliminaire de la séparation, faire courir le délai du jour où l'ordonnance du Président a fixé à la femme un domicile séparé.

A partir de cette heure cesse la vie commune, et de cette heure devrait logiquement commencer à courir le délai de dix mois.

On peut ajouter que c'est là le système suivi par la loi quand il s'agit de fixer la durée de la gestation, et, par suite, la présomption de paternité touchant l'exercice de l'action en désaveu.

Pour en revenir à la question spéciale de l'application de l'article 228, au cas de conversion, nous ne croyons pas qu'il soit impossible d'en justifier l'application.

Depuis trois ans, au moins, les époux sont séparés, il n'y a pas à supposer, dit-on, le jour où le divorce intervient, que la femme soit enceinte des œuvres du mari : partant, elle doit pouvoir se marier de suite, sans qu'il y ait à craindre une confusion de part.

On s'exagère singulièrement, à notre avis, les conséquences de la séparation : qu'en fait, la confusion ne soit pas à craindre c'est possible, mais en droit, les époux, malgré la séparation, restent astreints aux devoirs de fidélité. L'enfant de la femme est toujours réputé issu des œuvres du mari ; et la preuve c'est que le désaveu (singulièrement facilité, il est vrai) reste cependant nécessaire pour faire tomber la présomption « *Pater is est* ».

En fait, même une réconciliation n'a-t-elle pas été possible? La grossesse de la femme doit la faire présumer, à moins d'une dénégation du mari dans la forme du désaveu.

Pour ces motifs, nous ne considérons pas la simple séparation comme devant faire écarter toute crainte de confusion de part. A partir du divorce seulement cesse l'application des présomptions de paternité, par rapport au premier mari. A partir du divorce seulement doit courir le délai de dix mois nécessaire pour permettre à la femme de contracter une nouvelle union.

§ II. — *Mariage de l'époux coupable avec son complice.*

La loi de 1884, après le Code civil, interdit à l'époux contre lequel le divorce a été prononcé pour cause d'adultère de se marier avec son complice. Il y aurait beaucoup à dire sur la valeur législative de cette disposition écrite dans l'article 298. Les partisans de la prohibition édictée par la loi l'ont défendue au nom de la morale, en soutenant que la possibilité du mariage serait une prime à l'adultère et un encouragement au désordre. On peut répondre que la morale aurait peut-être davantage à gagner à la régularisation des relations qui, le plus souvent, survivront au divorce.

Quoi qu'il en soit, la prohibition existe ; et elle doit recevoir son application, qu'il y ait eu divorce prononcé directement ou à la suite d'une instance en conversion.

A première vue, le jugement de conversion paraît sans intérêt sur ce point spécial. Sans doute, l'époux coupable ne pourra pas épouser son complice après la conversion, et ceci, en vertu de l'article 298, mais la situation était la même antérieurement, alors qu'il y avait séparation, en vertu, il est vrai, d'un motif différent, à savoir l'existence du premier mariage non dissous. Le résultat semble donc toujours le même, ce qui est le point important. Donc, point d'intérêt à demander la conversion : si le motif diffère, la prohibition reste identique.

Il importe cependant de noter une différence. Supposons que l'époux outragé, ayant demandé la séparation pour cause d'adultère, vienne à mourir, avant d'avoir obtenu la conversion, l'époux coupable aura alors le droit d'épouser son complice. On ne pourrait éviter cette solution qu'en transportant l'article 298 dans la matière de la séparation de corps. Or, c'est une disposition présentant à un trop haut degré le caractère pénal pour qu'une pareille extension puisse être proposée. Et, comme cette extension serait le seul moyen d'empêcher le mariage de l'époux coupable avec son complice il faut conclure à la possibilité d'une pareille union.

Supposons par contre qu'il y ait eu après la séparation une instance en conversion, et par là même substitution du divorce à la séparation. l'article 298 s'applique désormais sans contestation et l'époux outragé n'a plus à craindre que l'époux coupable et son complice viennent jamais demander à la loi la consécration officielle de leurs relations ; delà l'intérêt de la conversion.

Nous ajouterons que cet effet juridiquement incontestable du divorce se trouve en fait très atténué par l'interprétation que la pratique donne à l'article 298.

La jurisprudence n'applique l'article 298, c'est-à-dire, ne prohibe le mariage avec le complice que quand celui-ci est *suffisamment désigné*. Sans aller avec certains auteurs jusqu'à exiger que cette désignation résulte de la mention de la personne du complice dans un jugement (ce qui réduirait à peu près à l'état de lettre morte, la prohibition de l'article 298), la jurisprudence exige du moins la constatation du nom du complice dans un acte officiel (tels seraient les procès-verbaux de l'enquête à la suite de laquelle le divorce a été admis, ou le procès-verbal du commissaire de police constatant le flagrant délit) (1), *a fortiori*, l'indication dans un jugement. En présence de ces exigences des tribunaux quant à la désignation du complice, il arrivera souvent que l'article 298 restera sans application.

Ajoutons pour être complets que tout le monde s'accorde à ne voir dans la disposition de cet article, qu'un empêchement prohibitif ; et qu'en conséquence, à supposer surprise la religion de l'officier de l'état civil, le mariage contracté avec le complice ne saurait être attaqué par la voie de la nullité.

(1) En ce sens, Trib. Melun, 25 février 1885 (S. 87, 2, 93).

§ III. — *Nom.*

C'est une habitude consacrée par les usages du monde que la femme mariée prenne le nom de son mari. Ce nom, elle continue à le porter dans le cas de séparation ; et ceci, à juste titre à notre avis, puisque le mariage subsiste. Aussi croyons-nous critiquable la disposition portée au projet de loi sur la séparation de corps voté par le Sénat le 28 janvier 1887, et permettant au jugement de séparation d'interdire à la femme de porter le nom de son mari (1). En tous cas l'introduction d'une disposition spéciale prouve bien le droit reconnu à l'heure actuelle à la femme séparée de porter le nom de son mari.

Il est à remarquer, du reste, qu'il n'y a là au profit de la femme séparée ou non que le bénéfice d'un usage social ; et que dans les actes, elle reste qualifiée et désignée par son propre nom suivi des mots « femme de ».

Quelle sera, au point de vue de l'appellation de la femme, la conséquence d'un jugement de conversion? A notre avis, il enlèvera à la femme le droit de porter le nom du mari. Elle ne devra plus se faire appeler Mme X, car cette convention mondaine suppose l'existence du lien conjugal, rompu précisément par le divorce. Elle aurait seulement le droit de se faire appeler « *femme divorcée de...* », comme en cas de décès du mari, elle aurait pu prendre dans les actes la qualification de « veuve de ».

____

(1) *J. off.*, 29 janvier 1887. Débats parlementaires. Sénat, p. 556.

Suivant une formule qui nous paraît très exacte (1), la femme divorcée ne peut porter un titre qui semblerait impliquer la continuation du mariage dissous, mais elle a le droit de se servir d'une qualification qui se réfère à ce mariage, en en rappelant la dissolution.

Voilà, à notre avis, la règle où conduit l'application normale des principes. Il n'y a donc pas à reprocher au législateur de 1884, de ne pas avoir tranché la question par un texte. Ce texte était inutile.

C'est pour avoir méconnu ces données très simples que les tribunaux ont été conduits à rendre en la matière des décisions contradictoires (2).

L'erreur de la jurisprudence c'est d'avoir reconnu à la femme un véritable *droit* à porter le nom du mari. De là, les uns ont conclu que la femme, même divorcée, ne pouvait être déchue de ce droit sans un texte formel. Les autres ont admis sur ce point un souverain pouvoir d'appréciation pour les tribunaux, qui, suivant les cas accorderaient ou refuseraient à la femme le droit au nom de l'ex-mari. Tout ceci est arbitraire. Ces décisions supposent du fait du mariage un droit acquis par la femme sur le nom du mari. Et là est le vice originel.

Il ne faut voir dans l'appellation de Mme Z... ou Mme X... que l'énonciation d'un simple fait; l'indication de l'état de mariage dans lequel se trouve la femme.

(1) Moraël, p. 301.

(2) Trib. Lyon, 4 mars 1886 ; Trib. Nîmes, 8 avril 1887 ; Toulouse, 18 mai 1886 (S. 1886, 2, 119). Dijon, 27 juillet 1887 (S. 1888, 2, 18). Nîmes, 8 août 1887 (S. 1888, 2, 19).

Même séparée, la femme, peut continuer à s'en prévaloir, car le mariage subsiste. Du jour du divorce, cette manière de parler (et il n'y a là rien de plus) ne peut plus être employée (1).

IV. — *Obligations dérivant du mariage.*

Le mariage entraîne entre les époux des droits et devoirs réciproques, énumérés par les articles 212 et suivants du Code civil. Parmi ces obligations et ces devoirs, les uns ont disparu avec la séparation de corps, les autres lui ont survécu. Pour les premiers, le jugement de conversion n'aura qu'un effet confirmatif ; il les rendra définitifs, de provisoires qu'ils étaient jusque-là, étant donnée l'éventualité toujours possible d'une réconciliation. Pour les seconds l'effet du jugement de conversion sera de les faire disparaître.

Dans la première catégorie nous rangerons avec la majorité de la doctrine, et la jurisprudence, l'obligation pour la femme de résider avec son mari. Du jour de l'ordonnance du président, elle a pu avoir une résidence distincte ; après la séparation, la femme aura le droit d'acquérir un domicile séparé. Le jugement de conversion ne fera que confirmer cet état de choses. Nous ferons rentrer dans la même catégorie l'obligation d'assistance. L'assistance consiste dans les soins personnels que l'un des époux doit à l'autre en cas de maladie. Cette

(1) M. Planiol, *Revue critique*, 1889, p. 556.

obligation suppose par définition, le dévouement des époux l'un à l'autre. Elle suppose l'affection réciproque, toutes choses qu'exclut le fait même de la séparation. Elle n'est enfin qu'une conséquence de la vie commune qui, par hypothèse, a cessé.

Aussi nous refusons-nous à admettre la survie du droit d'assistance à la séparation.

Toujours par les mêmes raisons, c'est-à-dire cessation de la vie commune, nous affranchirons la femme de l'obligation de contribuer aux charges du ménage, dans les cas prévus par les articles 1448, 1537 et 1575, ceci du jour de la séparation. Ici encore la conversion n'aura plus rien à faire disparaître.

Par contre la conversion opèrera à l'encontre des droits et devoirs que la séparation a été impuissante à modifier : devoir d'obéissance pour la femme et de protection pour le mari ; devoir de fidélité pour les deux époux. Sur ces points, pas de contestation : la séparation n'avait pu éteindre les différentes obligations que nous venons d'indiquer.

Quant à la nécessité de l'autorisation maritale pour la femme, elle avait été restreinte dans une certaine mesure, suivant la distinction de l'article 1449, par l'effet de la séparation de biens, conséquence forcée de la séparation de corps. Elle n'en subsistait pas moins comme principe. La conversion est donc utile pour y mettre fin.

Jusqu'ici les solutions données ne présentent guère de difficultés, et les décisions de justice sont rares sur ces différents points. Il n'en est pas de même pour une dernière hypothèse à savoir pour la troisième qui se réfère aux obligations prévues par l'article 212 : c'est-à-dire le devoir de secours. Quel est l'effet du jugement de conversion à ce point de vue? Et dans quelle mesure, l'obligation de secours survit-elle à la conversion ? Il y a là tout un ensemble de questions sur lesquelles la jurisprudence s'est à maintes reprises prononcée.

Dégageons tout d'abord les données du problème :

Le secours consiste dans la prestation des choses nécessaires à la vie ; prestations effectuées en nature ou en argent. C'est l'obligation alimentaire existant d'époux à époux. Le divorce rompant le lien conjugal et les époux devenant étrangers l'un à l'autre, l'obligation de secours inscrite dans l'article 212 disparaît. Est-ce à dire qu'elle ne revit pas sous une forme différente, et à un titre nouveau ; c'est ce qu'il nous faut examiner.

Comme on l'a dit (1), la loi a beau permettre le divorce, elle ne peut revenir sur des faits accomplis. Si, dans la rigueur théorique du droit, les époux n'ont désormais plus rien de commun, ils ont été unis pendant un certain temps. Et ce passé laisse des traces. Il en est ainsi notamment en matière de pension alimentaire.

La loi de 1792 sur le divorce contenait à cet égard deux ordres de dispositions : la première faisait survivre l'obligation alimentaire au divorce. Aux termes de l'article 8, § 3, il est alloué par des arbitres de famille,

____
(1) Testoud, *France judiciaire*, 1891, 1ʳᵉ partie, p. 36.

dans tous les cas de divorce, une pension alimentaire à l'époux divorcé qui sera dans le besoin ; autant néanmoins que les biens de l'époux pourront le supporter ; et déduction faite de ses propres besoins.

L'obligation alimentaire ainsi maintenue continue à exister entre les deux conjoints, sans distinction entre l'époux coupable et l'époux innocent. Tous deux peuvent en être bénéficiaires. L'obligation alimentaire réciproque, dans le système de la loi de 1792 survit donc au divorce.

Dans la seconde disposition (art. 7 de la loi), un second principe est posé : à titre d'indemnité pour l'époux innocent, et pour lui seul, une pension viagère peut être établie sur les biens de l'époux coupable. Il y a dans cette règle l'application d'un principe d'équité. Une réparation est due par l'époux coupable à l'époux innocent, et la loi lui donne sa consécration.

Le Code civil, et après lui les lois de 1884 et de 1886 ont fait subir à cette conception du législateur de 1792 une modification importante. Se refusant à admettre cumulativement la persistance de l'obligation alimentaire *réciproque* et le principe d'une indemnité viagère au profit du seul conjoint innocent, la loi considère l'obligation réciproque comme éteinte.

La logique imposait cette solution. Au nom de l'équité, le Code (art. 301) a consacré le principe de l'indemnité au profit de l'époux innocent.

L'article 301 permet l'allocation d'une pension alimentaire au conjoint non coupable, en la subordonnant à deux conditions : absence d'avantages matrimoniaux stipulés à son profit, ou insuffisance desdits avantages ; situation précaire du bénéficiaire du jugement de divorce.

En tous cas, le montant de ladite pension ne saurait dépasser le tiers des revenus du conjoint contre lequel le divorce est prononcé.

Voilà l'effet du divorce quant aux droits aux aliments. Plaçons en regard ceux de la séparation tels que la jurisprudence et la majorité de la Doctrine les comprennent. Ils seront précisés d'un mot si nous disons que ce sont ceux du divorce tels que les avait fixés la loi de 1792.

D'abord, comme à l'époque révolutionnaire, maintien de l'obligation alimentaire *réciproque*. Et ce maintien, au point de vue logique est ici plus facile à justifier puisque le lien conjugal subsiste. Ceci suffit [pour expliquer la survie de l'obligation alimentaire à la séparation. La séparation n'aura d'effet que sur le mode d'exécution de la prestation. Effectuée en nature tant que dure la vie commune, la prestation s'effectuera désormais en argent ; là sera la seule modification.

Que l'on ne reproche pas à cette solution d'être en contradiction avec celle par nous admise sur l'obligation d'assistance que nous avons déclarée éteinte par la séparation. La différence d'exécution des deux obligations justifie la différence de solutions.

Le devoir d'assistance supposant des soins personnels n'a plus sa raison d'être avec la rupture de la vie

commune ; le devoir de secours susceptible de s'exécuter en argent peut par là même survivre à la séparation.

Ce qu'il importe de bien remarquer, c'est que l'obligation de secours ainsi maintenue après la séparation a
le caractère réciproque. Elle a sa base dans le lien conjugal. Elle peut donc être invoquée par l'époux coupable
comme par l'époux innocent.

C'est là un point consacré par la jurisprudence de la
Cour de cassation. Et la Chambre civile en a fait application dans une hypothèse qui en met bien en relief le
caractère absolu. La pension est en effet allouée à une
femme contre laquelle la séparation a été prononcée
pour cause d'adultère. Malgré la faute de la femme, la
Cour proclame le droit pour elle d'invoquer l'article 212 (1). S'il existe sur ce point quelques décisions
rendues en sens contraire, on peut expliquer le refus de
la pension par des considérations d'espèce, notamment
par ce fait que le réclamant était encore en état de gagner sa vie par le travail. Mais ce n'est pas seulement
sur l'article 212 que la jurisprudence s'appuie pour établir le principe de l'obligation alimentaire en matière de
séparation. Transportant l'article 301 du divorce à la
séparation de corps, elle trouve dans cet article la base
d'un second droit à une pension, mais avec les restrictions mises par l'article 301, c'est-à-dire en la réservant

(1) Arrêt du 3 avril 1883. *Journal du Palais*, 1884, p. 151.

au seul époux bénéficiaire de la séparation (1). Le motif de cette extension de l'article 301 à la séparation est
le même que celui que nous avons indiqué pour légiti-
mer l'extension de l'article 299. L'article 301 n'est du
reste que le corollaire de l'article 299 : Il faut assurer le
sort de l'époux non coupable, et la faute de son conjoint
ne doit pas le réduire à la misère. L'octroi de la pension
se justifie donc aussi facilement en matière de séparation qu'en matière de divorce.

On n'a guère affaibli la valeur de ces raisons, en op-
posant à la solution de la jurisprudence qu'il est impossible d'admettre concurremment deux textes, dont l'un
permet aux deux époux de demander une pension alimentaire et dont l'autre n'accorde ce droit qu'à un
seul (2).

Le rapprochement que nous avons pris soin d'établir
entre la doctrine de la jurisprudence sur l'obligation alimentaire en matière de séparation, et celle du législateur
de 1792 sur le même point relativement au divorce,
prouve que les deux points de vue peuvent coexister sans
s'exclure.

Ces différentes solutions étant rappelées (et elles étaient
indispensables à connaître pour l'intelligence de ce qui
va suivre), il nous faut rechercher quel sera l'effet d'un
jugement de conversion touchant la question de pension
alimentaire.

(1) Cassation, 28 août 1864 (S. 1864, 1, 487) ; Douai, juin 1885 (S. 1886, 2,
177).
(2) Moraël, p. 310.

Le jugement de séparation qui a été l'objet d'une sorte de novation, qui a été transformé en jugement de divorce avait, par hypothèse accordé une pension alimentaire à l'un des conjoints. Que va devenir cette pension ? Continuera-t-elle à être due après la conversion?

Des innombrables décisions que les tribunaux ont été appelés à rendre sur le point spécial qui nous occupe (1), on peut déduire un certain nombre de règles. Tout d'abord la pension due en vertu de l'article 212 cesse avec la conversion. Ceci est la conséquence incontestée de cette idée que le divorce rompt complètement le lien conjugal que la séparation avait seulement relâché.

D'autre part, la pension due en vertu de l'article 301 transportée en matière de séparation, continue à être due postérieurement à la conversion. De plus, la pension allouée jusqu'à l'heure de la conversion en vertu de l'article 212, peut être remplacée par la pension de l'article 301.

Cette dernière solution admise par les arrêts, semble enlever tout intérêt aux distinctions qui viennent d'être établies. Qu'importe à quel titre la pension survit à la conversion, le point important, c'est son maintien.

En réalité, la distinction a une grosse importance : tout d'abord, parce que, comme nous l'avons déjà établi, la pension de l'article 212 peut être réciproque ; que

____

(1) V. dans les décisions les plus récentes : Cassation, 24 novembre 1886 (Dalloz, 1887, 1, 335) Paris, 16 juin 1888. Cassation, 10 mars 1891. (Dalloz, 1891, 1, 175). Lyon, 13 mai 1870 (Dalloz, 91, 2, 166).

l'époux coupable contre lequel la séparation a été prononcée peut en bénéficier aussi bien que son conjoint,
tandis que la pension substituée après la conversion en
vertu de l'article 301, n'est accordée qu'au seul époux
innocent. Si donc la pension a été allouée par le jugement de séparation à l'époux coupable, comme il ne peut
être question là que d'une application de l'article 212,
cette pension cessera, sans contestation possible, avec
le jugement de conversion (1).

Dans l'hypothèse où la séparation a été prononcée aux
torts réciproques des époux, la pension de l'article 212
est restée possible et a pu être allouée par le juge.
Après la conversion il ne peut plus être question de
pension. L'article 212 est en effet sans application possible. Et d'autre part l'article 301 doit être écarté, puisqu'il y a torts réciproques des époux, et déchéances
encourues des deux côtés (2).

En second lieu, la distinction présente encore un intérêt considérable, parce que à la différence de la pension de l'article 212 qui a un caractère de dette personnelle, la pension de l'article 301 a le caractère de créance
d'indemnité. Et de là des conséquences considérables
déduites par les arrêts.

La créance d'aliments de l'article 212 étant due en
vertu d'une qualité essentiellement personnelle à celui qui en est débiteur, la jurisprudence la déclare in-

---

(1) V. jugement du Trib. Seine, 3 janvier 1885 (S. 1885, 2, 46).
(2) Cassation, 27 janvier 1891 (Dall. 91, 1, 461).

transmissible. Elle s'éteint donc par la mort du débiteur, et ne passe pas contre sa succession. Au contraire la créance d'aliments de l'article 301, ayant le caractère indemnitaire, est considérée comme transmissible. Après la mort du débiteur, ses héritiers en restent tenus (1).

Au point de vue de la transmissibilité de la dette, grand intérêt donc à dire qu'après la conversion, il ne peut plus être question que de l'application de l'article 301, et non de l'article 212. La pension nouvelle est due à un caractère tout différent de l'ancienne.

Troisième intérêt à distinguer les deux pensions :

Point de maximum quand il s'agit de la pension de l'article 212. Impossibilité au contraire de dépasser le tiers des revenus du conjoint coupable, quand la pension est allouée en vertu de l'article 301. Le jugement de conversion substituant la pension de l'article 301 à celle de l'article 212, il pourra y avoir lieu à une réduction du chiffre de la pension. (Arrêt de la Cour de Lyon du 13 mai 1890) (Dalloz, 1892, 2, 166) :

« Considérant que des pièces et renseignements produits, il résulte que les revenus de X, ne dépassent pas 9.000 francs ; qu'il y a lieu dès lors de réduire en conformité aux dispositions de l'article 301 la pension allouée à la dame X (5.400 fr.) à la somme de 3.000 fr. ».

D'une façon générale, la pension est à liquider sur de nouvelles bases.

Si la pension allouée lors du jugement de séparation

(1) Douai, 29 juin 1886 (S. 1886, 2, 177).

l'avait été dès cette époque au titre de l'article 301 étendu, elle survit toujours avec le même caractère au jugement de conversion. Elle est réservée au seul époux bénéficiaire du jugement de séparation, encore que l'initiative de la conversion soit venue de l'époux coupable.

L'observation faite à plusieurs reprises trouve ici sa place. Le jugement de conversion ne modifie pas la situation faite aux époux au point de vue des torts par le jugement de séparation. Il n'y a pas à tenir compte du rôle joué par les parties dans la procédure de conversion. Ici de plus, il ne faut pas négliger de faire intervenir le principe de l'autorité de la chose jugée et décider en conséquence que la pension ayant été, dès l'instance en séparation, fixée avec le caractère d'une créance indemnitaire par extension de l'article 301, il y a sur ce point chose jugée dès la première instance. En conséquence le jugement qui prononce la conversion ne saurait apporter de modification au quantum de la pension, à la différence de la solution par nous admise quand il y a substitution de la pension de l'article 301 à celle de l'article 212.

De ces développements, ressort donc l'intérêt considérable qu'il y a à déterminer en matière de conversion à quel titre une pension alimentaire pouvait être due antérieurement. Le jugement suivant les cas, confirmera le titre antérieur auquel la pension était due (hypothèse où la pension était payée en vertu de l'article 301 étendu) ou le supprimera (cas où la pension était due en vertu de l'article 212). Dans ce dernier cas, la suppression pourra être pure et simple ; mais il pourra aussi n'y avoir qu'une modification dans le titre ; la pension due en vertu de l'article 301, étant substituée à l'ancienne, due en vertu de l'article 212.

Nous en aurions fini avec les effets de la conversion sur les dettes d'aliments, s'il ne nous fallait aborder l'examen d'une dernière difficulté. Jusqu'ici, c'est en effet seulement la dette alimentaire entre époux qui a été envisagée. Mais aux termes de l'article 206 du Code civil, le mariage engendre pareille obligation entre chaque époux et les parents de son conjoint. Il faut, se plaçant à ce point de vue, étudier l'influence de la conversion sur l'obligation alimentaire entre alliés.

Le Code (art. 206) n'indique que deux causes d'extinction de l'obligation alimentaire entre alliés : le décès des enfants nés du mariage, et le convol de la belle-mère en secondes noces (les deux causes supposant du reste que le mariage a été dissous par le prédécès d'un des conjoints). La séparation est donc sans effets sur l'obligation alimentaire existant réciproquement entre le conjoint et ses alliés. En est-il de même du divorce ?

Au point de vue social et pour ainsi dire mondain, il semble étrange qu'après le divorce, le gendre et la belle-fille, le beau-père et la belle-mère continuent à se devoir des aliments. Si la mort de l'un des conjoints laisse subsister l'obligation alimentaire vis-à-vis des alliés pour le survivant, c'est que : « la mort laisse presque toujours des souvenirs qui ravivent le passé », tandis que dans l'hypothèse du divorce, à l'attachement succède la haine souvent, l'indifférence toujours. L'obligation alimentaire devrait donc cesser avec la conversion de la séparation en divorce.

La Cour de cassation a cependant consacré la doctrine contraire. Et il faut reconnaître que les raisons juridiques ne manquent pas pour justifier cette solution (1).

Si radicale que soit la dissolution du mariage par le divorce, elle ne saurait être plus radicale que la dissolution par le décès d'un des époux. Ce que le veuvage laisse subsister sous certaines conditions, le divorce doit le laisser subsister aussi. La règle est inscrite dans l'article 206. Cet article pose le principe de l'obligation réciproque d'aliments, entre beau-père et belle-mère, gendre et belle-fille. Il indique les cas où cette obligation s'éteint ; celui du divorce n'est pas compris. C'est donc que l'obligation survit au divorce. Celui-ci aura les mêmes effets que le décès d'un des conjoints. Ajoutons qu'il n'en aura pas davantage, c'est-à-dire qu'il laissera subsister l'obligation alimentaire entre alliés, à la condition, conformément à l'article 206, qu'il existe des enfants nés du mariage dissous. A la condition encore, s'il s'agit de la belle-mère, que celle-ci ne convole pas en secondes noces.

(1) A noter que l'arrêt auquel il est fait allusion a statué sur les effets d'un jugement de divorce, n'intervenant pas sur une demande en conversion. Mais il ne saurait y avoir de raison de distinguer. — V. arrêt de Paris, 18 juillet 1889 (S. 90, 2, 1.) confirmé par arrêt de rejet du 2 avril 1890.

Ce point étant admis, l'effet du jugement de conversion en la matière, sera caractérisé d'un mot. Existe-t-il des enfants du mariage ? La conversion laissera subsister l'obligation alimentaire que la séparation avait respectée. Dans cette hypothèse pas de changement. Au contraire, n'y a-t-il pas d'enfants ? Le jugement de conversion viendra supprimer l'obligation alimentaire qui avait survécu à la séparation.

Section III. — Effets de la conversion quant aux enfants.

Tout d'abord une distinction à établir : une jurisprudence constante transporte relativement aux enfants certaines dispositions du divorce à la séparation de corps. La séparation ayant produit par avance les effets du divorce, le jugement de conversion reste donc sans conséquences. Il en est ainsi notamment de l'article 302, relatif à la garde des enfants, attribuée en principe au bénéficiaire du jugement de séparation, comme elle l'est au bénéficiaire du jugement de divorce.

Le jugement de conversion laissera subsister cette attribution, et n'aura par conséquent que la valeur d'une décision confirmatoire. En appliquant la règle que nous avons à maintes reprises suivie, nous devrions dire que cette attribution aura toujours lieu au profit de l'ancien bénéficiaire de la séparation ; toute modification étant

en principe interdite au tribunal qui prononce la conversion. Cependant, il est une autre idée dont il faut tenir
compte ici. Il ne faut pas oublier qu'il s'agit en matière
de garde beaucoup moins d'un droit pour les parents,
que d'une protection pour l'enfant. Edictée pour le plus
grand avantage de celui-ci, l'attribution de la garde a le
caractère d'une mesure essentiellement provisoire, et
elle doit subir tous les changements que réclame l'intérêt de l'enfant.

Il n'y a pas quant à la garde de droit acquis pour le
bénéficiaire de la séparation, c'est ce qu'indique bien le
texte de l'article 302 : « Les enfants seront confiés à l'é-
poux qui a obtenu le divorce, à moins que le tribunal,
sur la demande de la famille ou du ministère public n'or-
donne, pour le plus grand avantage des enfants, que tous
ou quelques-uns d'eux seront confiés aux soins de l'autre époux, soit d'une tierce personne ».

Il résulte du texte l'attribution en principe de la garde
au bénéficiaire du jugement de conversion ; c'est-à-dire
pour nous, du bénéficiaire de la séparation, puisque lui
seul peut être à notre avis bénéficiaire de la conversion.
Mais le texte admet la possibilité d'une décision contraire du tribunal provoqué par la famille ou le ministère public ; décision qui devra avant tout s'inspirer des
intérêts de l'enfant.

Le plus souvent, ce sera à raison de l'inconduite de
l'époux pourvu de la garde, que celle-ci lui sera enlevée,
mais le tribunal garde un pouvoir souverain d'apprécia-

tion. C'est ainsi qu'un tribunal a pu enlever la garde au père à raison de sa profession de voyageur de commerce laquelle le mettait hors d'état d'exercer la surveillance qu'implique la garde de l'enfant. Dans le cas où les tribunaux enlèvent ainsi la garde à l'époux auquel elle était confiée, ils peuvent la donner soit à l'autre époux, soit à une tierce personne (1).

Pour ces motifs et parce que la règle à suivre est toujours la prise en considération de l'intérêt de l'enfant, l'attribution de la garde faite dans le jugement de conversion, qu'elle refuse ou confirme l'attribution portée au jugement de séparation, n'aura pas plus que celle-ci un caractère définitif, une nouvelle attribution de la garde demeurant toujours possible.

Reste à savoir si cette attribution de la garde a pour conséquences de transporter à l'époux qui en est investi la puissance paternelle en en dépouillant celui qui est privé de la garde. Pour nous la seule solution juridique consiste à dire que l'exercice seul de la puissance paternelle est transporté à celui qui en a la garde. Le divorce, en effet, n'est pas une cause de déchéance de la puissance paternelle. Il n'est pas indiqué dans l'article 372. On doit donc dire que jusqu'à la majorité de l'enfant, le droit de puissance paternelle subsiste au profit des deux époux ; l'exercice seul passant entre les mains de celui qui a la garde. Au surplus la loi réserve toujours le droit

____

(1) V. Cassation, 24 août 1884 (Dall. 85, 1, 29) ; Riom, 17 juillet 1886 (Dall. 87, 2, 211); Trib. Seine, 6 juin 1887 (*France jud.*, 1887, 2, p. 329).

de surveillance du conjoint exclu de la garde. Ceci implique le maintien à son profit du droit de puissance paternelle ; sauf à ce que ce droit soit exercé par le conjoint, ou même par une tierce personne investie de la garde sous le contrôle de la justice.

Si, le droit de garde lors de la séparation est en principe attribué à l'époux bénéficiaire du jugement de séparation ; si dès lors, le jugement de conversion n'a en général, au point de vue de la garde, que le caractère confirmatif, il n'en est pas de même de l'effet du jugement de conversion quant à un autre attribut de la puissance paternelle, à savoir le droit de jouissance légale.

Aux termes de l'article 386, le droit de jouissance légale est enlevé à celui des père et mère contre lequel le divorce est prononcé. En l'absence de texte, la doctrine et la jurisprudence se sont toujours refusées à étendre cette déchéance spéciale à la séparation de corps. Le père, contre lequel, la séparation est prononcée, conserve donc le droit de jouissance légale. Le jugement de conversion vient modifier cet état de choses. Il y a dès lors divorce prononcé, et, par application de l'article 386, déchéance du droit de puissance légale.

C'est ici qu'il importe de faire une dernière application du principe qui a été si souvent rappelé ; l'époux contre lequel le divorce est prononcé ne peut être autre que celui contre lequel la séparation l'a été. C'est donc contre lui que la déchéance de l'article 386 recevra son application.

APPENDICE

LÉGISLATIONS ÉTRANGÈRES

Avant de terminer notre étude sur la conversion de la séparation de corps en divorce telle que l'a établie en France la loi du 27 juillet 1884, il est intéressant de jeter un très rapide coup d'œil sur quelques types de législations étrangères.

Il y a certains pays où la séparation de corps existe seule. Ainsi en est-il en Espagne (Loi du 18 juin 1870), en Portugal (Code civ. de 1867) et en Italie (Code civ. de 1866). D'autres où seul le divorce est admis. C'est ce qui a lieu en Allemagne (1), en Suisse (2), en Roumanie (3), en Suède (Code de 1734), en Norwège (Code de 1684), en Danemarck (Code de 1687 modifié), en Russie (Le Zwod), au Monténégro et en Serbie (Code de 1844).

D'autres pays enfin ont reconnu le divorce et la séparation de corps perpétuelle (4) ; ce sont : l'Angleterre (5),

(1) Pour la Prusse : Landrecht et loi d'Empire du 6 février 1875. Pour la Saxe : Code civil de 1863, modifié par la loi d'Empire, et la loi du 8 août 1875. Pour le Wurtemberg : mêmes lois que pour la Saxe.

(2) Loi fédérale du 24 décembre 1874. Et pour le canton de Genève, loi du 5 avril 1876.

(3) Code de 1865.

(4) Nous ne parlons que de la séparation de corps perpétuelle. Il n'est pas tenu compte de la séparation temporaire qui n'existe le plus souvent que comme préliminaire du divorce. Nous verrons qu'il en est ainsi dans le Code saxon de 1863 et dans le Landrecht prussien.

(5) Act de 1857.

la Belgique (1), la Hollande (2), l'Autriche-Hongrie (3) et la Pologne russe (4).

Ajoutons enfin qu'en Turquie et chez les Slaves méridionaux mahométans des autres pays de l'Europe occidentale, la répudiation continue d'être pratiquée.

Disons maintenant quelques mots sur chacune de ces différentes législations. Et d'abord voyons le premier groupe, celui où la séparation existe seule.

Section I.

§ 1. — *Espagne.*

Il nous faut distinguer les règles du droit canonique qui sont actuellement en vigueur et les règles du droit civil proprement dit. Car il existe aujourd'hui en Espagne deux législations différentes sur le mariage, ses effets, ses causes de nullité, comme sur la séparation de corps.

La loi canonique est appliquée aux mariages qui n'ont été célébrés qu'à l'Église. La loi civile s'applique aux autres.

Nous n'envisagerons la question qu'au point de vue de la dissolution du mariage (5).

(1) Code civil français de 1804.
(2) Code civil de 1838.
(3) Code civil de 1811.
(4) Loi du 24 juin 1836.
(5) V. M. Glasson, *Le mariage civil et le divorce. Espagne. Règles du droit canonique.*

Deux causes de dissolution sont reconnues par la loi canonique : la mort de l'un des époux et le divorce.

En Espagne, le mariage est réputé indissoluble conformément à la doctrine catholique, et cependant le divorce y est admis, mais avec des distinctions : il y a en effet trois sortes de divorce ayant des effets plus ou moins étendus, et se rapprochant soit du divorce proprement dit, soit de la séparation (1).

D'abord *le divorce quant au lien du mariage (divorcio en cuanto al vinculo)*. Il permet un nouveau mariage aux époux divorcés. Ensuite le divorce *quant à la cohabitation (en cuanto à la cohabitacion)*. Et enfin le divorce *quant au lit (en cuanto al talamo)* (2).

Nous n'insisterons pas sur les détails de chacun d'eux. Retenons seulement que le divorce *en cuanto al vinculo* s'obtient différemment selon que le mariage a été ou non consommé, et qu'il correspond assez à notre *annulation* du mariage religieux. Les causes en sont rigoureusement restreintes. (Décret. Grég. IX, *De convers. conjug.*, chap. 2 et 7).

Remarquons aussi que le second divorce (*en cuanto a la cohabitacion*) n'est que la séparation des époux, en vertu de laquelle ils ne sont plus soumis à l'obligation des devoirs conjugaux. Cette séparation est autorisée par le Concile de Trente pourvu qu'il y ait juste cause (3).

---

(1) Lehr, *Droit civil espagnol.*
(2) La Serna et Montabbau, 1, 112 et suiv., *Del viso*, 1, p. 120.
(3) Sess. XXIV, *De sacram. matrim. Can. 8.*

Notons enfin que le dernier est encore plus restreint dans ses effets que le second. Il n'entraîne que la séparation *al talamo*. Pour tout le reste les époux restent unis (1).

La loi civile de 1870, modifiée par le décret du 9 février 1875 (2), n'admet d'autre cause de dissolution du mariage que la mort (3).

Le divorce n'existe donc point dans la législation civile espagnole. Elle ne fait qu'en donner le nom à la séparation de corps. A la différence du Code italien elle ne reconnaît pas la validité de la séparation conventionnelle.

En résumé, des trois espèces de divorce mentionnées plus haut, la loi civile n'a gardé que le *divorcio cuanto à la cohabitacion*, c'est-à-dire la séparation de corps.

§ II. — *Portugal.*

Le Code civil de 1868 reconnaît deux sortes de mariage : le mariage religieux célébré dans les formes et

(1) Le droit de prononcer la rupture du lien conjugal ou même une simple séparation appartient encore aujourd'hui comme autrefois aux seuls tribunaux ecclésiastiques. Les juges civils n'ont à déterminer d'après le Code de procédure civile (art. 1278) que le lieu où doit se retirer la femme qui intente une action à cet effet, ou contre laquelle elle est intentée, ainsi que les conséquences civiles de l'acte (V. Lehr, *Droit civil espagnol*, p. 87).

(2) Le décret du 9 février 1875 a eu pour but de faire cesser un état de choses qui menaçait de compromettre la stabilité des familles. Jusqu'à lui, en effet, les époux avaient le droit de faire célébrer l'union religieuse, avant l'union civile. Beaucoup d'époux s'en tenaient à la première. Le décret de 1875 ne supprime pas le mariage civil, mais donne aux futurs époux le choix entre le mariage et l'union religieuse. Si celle-ci est célébrée seule, elle vaut alors mariage civil. (M. Glasson, *Le mariage civil et le divorce*).

(3) Cependant, il est admis que le conjoint de l'époux absent peut se remarier quand cet absent aura atteint la centième année (art. 90 et 91).

sous les conditions de l'Eglise pour les catholiques, et le mariage civil contracté devant l'officier de l'état civil qui demeure soumis aux conditions indiquées par le Code pour les autres personnes (art. 1057).

Le divorce n'existait point dans la législation portugaise avant 1868 et cette loi ne l'a pas établi. Il eût, en effet, été contraire aux mœurs du pays. La séparation de corps est donc seule admise (1).

§ III. — *Italie.*

Le Code civil italien promulgué à Florence le 25 juin 1865, et devenu exécutoire dans toute l'Italie à partir du 1er janvier 1866, a répudié le divorce malgré les chaleureuses observations de M. Buniva qui soutenait que le mariage est un contrat et que la perpétuité du *vinculum juris* n'est de l'essence d'aucun contrat. Selon lui, il y avait intérêt à permettre aux époux de se remarier et de fonder une nouvelle famille. Enfin, et surtout, le divorce était la conséquence nécessaire de la sécularisation du mariage (2).

Ces raisons n'ont point prévalu, et l'Italie n'a laissé dans ses lois qu'une place pour la séparation de corps.

(1) Les demandes en nullité de mariage par les catholiques sont portées devant les tribunaux ecclésiastiques qui les jugent suivant les lois de l'Eglise reconnue par le royaume. Mais les mesures d'instruction sont prises, et l'exécution des sentences est assurée par les tribunaux civils (art. 1086 et suiv.). V. Glasson, *loc. cit.*

(2) Les arguments présentés par M. Buniva sont tirés du savant professeur de Pise M. Gabba. (*Studii di Legislazione comparata*, p. 328.)

Le Code civil italien (1) consacre les causes de séparation de corps admises par notre Code civil. Mais pour ce qui est de l'adultère du mari, il ne donne lieu à la séparation qu'autant que le mari a entretenu la concubine dans la maison conjugale, ou, notoirement, dans un autre lieu, ou bien encore si l'adultère se trouve entouré de circonstances telles qu'il constitue une injure des plus graves contre la femme (art. 150).

A ces causes le Code italien a ajouté :

1° Le refus du mari d'établir sa résidence d'une façon convenable et selon ses moyens.

2° Le refus d'établir une résidence fixe.

Ce qui est remarquable dans cette législation, c'est qu'elle admet la séparation par consentement mutuel : (art. 158 : « La séparation des époux *par consentement mutuel* pourra avoir lieu moyennant l'homologation du tribunal »). Cette disposition compte autant de partisans que d'adversaires. Mais la meilleure raison de la condamner a été donnée par Demolombe (2). « La vérité, dit-il, est que ce mode de séparation de corps ne pouvait être qu'inutile et frauduleux. Inutile parce que si les époux sont vraiment d'accord pour trouver la communauté d'existence insupportable, ils n'ont pas besoin d'un jugement pour la faire cesser. Frauduleux, parce que la séparation de corps, emportant toujours la séparation de biens, aurait pu offrir aux époux le moyen

(1) V. Huc Th., *Code civil italien*. *Dissolution du mariage.*
(2) *Du mariage*, tome II, n° 400.

facile de tromper leurs créanciers (art. 311 et 1443).
Ajoutez, enfin que cette faculté et peut-être même l'espoir
de se réunir plus tard, que les époux auraient toujours
conservé, auraient multiplié scandaleusement ces sortes
de séparations volontaires ».

Section II

Examinons maintenant le second groupe de législations, c'est-à-dire celui où le divorce est seul admis.

§ I. — *Allemagne.*

La loi d'Empire du 6 février 1875 applicable dans
toute l'Allemagne emprunta un grand nombre de ses dispositions à la loi prussienne. En comparant les deux
textes on peut facilement se convaincre que le Parlement
allemand n'a fait qu'étendre à toute l'Allemagne la loi
votée l'année précédente par les Chambres prussiennes.

La nouvelle loi supprima la séparation de corps perpétuelle. Elle n'admit que le divorce et la *séparation temporaire* ; mais elle omit d'en indiquer les causes. Elle
mentionne seulement la prohibition pour la femme divorcée de contracter une nouvelle union avant que dix
mois ne se soient écoulés, et la défense à l'époux divorcé d'épouser son complice.

Comment déterminera-t-on ces causes ?

Dans le silence de la loi, on continuera d'appliquer les législations locales (art. 77-78).

Il faudrait, pour se faire une idée précise du caractère de la dissolution du mariage en Allemagne, étudier chacune des différentes lois des États de l'Allemagne. Cette étude nous entraînerait beaucoup trop loin. Aussi nous bornerons-nous à résumer très brièvement les dispositions du Code civil saxon et du Landrecht prussien.

Le Code saxon est en effet le plus récent. C'est lui qui réflète le plus exactement les idées de l'Allemagne en cette matière du divorce. Il constitue un type de législation très utile à consulter.

Le Code saxon ne permet pas le divorce par consentement mutuel. Il l'autorise seulement pour de nombreuses causes déterminées, dans le détail desquelles nous n'entrerons pas. A côté du divorce, il admet la séparation de corps temporaire (1). Et l'époux qui a la faculté d'obtenir le divorce peut, tout en conservant ce droit, demander d'abord une séparation de corps (art. 1752) (2).

Le Code saxon admet également qu'il y a des cas où il n'y aura point lieu à divorce étant donnée l'insuffisance des causes, et que le juge pourra ne prononcer qu'une séparation de corps temporaire. Ainsi en sera-t-il si de graves dissentiments se produisent entre les époux, ou bien si l'existence de l'un d'eux ou celle des

---

(1) Avant la loi de 1875 il admettait la séparation de corps perpétuelle.

(2) Celle-ci doit même toujours être prononcée, pendant la durée d'un procès en nullité de mariage ou en divorce (art. 1752).

enfants se trouve menacée ; ou bien enfin si l'un des conjoints mène une vie licencieuse.

Le Landrecht prussien admet les mêmes dispositions
pour le divorce et pour la séparation.

Ce qu'il nous faut retenir de tout ceci, c'est que l'époux
séparé de corps ne peut demeurer dans cette situation
moins de six mois ni plus d'un an (art. 1755) ; et qu'au
terme de ce dernier délai une solution définitive s'impose. Ou bien la vie commune reprend, ou bien le divorce
est prononcé. Ne peut-on point dire alors que dans ce
cas il y a quelque chose d'analogue à notre conversion,
toutes réserves faites, sur cette différence que l'on ne
fait que passer du provisoire au définitif. Car c'est bien
un simple *délai d'attente* que procure la séparation temporaire ; et sa transformation en divorce a pour uniques
causes celles du divorce. Le juge n'a plus à tenir compte
de celles qui ont donné lieu à la séparation. Au jour où
le divorce intervient, il intervient en quelque sorte à deux
degrés.

§ II. — *Suisse.*

La loi fédérale du 24 décembre 1874, publiée le
27 janvier 1875, et mise en vigueur le 1er janvier 1876,
étendit le divorce à toute la confédération. En même
temps, elle supprima la séparation de corps qui cependant était admise partout (excepté dans le canton de
Vaud), en vertu de cette idée que la séparation, loin d'être
un remède, ne fait que créer de fausses situations.

Depuis plusieurs siècles le divorce était en vigueur dans les trois cantons de la Suisse française dont la législation diffère peu de notre Code civil. Dans les cantons allemands non catholiques, il existait aussi mais avec des caractères semblables à ceux qu'il possède en Allemagne (1). Il n'était point admis dans les cantons de Lucerne, du Tessin et du Valais.

La loi du 24 décembre 1874 n'a point absolument supprimé la séparation de corps ; en ce sens que, comme nous l'avons vu pour l'Allemagne, les époux peuvent recourir d'abord à une séparation de corps temporaire. La loi permet au tribunal de la prononcer lorsqu'il ne se trouve aucune des causes de divorce en présence et que cependant le lien conjugal est des plus affaiblis. Cette séparation ne peut excéder deux ans. S'il ne s'est point produit de réconciliation au cours de ce délai, le juge peut, s'il le croit nécessaire, prononcer le divorce.

Ici encore, comme dans la législation allemande, les époux transformeront leur état de séparation en divorce, mais toujours d'après cette même idée dominante que la séparation n'est que provisoire, et que la loi elle-même s'oppose à sa durée.

(1) Il en était ainsi dans les lois d'Appenzel, de Bâle, de Berne, des Grisons, de Soleure. Dans le canton de Zurich, le divorce ne pouvait avoir lieu par consentement mutuel qu'autant que le mariage durait depuis plus de quatre dans et moins de vingt-cinq ans (V. M. Glasson, *Mariage civil et divorce*).

§ III. — *Russie. — Pologne.*

A. — Pour la Russie, il nous faut ici distinguer trois catégories de personnes.

I. — Personnes de l'Église gréco-russe (1).

La loi reconnaît deux causes de dissolution du mariage : la mort de l'un des époux et le divorce (art. 43 et 45, C. civ. russe).

Le divorce ne peut être prononcé que par un Tribunal ecclésiastique, et en raison de causes qui sont spécialement déterminées et qui sont : l'adultère, l'impuissance ou la stérilité, la dégradation civique et l'absence. Lorsque l'un des époux est condamné à une peine emportant dégradation civique, c'est-à-dire aux travaux forcés (Katorga), à la déportation en Sibérie ou en Transcaucasie (C. pénal, art. 17), son conjoint a le droit de le suivre ou de se séparer. Dans ce dernier cas, l'autorité ecclésiastique compétente prononce le divorce qui donne la faculté de contracter un nouveau mariage.

De même l'absence qui s'est produite dans certaines conditions et qui a duré cinq ans permet au conjoint de l'absent de demander le divorce.

II. — Chrétiens n'appartenant pas à l'Église gréco-russe.

En Russie, les chrétiens de toute dénomination ont le

---

(1) Les textes nationaux la désignent sous le nom d'Église orthodoxe. Mais cette expression n'a point cette acception en France.

droit de se marier sans la participation de l'autorité civile, à la condition d'observer la règle spéciale de leur
confession et de se conformer aux prescriptions générales édictées par les lois de l'Empire, notamment en
ce qui regarde l'âge, le consentement et l'autorisation.

Le mariage est dissous par la mort de l'un des époux,
l'annulation prononcée par l'autorité ecclésiastique, l'entrée de l'un des conjoints dans un ordre monastique et
enfin par l'émission des vœux de chasteté (1).

B. — La législation polonaise, en dehors de ces causes,
n'admet que la séparation de corps limitée ou illimitée
(art. 67) qui ne fait que mettre un terme à la vie commune. Cette séparation peut être demandée pour adultère ou injure grave ; ou encore si l'un des époux a commis un crime ou a obligé son conjoint à en commettre
un.

A la différence du divorce, la séparation peut avoir
lieu par consentement mutuel pourvu qu'il y ait des *raisons pertinentes*, et, selon l'expression de l'article 66,
qu'elle intervienne en suite d'un jugement de l'autorité
compétente.

La législation polonaise admet donc deux sortes de
séparation. Par l'une, la séparation limitée dont elle fait
une cause de divorce, elle se rapproche des législations
que nous avons précédemment étudiées. Par l'autre, la
séparation illimitée, elle se rapproche de celles qui n'ad-

---

(1) Cette dernière cause ne s'applique qu'aux mariages non consommés.

mettent que la séparation de corps, de la nôtre telle
qu'elle fut de 1816 à 1884.

Les causes de la séparation illimitée sont à peu près
celles de notre séparation de corps. Il y a donc un reflet
très marqué de nos lois dans la législation polonaise.
Rien d'étonnant à cela, si l'on observe que la matière du
mariage est restée réglée en Pologne par le Code Napoléon jusqu'en 1825. Le 23 juin de cette année une loi
vint modifier l'état de choses existant. Et cette loi fut
elle même modifiée par la loi de 1836.

III. — Époux dont l'un appartient à l'Église gréco-russe.

Le mariage contracté dans ces conditions ne peut être
dissous que par une décision du Tribunal diocésain ap-
prouvée par le St-Synode (art. 73). Les autorités de l'É-
glise catholique ne sont point reçues à statuer au point
de vue des règlements spéciaux de l'Église sur des demandes de divorce déjà accueillies par l'autorité ecclésiastique gréco-russe compétente.

Le prêtre catholique romain arméno-grégorien ou
arméno-catholique ou le ministre protestant qui prononcerait un divorce sans la permission de l'autorité supérieure compétente ou bien même qui accorderait simplement son consentement à une séparation de corps
temporaire serait passible de la destitution ou de l'exclusion de ses fonctions sacerdotales (77, C. P.) (1).

____

(1) Pour les personnes non chrétiennes se mariant entre elles, le divorce
existe. Le droit de le prononcer appartient aux autorités ecclésiastiques. Il y

§ 4. — *Suède et Norwège.*

A. *Suède* (1).

Le Code suédois de 1734 reconnaît le divorce pour causes déterminées et la séparation de corps temporaire. Les causes du divorce sont : l'adultère, l'abandon (2), l'absence et l'impuissance (3).

Quant à la séparation de corps, elle peut être accordée dès que la vie commune devient dangereuse ou impossible. Encore est-elle précédée elle-même de deux tentatives de conciliation. La première a lieu devant le curé ; la seconde devant le chapitre consistorial. Si l'arbitre reconnaît qu'un seul des deux époux est coupable, il le condamne au paiement d'une somme de 25 *dalers* sur sa part dans la communauté. Et la séparation ne peut être prononcée qu'autant que la discorde reparaît entre les époux à la suite du paiement de cette amende (4).

a lieu d'ajouter une cause de divorce qui leur est spéciale, c'est la clause insérée dans le contrat de leur union « que le mariage sera dissous si l'un des deux quitte la Russie pour plus de deux ans ».

V. Lehr, *Eléments de droit civil russe*, p. 26 et suiv.

(1) La législation suédoise a été sensiblement améliorée de nos jours. Deux ordonnances, l'une du 15 juin 1858, l'autre du 16 novembre 1863, ont reconnu la majorité des femmes à 25 ans. Une ordonnance du 8 novembre 1872 a déclaré que la fille majeure n'aurait plus à recourir au consentement du *gifto-man* pour son mariage.

(2) C'est le cas où le mari quitte le royaume avec l'intention d'abandonner sa femme. Celle-ci peut alors demander le divorce par voie de requête au juge.

(3) Notons, en passant, que le conjoint contre lequel a été prononcé le divorce pour cause d'adultère, ne peut point procéder à un nouveau mariage, tant que son conjoint n'est pas lui-même remarié ou décédé.

, (4) La législation suédoise a changé quelque peu sur ces différentes dispo-

Si, après le temps pour lequel a été prononcée la séparation de corps, les conjoints ne sont point réconciliés,
il y a lieu, sur la demande de l'un d'eux de prononcer
le divorce. L'action en divorce est dans ce cas intentée
comme si elle intervenait sur l'état intact du mariage.

B. *Norwège*.

Le mariage y est contracté sous la forme religieuse
pour ceux qui professent la religion de l'Etat (Code de
1687). Une loi du 16 juillet 1845 a établi le mariage
civil pour ceux qui sont étrangers à la religion luthé-
rienne. Ce mariage est célébré devant un notaire.

Le divorce est admis pour des causes qui sont à peu
près les mêmes qu'en Suède. Mais la grande différence
consiste en ce que la législation norwégienne reconnaît
le divorce par consentement mutuel, lequel est soumis
à une réglementation spéciale. Les époux, avant d'y recourir, doivent rester séparés pendant trois ans. Au
terme de ce délai le divorce est prononcé avec la permission du roi (1).

Ceci se rapproche sensiblement de notre article 310,
au moins en apparence. Nous voyons, en effet, le divorce
succéder à la séparation de corps au bout de trois ans.

sitions qui ont été modifiées par des lois postérieures. Il existe aujourd'hui
des causes de divorce que ne mentionnait pas le Code de 1734. Ainsi en est-il
de la réclusion à perpétuité, attentat par l'un des conjoints à la vie de l'autre,
démence incurable ; et enfin de la requête au roi par l'un des époux en cas
de condamnation infamante, de conduite déshonorante ou de simple incompa-
tibilité d'humeur (Loi suédoise du 27 avril 1810).

(1) Ordonn. du 18 octobre 1811.

Mais la différence profonde qui existe entre notre loi et la loi suédoise consiste dans ce caractère essentiellement temporaire de la séparation de corps. On ne la considère pas comme pouvant constituer, à l'égal du divorce, une situation définitive choisie par l'époux demandeur. C'est un pur délai d'attente que les époux ne peuvent même point prolonger à leur guise, car la loi en fixe la durée maxima. On ne saurait donc parler de conversion. Les époux ne changent point d'état, ils ne font que passer par deux étapes successives. Après le temps de séparation, vient celui du divorce. C'est la marche normale des choses.

La durée de la séparation n'est point une *cause* de divorce ; c'est simplement la condition sous laquelle l'exercice de l'action en divorce est permis. Ici, dans le cas qui nous occupe, la *volonté* des époux, qui est la *cause* du divorce, ne pourra être prise en considération que lorsque leur séparation de corps aura duré trois ans (1).

§ V. — *Danemarck.*

Le Code danois a été promulgué en 1684 sous le roi Christian V. Depuis cette époque, plusieurs lois sont venues le modifier. En ce qui concerne le mariage, un grand nombre de dispositions qui sont tirées du Liv. III, chapitre XVI du Code danois, ont subi de notables change-

______

(1) Remarquons que, dans ce cas, l'époux divorcé a besoin d'une permission spéciale pour se remarier.

ments par les ordonnances du 5 mars 1734, du 19 février 1783, du 4 janvier 1799, du 30 avril 1824, et enfin par le rituel ecclésiastique de 1685.

Le mariage est un acte religieux dans la forme, et civil dans le fond.

C'est dans l'article 15 du chapitre XVI (Liv. III, Cod. Christian V) que nous trouvons la plupart des règles qui régissent le divorce.

La séparation de corps temporaire est bien admise, mais elle est restreinte au cas do divorce par consentement mutuel. Dans cette hypothèse seule, les époux peuvent y recourir. Peut-être cependant, y a-t-il un cas qui le permet encore quoique le Code danois ne le dise pas explicitement, c'est celui de *desertio* placé sur la même ligne que l'adultère. Cet abandon, qui fait que l'époux qui en est victime doit être considéré comme séparé de corps, doit avoir duré trois ans avant qu'une demande en divorce devienne possible.

Section III

Nous arrivons maintenant à la catégorie des législations qui admettent *le divorce* et *la séparation de corps perpétuelle*.

Et d'abord, nous y voyons figurer la législation belge sur laquelle nous ne nous arrêterons pas, car elle n'a fait que reproduire les dispositions de notre Code civil de 1804.

§ I. — *Hollande.*

D'une façon générale, les règles du Code civil hollandais de 1838 ne s'écartent pas sensiblement de celles de notre législation. Le principe du mariage civil y est consacré, et il précède comme en France l'union religieuse (art. 136, Code 1838).

Le divorce et la séparation de corps sont admis. Mais il semble résulter des dispositions du Code de 1838 que le divorce ne peut avoir lieu par le consentement mutuel des époux (art. 263). Cependant, ce que l'on ne peut faire directement peut être obtenu d'une façon fort simple : la séparation de corps par consentement mutuel est autorisée. Or d'après l'article 255, le divorce peut être obtenu lorsque la séparation de corps a duré cinq ans sans que la réconciliation se soit produite. Donc le divorce obtenu dans ce cas résulte, en dernière analyse, du consentement mutuel des époux.

D'après l'article 264 qui énumère les causes de divorce, nous voyons qu'elles sont, à peu de choses près, les mêmes que dans notre loi, avec cette différence, toutefois, qu'il n'y a pas à distinguer entre l'adultère de la femme et celui du mari. De plus, en ce qui concerne les excès et les sévices, ils ne peuvent motiver une demande de divorce, qu'autant qu'ils sont considérés comme ayant mis en péril la vie de l'époux demandeur, ou comme ayant occasionné des blessures dangereuses (art. 264) (1).

(1) A. de St-Joseph, *Concordance du Code civil hollandais avec le Code civil français.* Titre IV, *Du divorce*, sect. II, art. 255 et suiv.

Le Code hollandais indique encore comme cause de divorce l'*abandon malicieux* d'un époux par l'autre pendant cinq ans au moins (art. 264 et 266). — Chez nous cette cause n'est pas explicitement exprimée, et ne subit point de réglementation spéciale. Il faut reconnaître cependant qu'elle se trouve implicitement comprise dans la dénomination générique d'*injures graves*.

D'après l'article 279, l'époux, au profit duquel a été prononcé le divorce, conserve ses droits de survie. Les pensions qui ont été promises par des tiers dans le contrat de mariage continuent à être servies à l'époux divorcé au profit duquel elles avaient été stipulées.

Les autres dispositions du Code civil hollandais en ce qui concerne le divorce sont semblables à celles de notre Code civil de 1804.

A côté du divorce, la loi de 1838 a institué la séparation de corps. Elle ne constitue plus, comme dans la plupart des législations que nous venons de passer en revue, une situation temporaire et transitoire qui n'attend que la solution du divorce, elle engendre une situation définitive.

Les articles 288 et 289 disent en effet, comme les articles 306 et 307 du Code civil, que dans les cas où il y a lieu à une demande en divorce pour cause déterminée, il sera libre aux époux de demander une séparation de corps. Mais, à la différence de l'article 307 (*in fine*) du Code civil français, l'article 292 du Code hollandais permet aux époux de demander la séparation de corps par consentement mutuel. Ils doivent dans ce cas arrêter préalablement *par acte authentique* toutes les conditions de la séparation tant pour eux que pour leurs enfants. Ils doivent également soumettre à l'homologation du juge les arrangements provisoires arrêtés par eux pour le temps intermédiaire entre la demande et le jugement.

Par conséquent, lorsqu'il s'agit de la séparation forcée, nous voyons que l'article 288 fait des causes de divorce celles de la séparation puisque comme notre ancien article 306 il dit : « Dans les cas où il y a lieu au divorce, les époux pourront former une demande en séparation ». Cette identité de causes fait que l'époux séparé qui demanderait ensuite le divorce en s'appuyant sur les faits qui ont donné lieu à la séparation se verrait opposer l'exception de chose jugée. Ce principe est d'ailleurs nettement établi par l'article 290 qui dispose que « l'époux qui a formé une demande en séparation de corps, ne sera point recevable à intenter une action en divorce pour la même cause ».

Comment alors expliquer l'article 255 aux termes duquel chacun des conjoints séparés depuis cinq ans peut provoquer un jugement de divorce ? Disposition qui ressemble singulièrement à notre conversion de la séparation de corps en divorce. On peut soutenir pour cette dernière que ce qui a été jugé quant à la séparation ne l'a pas été quant au divorce. Et si cette opinion a contre elle un parti très important dans la doctrine, du moins n'y a-t-il point de texte formel qui la condamne. Il en est autrement dans le Code hollandais dont l'article 290 conclut à l'exception de chose jugée. C'est donc que la durée pendant cinq ans de la séparation de corps devient à elle seule une cause de divorce. Et cependant il nous semble que cette solution n'est guère en harmonie avec les textes ; car l'article 264 qui énumère les causes de divorce est très limitatif puisqu'il commence par ces mots : « Les seules causes de divorce sont ». Et nous ne voyons pas qu'il fasse entrer dans son énumération la durée de la séparation de corps.

Toutefois il ressort évidemment de l'esprit de la loi et de l'interprétation de l'article 255, que la pensée du législateur de 1838 a été de faire de la séparation de corps une cause de divorce. Nous donnerons donc à l'article 255 la même portée qu'à notre article 310 (1).

L'article 255 ne laisse aucun pouvoir d'appréciation au juge. Cela n'est point douteux en présence de ces mots : « Après cinq ans chacun des époux pourra *provoquer* un jugement de divorce ». C'est donc la même idée que celle de notre ancien article 310 avec cette différence que *les deux époux* (et non point seulement le défendeur à la séparation) peuvent provoquer ce jugement de divorce.

Bien que le Code civil hollandais admette que les époux séparés peuvent après cinq ans recourir au divorce, il ne faut point croire que l'idée de conversion

______

(1) A. de S. Joseph. Rapprochement de l'article 255 du Code civil hollandais de 1838 et de l'article 310 du Code civil français.

telle que nous la concevons soit entrée dans l'esprit du législateur de 1838. Il n'a d'ailleurs établi aucune procédure spéciale à cet effet. Il a tout simplement voulu décider que lorsque l'époux n'aura à invoquer pour obtenir le divorce que la durée de sa séparation, il devra attendre cinq ans pour le faire, et ce au moyen d'une demande ordinaire en divorce. Si pendant ce délai, il se produit des faits nouveaux de nature à engendrer le divorce, l'époux séparé pourra le demander immédiatement, car il fait valoir une cause différente de celle de la première instance et ne se heurte pas au principe de l'art. 290.

Il faut reconnaître que cette législation est très logique. Elle attribue les mêmes causes au divorce qu'à la séparation de corps. Elle pose nettement en principe que ce qui a été jugé quant à la séparation l'est quant au divorce. Aussi ne donne-t-elle point de faculté d'appréciation au juge du divorce en ce qui concerne la cause tirée de la séparation. On ne peut donc point voir comme chez nous un époux obtenant la séparation de corps, et se voyant ensuite refuser le divorce lorsqu'il intente une demande en conversion.

Quoique la législation hollandaise s'écarte encore de la nôtre sur le point qui nous occupe, en différents endroits, elle est cependant après la législation belge qui a copié notre Code Napoléon, celle qui s'en est le plus rapprochée ; et à ce titre il était intéressant d'en faire un rapide examen.

§ II. — *Angleterre* (1).

La loi de 1857 admet parallèlement le divorce proprement dit et la séparation de corps (*ancien divorcium a mensa et thoro*). Cette loi s'étend à l'Angleterre et au pays de Galles, à l'exclusion de l'Écosse et de l'Irlande (2). Il est à remarquer que l'Angleterre, qui est protestante depuis plus de trois siècles, n'a accueilli le divorce que très lentement. Henri VIII qui avait essayé de l'introduire, institua une commission qui dressa un projet intitulé : *Reformatio legum ecclesiasticarum*. Cet acte ne fut jamais érigé en loi.

C'est à Lord Ross que l'on doit en Angleterre la pratique du divorce. Après avoir obtenu en 1666 une séparation contre sa femme adultère, il demanda au parlement l'autorisation de contracter un nouveau mariage, et il l'obtint. Son exemple fit école, et sa demande fut bientôt suivie de plusieurs autres. L'Église anglicane déclara que le divorce n'avait rien d'incompatible avec les lois de la religion, et il s'établit en cette matière une jurisprudence constante. L'adultère constitua désormais une cause de divorce. Lord Brougham présenta un bill qui tendait à simplifier la procédure et surtout à diminuer les frais. Ce bill devint la loi du 28 août 1857.

Depuis 1873, la juridiction compétente est une des

---

(1) V. Lehr, *Code civil anglais. Divorce et séparation de corps*.

(2) V. Georges Browne, *Principles and Pratices of the court for divorces and matrimonial causes* (4ᵉ éd. 1880).

cours de la Cour supérieure (*Supreme court of judicature*) (1).

La cause unique du divorce est l'adultère. Celui du mari doit être accompagné de circonstances aggravantes telles que la bigamie, l'inceste, le rapt, etc.....

Quant à la séparation de corps (*judicial separation*), elle peut être demandée dans quatre cas : adultère, abandon sans motif pendant deux ans au moins, cruauté et crime contre nature.

La femme, ainsi séparée judiciairement, est entièrement capable à l'égard des biens qu'elle acquiert ou qui lui échoient ultérieurement. Ses héritiers recueillent sa succession absolument comme si elle n'avait jamais été mariée.

Que les époux séparés puissent demander le divorce, rien ne s'y oppose dans la législation anglaise. Ce qui a été jugé quant à la séparation ne l'est point quant au divorce, car les causes de l'une et de l'autre sont différentes. Il y aura lieu à une action ordinaire en divorce avec ses causes et sa marche spéciales. Elle interviendra sur l'état de séparation de corps au lieu d'intervenir sur l'état de mariage. Rien de semblable par conséquent à notre conversion ; la séparation de corps ne pouvant constituer une cause de divorce.

---

(1) Sous l'empire de la loi de 1857, il y avait un tribunal unique créé par elle, et portant le titre de *Cour des divorces et mariages* (*Court for divorce and matrimonial causes*).

§ III. — *Autriche* (1).

Le Code civil autrichien de 1811 considère le mariage comme une institution à la fois civile et religieuse, tout en donnant la plus grande part au pouvoir temporel.

Le curé est officier de l'état civil ; mais s'il se refusait à la célébration d'un mariage, la contestation serait portée devant les tribunaux civils.

A la suite du concordat, une loi du 8 octobre 1856 a reconnu tous les principes du droit canonique, et remis en vigueur les décrets du concile de Trente pour les mariages des catholiques. Des tribunaux ecclésiastiques ont été créés. Ce ne fut qu'en 1868 que les opinions libérales triomphèrent du gouvernement.

Une loi célèbre du 21 décembre 1868 a proclamé les droits généraux des citoyens. Deux autres lois du 25 mai 1868 ont trait à une nouvelle réglementation du mariage : ainsi dans les mariages mixtes, il n'est plus requis, comme en 1811, de promettre que les enfants seront élevés dans la religion catholique. De même la seconde loi de 1868 a supprimé la compétence des tribunaux ecclésiastiques et elle les a remplacés par les *tribunaux civils matrimoniaux*.

Malgré tout, le mariage n'en a pas moins conservé son caractère civil et religieux (2).

(1) M. Glasson, *Mariage civil et divorce*. Autriche.

(2) Le législateur de 1868 a introduit le mariage civil obligatoire (*Nothcivilehe*). Il n'en était pas ainsi sous le Code de 1811. Une loi de 1870 permit aux chrétiens et non chrétiens de s'unir entre eux.

Le Code autrichien admet le divorce sauf pour les catholiques. Pour eux le mariage est indissoluble. Il suffit même que l'un des deux conjoints soit catholique pour faire exclure le divorce.

A côté du divorce, la législation autrichienne admet la séparation de corps même volontaire comme en Italie. Elle doit toutefois être prononcée par le juge.

Le Code de 1811 énumère les causes de la séparation forcée et les causes de divorce auquel peuvent seuls recourir les non catholiques.

Une cause remarquable de divorce est l'*aversion invincible* d'un époux pour l'autre. Pour devenir une véritable cause de divorce, la demande qui s'en prévaut doit avoir été précédée de plusieurs séparations de corps et réunions successives qui manifestent clairement l'impossibilité qu'il y a pour les époux d'arriver à continuer la vie commune.

Le Code pénal édicte de rigoureuses sanctions dans son article 507 contre les époux catholiques qui se rendent à l'étranger pour échapper à la prohibition du divorce.

Nulle part dans la législation autrichienne nous ne voyons qu'il soit question de la conversion de la séparation de corps en divorce. Et rien d'étonnant à cela si l'on remarque que, non seulement la séparation est considérée comme un état définitif, mais encore qu'elle est instituée pour les catholiques, tandis que le divorce l'est pour les non catholiques.

Il y aurait donc impossibilité pour les catholiques de passer d'un régime sous l'autre. Quant aux non catholiques rien ne s'oppose à ce qu'ils demandent d'abord la séparation, mais lorsqu'ils demanderaient ensuite le divorce on leur opposerait le caractère définitif de la situation qui leur a été faite par le jugement de séparation de corps.

En résumé, de toutes les législations que nous venons d'examiner, aucune ne nous présente la conversion telle qu'elle est établie par notre loi. Celles qui admettent le divorce seul ne donnent à la séparation qu'un caractère temporaire et transitoire qui ne fait que préparer la solution définitive du divorce. Celles qui admettent la séparation et le divorce assignent à la première une nature définitive qui ne permet point de la convertir en divorce.

Nulle part, en conséquence, nous n'apercevons la faculté de substituer le régime du divorce à celui de la séparation, à l'aide d'une procédure spéciale.

La législation française et la législation belge sont les seules en Europe qui présentent la disposition écrite dans notre article 310. Encore la loi belge est-elle restée aux règles du Code civil de 1804 qu'elle a copiées, sans participer aux différentes innovations apportées sur ce point par la loi du 27 juillet 1884.

POSITIONS

DROIT ROMAIN

Positions prises dans la thèse.

I. — L'État, en concédant à précaire l'*ager privatus* aux patriciens, n'a fait qu'imiter les concessions faites par ceux-ci à leur clientèle.

II. — La possession peut se dédoubler en ce sens qu'une personne peut avoir la *possessio ad usucapionem*, et l'autre la *possessio ad interdicta*.

III. — Le précaire est devenu un véritable contrat à Rome.

IV. — La prescription de l'interdit de *precario* part du jour où la possession du précariste est devenue *vitiosa* par son refus de restituer au concédant, et non du jour de la concession.

Positions prises en dehors de la thèse.

I. — Le droit romain n'a pas connu la distinction d'une exception *non numeratæ pecuniæ* privilégiée et non privilégiée.

II. — La compensation légale n'a jamais existé à Rome, même sous Justinien.

III. — Dans le droit classique les enfants issus du concubinat n'avaient avec leur père aucune relation légale de parenté.

IV. — L'obligation du fidéjusseur qui excède l'obligation principale est nulle.

DROIT FRANÇAIS

Positions prises dans la thèse.

I. — La conversion de la séparation de corps en divorce ne va pas à l'encontre du principe de la chose jugée.

II. — Le juge de la conversion ne peut changer le bénéficiaire du jugement de séparation de corps.

III. — Le tuteur de l'interdit peut intenter l'action en conversion.

IV. Le point de départ du délai de trois ans, se place au jour où le jugement est devenu définitif, encore qu'il n'y ait pas eu appel.

V. — La réitération de la demande de conversion est toujours possible.

VI. — La conversion met fin à la pension alimentaire due en vertu de l'article 212. Mais celle-ci peut être remplacée par la pension de l'article 301.

Positions prises en dehors de la thèse.

I. — Le règlement conventionnel ou judiciaire d'une servitude légale doit être transcrit.

II. — L'article 710 décidant que si parmi les copropriétaires il s'en trouve un contre lequel la prescription n'ait pu courir, comme un mineur, il aura conservé le droit de tous les autres reçoit son application encore que par l'effet du partage l'immeuble soit mis dans le lot du majeur.

III. — Les enfants renonçants ne comptent pas dans le calcul de la réserve.

IV. — L'article 337 du Code civil qui destitue de ses effets ordinaires la reconnaissance pendant le mariage d'un enfant né avant le mariage d'un autre que du conjoint de l'auteur de la reconnaissance s'applique à la reconnaissance judiciaire comme à la reconnaissance volontaire.

DROIT CONSTITUTIONNEL

V. — Le Sénat ne peut ajouter de crédits au budget, mais il peut rétablir ceux que la Chambre a supprimés.

DROIT CRIMINEL

VI. — En cas do contumace, la Cour peut accorder des circonstances atténuantes.

DROIT COMMERCIAL

VII. — La transcription d'un acte de vente après le jugement qui déclare la faillite de l'acheteur ne fait que rendre la vente opposable aux tiers, mais ne conserve pas le privilège du vendeur.

VIII. — L'hypothèque légale de la femme du failli ne porte que sur la part de l'immeuble que son mari avait indivisément au jour du mariage, alors que, s'étant depuis porté acquéreur à la licitation il l'a acquis en totalité.

Vu :

Le Doyen,
COLMET DE SANTERRE.   Vu :

Le président de la thèse,
LÉon MICHEL.

Vu et permis d'imprimer :
Le Vice-Recteur de l'Académie de Paris,
GRÉARD.

TABLE DES MATIÈRES

DROIT ROMAIN
DU PRÉCAIRE

Première partie

Deuxième partie

DROIT FRANÇAIS

CONVERSION DE LA SÉPARATION DE CORPS EN DIVORCE

Imp. G. Saint-Aubin et Thevenot, Saint-Dizier (Hte-Marne), 30, passage Verdeau, Paris.

Imp. G. Saint-Aubin et Thevenot, Saint-Dizier, 30, Passage Verdeau, Paris.

www.ingramcontent.com/pod-product-compliance
Lightning Source LLC
LaVergne TN
LVHW050208030726
842520LV00002B/435